HISTOIRE DE LA CHARITÉ

PAR

LÉON LALLEMAND
CORRESPONDANT DE L'INSTITUT DE FRANCE

TOME SECOND

LES NEUF PREMIERS SIÈCLES
DE L'ÈRE CHRÉTIENNE

PARIS
ALPHONSE PICARD ET FILS, ÉDITEURS
82, RUE BONAPARTE, 82

1903

HISTOIRE
DE LA CHARITÉ

MACON, PROTAT FRÈRES, IMPRIMEURS.

HISTOIRE

DE LA CHARITÉ

PAR

LÉON LALLEMAND

CORRESPONDANT DE L'INSTITUT DE FRANCE

TOME SECOND

LES NEUF PREMIERS SIÈCLES
DE L'ÈRE CHRÉTIENNE

PARIS
ALPHONSE PICARD ET FILS, ÉDITEURS
82, RUE BONAPARTE, 82

1903

A LA MÉMOIRE

DE MON REGRETTÉ AMI

LÉON GAUTIER

Membre de l'Institut,
Professeur à l'École nationale des Chartes.

PREMIÈRE PARTIE

DE TIBÈRE A CONSTANTIN

HISTOIRE DE LA CHARITÉ

CHAPITRE PREMIER

LA LOI NOUVELLE

§ 1er. — *Les préceptes de l'Évangile.*

Au lendemain de la bataille d'Actium, l'an 723 de la fondation de Rome, le triumvir Octave, bénéficiant de la lassitude universelle causée par les guerres civiles, se fait accepter pour maître, tout en laissant subsister les anciennes formules républicaines : « Qui cuncta, discordiis civilibus fessa, nomine principis sub imperium accepit » (Tacite, *Ann.*, I, I.) Les pouvoirs autrefois divisés se concentrent sur la tête d'un chef unique.

Son règne est long ; la basse flatterie du Sénat lui décerne le titre d'AUGUSTE jusque là réservé aux dieux. De son vivant on lui élève des temples en attendant l'apothéose qui suit sa mort.

L'Empire est vaste. Tacite (*Ann.*, IV, 5) se plaît à énumérer ses frontières. Au nord et à l'est, le Rhin, le Danube, l'Euphrate en forment les limites ; l'Espagne, la Mauritanie, l'Égypte complètent ce majestueux ensemble.

Souvent heureux dans ses entreprises, Auguste peut fermer le temple de Janus, ouvert depuis deux siècles. Les poètes, les courtisans célèbrent la paix romaine : « PAX ROMANA. »

Si, laissant de côté les apparences extérieures, nous étudions la vie intime de ces peuples, quels spectacles douloureux ils présentent ! « Le mépris de la vie humaine, la perversion du sens moral y existent à un point qui dépasse nos conceptions [1]. »

L'homme a des devoirs envers l'État, il n'en a pas envers l'humanité. Partout des orgies où le sang se mêle à la luxure. Les religions loin de soutenir la faiblesse humaine l'entraînent au mal. C'est pour plaire aux dieux du paganisme que se célèbrent ces jeux scéniques, odieux mélange de turpitudes et de licencieuses folies. Les fêtes de Flore sont d'autant plus religieuses qu'elles sont plus obscènes : « Qui ludi tanto devotius, quanto turpius celebrari solent [2]. »

Malheureusement, « les exhortations des philosophes demeurent impuissantes à réagir contre l'exemple des divinités » (S. August., *Civ. Dei*, II, VII), et l'on remarque avec Sallustre que depuis la ruine de Carthage la décadence des mœurs romaines devient semblable à un torrent. « Ex quo tempore majorum mores, non paullatim, ut antea, sed torrentis modo præcipitati » (Sall., *Fragm.*, lib. I).

Les faits énumérés dans le premier volume de notre *Histoire de la charité* prouvent que « les nations de l'antiquité descendent l'échelle des religions bien loin de la remonter, et qu'à mesure qu'on s'éloigne de leur berceau, on rencontre des croyances moins élevées, des pratiques plus immorales [3]. »

Octave-Auguste essaie bien de combattre cette démoralisation croissante ; il interdit aux femmes l'entrée du Cirque, le matin, en raison de la nature immonde des jeux (Suét., *Oct.-Aug.*, 44). Inutile d'insister sur ces lois si peu efficaces et d'énumérer les scandales qui éclatent au sein de la propre famille du César; quelle autorité peut avoir d'ailleurs un législateur ayant arraché Livie, enceinte, à son époux, Tibérius Claudius Nero, pour en faire sa propre femme [4] !

1. Abbé Freppel, *Cours d'éloquence sacrée*, 1863-1864. — *Saint Cyprien*, in-8, 1865, 4e *leçon*, p. 87.

2. S. Aug., *Civ. Dei*, II, XXVII. Voir aussi : I, XXXII ; II, IV, V ; IV, XXVI (Migne, XLI).

3. Abbé Freppel, *Cours d'éloquence sacrée*, 1860-1861. — *Saint Irénée*, in-8, 1861. 2e *leçon*, p. 26.

4. « Auguste joua à l'égard des mœurs et de la religion des Romains le même

Des esprits élevés, comme Cicéron, balbutient bien quelques formules généreuses ; le mot « *caritas* » est prononcé, mais au milieu de quel vague et de quelles contradictions. L'homme déchu est incapable de se relever par ses propres forces, il lui faut un Sauveur, et dans le calme extérieur de cette *paix romaine*, au moment où pour la troisième fois Auguste referme les portes rouillées du temple de la guerre, vient CELUI qui apporte à la terre le dogme de la charité [5].

« Dieu ne veut pas que l'humanité périsse ; elle l'abandonne; Lui ne se détourne point d'elle. Il veut la faire rentrer dans le chemin de la vérité et du bonheur, en la ramenant à lui-même. Cette mission ne peut être confiée à un homme ; fils des générations qui l'ont précédé, il ne serait pas assez pur pour accomplir les desseins de la sagesse et de l'amour divins. Dieu envoie donc son Fils pour sauver le monde ; il fait naître Jésus-Christ [6]. »

On répète parfois qu'en cette quinzième année du règne de Tibère-César où le Christ commence sa vie publique, tout est prêt pour accueillir ses doctrines. Cette affirmation se trouve démentie par les textes [7] ; les enseignements du Divin Réformateur sont la contre-partie de tout ce que le monde ancien croit, aime et pratique.

Sans sortir de notre sujet, nous voyons que la caractéristique des peuples païens est l'orgueil poussé aux plus extravagantes limites et entraînant le mépris des faibles, des petits. Les philosophes s'adressent aux esprits qu'ils considèrent comme supérieurs et dédaignent de parler à la foule. Chez les Juifs, le pharisien rend grâces à Dieu de ne pas ressembler au reste des hommes (Luc, XVIII, 9-14).

rôle, nous dirions volontiers la même comédie, qu'à l'égard de leurs lois politiques » (A. de Broglie, *L'Église et l'Empire romain au IVe siècle*, 1re partie, t. I, p. 43.)

5. Victor Duruy, *Hist. des Rom.*, chap. XLI, t. III, in-8, p. 293.

6. C. Schmidt, professeur à la Faculté protest. de Strasbourg, *Essai historique sur la société civile dans le monde romain*, in-8, 1853, liv. II, chap. Ier, p. 145.

7. « ... Trois siècles de persécution sanglante ne forment pas un préjugé favorable à cette opinion. Nul doute que les anciennes croyances ne fussent très affaiblies dans les classes supérieures de la société, parmi les littérateurs et les philosophes; mais une chose mille fois pire les avait remplacées, l'incrédulité ; or, ce serait s'abuser étrangement que de voir dans l'incrédulité une bonne disposition à embrasser la foi chrétienne » (Abbé Freppel, *Cours d'éloq. sacrée*, 1858-1859. — *Les apologistes chrétiens au IIe siècle*, in-8, 1860, 3e *leçon*, p. 50.)

Qu'enseigne le Maître, qui pour nous sauver revêt la forme de l'esclave et se rend obéissant jusqu'à la mort; la mort de la croix? « Humiliavit semet ipsum factus obediens usque ad mortem, mortem autem crucis [8]. »

Si quelqu'un, affirme-t-il, veut être le premier, qu'il soit le dernier et le serviteur de tous (et omnium minister), car quiconque s'élève sera abaissé, et quiconque s'abaisse sera élevé [9]. Il exalte la grandeur des petits, des humbles; le Royaume des Cieux appartient à ceux qui leur ressemblent [10]; ce que l'on fait en faveur du moindre d'entre ses frères, c'est à lui-même qu'on le fait, et il promet de ne point l'oublier [11].

Lorsque les envoyés de Jean l'interrogent, il leur donne comme une des preuves évidentes de sa mission que l'Évangile est annoncé aux pauvres, « pauperes evangelizantur » (Mat., XI, 5).

La femme païenne est trop souvent dégradée, soumise au divorce et aux hontes de la polygamie; les Juifs eux-mêmes, à la tête dure, pratiquent la répudiation.

Le Christ proclame la dignité de la femme, l'indissolubilité du mariage contracté avec une seule compagne [12]. En présence d'abîmes de dépravation, il déclare que celui qui regarde une femme et est en proie à un mauvais désir commet l'adultère dans son cœur. « Ego autem dico vobis : quia omnis qui viderit mulierem ad concupiscendum eam, jam mœchatus est eam in corde suo » (Matt., V, 28).

Le monde pratique la morale facile d'aimer ceux qui vous aiment, de faire du bien à ceux dont on attend quelques services; pour les autres, l'indifférence, la haine.

Sont-ce là les préceptes que renferme la Loi nouvelle? Que dit-elle?

Le premier commandement est d'aimer Dieu, et le second, qui lui est semblable, prescrit d'aimer son prochain comme soi-même. L'exécution de ces prescriptions anciennes, développées

8. *Epist. B. Pauli ad Philipp.*, II, 7-8.
9. Matt., XXIII, 12; Marc., IX, 34; X, 41-45.
10. Matt., XVIII, 1-5; Marc., X, 13-15.
11. Marc., IX, 36; Luc., IX, 47-48.
12. Matt., V, 31-32; XIX, 3-9; Marc., X, 2-12; Luc., XVI, 18.

et agrandies par la Loi nouvelle, l'emporte en excellence sur les holocaustes et les sacrifices [13].

Heureux les miséricordieux parce qu'ils obtiendront miséricorde [14].

Si, quand vous présentez votre don à l'autel, vous vous souvenez que votre frère a quelque chose contre vous, laissez là votre offrande et allez vous réconcilier avec votre frère [15]. Aimez vos ennemis; faites du bien à ceux qui vous haïssent [16]. Le pardon des injures ne doit point avoir de limites [17].

Le commandement que je vous donne, ajoute le Sauveur près de quitter cette terre, est de vous aimer les uns les autres ainsi que je vous ai aimés : « Hoc est præceptum meum, ut diligatis invicem, sicut dilexi vos » (Joan., xv, 12-17.)

Le monde adore la richesse et se montre dur, impitoyable envers le malheureux qui n'est pas citoyen. Que prescrit le Christ?

Donnez à celui qui vous demande et ne rejetez pas celui qui veut vous emprunter (Matt., v, 42).

Faites-vous un trésor dans le ciel en sacrifiant les vaines richesses [18].

Faites le bien à ceux qui ne peuvent vous le rendre; conviez à vos festins les pauvres, les estropiés, les aveugles [19]. Enfin si vous voulez être parfaits, allez, vendez ce que vous avez et donnez-le aux pauvres [20].

Et comment faut-il répartir ces aumônes? Est-ce bruyamment, en public, comme le pharisien au son de la trompette? Nullement.

Faites l'aumône en secret, loin de la louange des hommes (Matt., vi, 1, 4) ; à proportion de ce que vous possédez (Luc., xi, 41). Celui qui donne peu et de son nécessaire dépasse en mérite celui

13. Matt., xxii, 37-40; Marc., xii, 28-34.
14. Matt., v, 1-7.
15. Matt., v, 23-26.
16. Matt., v, 43-48; Luc., vi, 27-36.
17. Matt., xviii, 21-22; Marc., xi, 25-26.
18. Matt., vi, 19-23; Marc., x, 21-27.
19. Luc., xiv, 13-14.
20. Matt., xix, 21; Luc., xviii, 22-23.

qui ne se prive que de son superflu [21]. Un verre d'eau accordé par esprit de charité aura sa récompense (Marc., IX, 40).

Ce ne sont pas là des préceptes stériles ; le Sauveur nous sert d'exemple ; partout où il passe, les foules se précipitent sur ses pas, lui amenant : malades, possédés, lépreux, aveugles, paralytiques ; tous ceux qui souffrent. Il guérit leurs corps et prépare leurs âmes à la connaissance de la vérité [22].

A sa voix les morts ressuscitent et les populations reconnaissantes s'écrient : Il fait bien toutes choses ; les sourds entendent et les muets parlent. « Bene omnia fecit ; et surdos fecit audire et mutos loqui » (Marc., VII, 36, 37).

Cette tendre compassion pour les infortunés n'est pas limitée à une ville ou à une contrée, tous en ressentent les bienfaisants effets, qu'il s'agisse de la fille de la Chananéenne ou du serviteur de l'officier romain [23]. Embrassant l'univers entier dans son amour, le Rédempteur peut dire : Venez à moi vous tous qui êtes fatigués et accablés, je vous soulagerai. « Venite ad me, omnes qui laboratis, et onerati estis, et Ego reficiam vos » (Matt., XI, 28-30).

L'évangile de saint Mathieu (chap. XXV) renferme d'ailleurs une page, bien connue, qu'il n'est pas inutile néanmoins de reproduire ici, car elle résume admirablement les devoirs multiples de la charité chrétienne :

« Lorsque le Fils de l'homme viendra dans sa majesté, accompagné de ses anges, il s'assiera sur le trône de sa gloire et tous les hommes étant assemblés devant Lui, il séparera les uns d'avec les autres, comme le berger sépare les brebis d'avec les boucs. Il mettra les brebis à sa droite et les boucs à sa gauche.

« Alors le Roi dira à ceux qui seront à sa droite : Venez, les bénis de mon Père, posséder le royaume céleste qui vous a été préparé dès le commencement du monde. Car j'ai eu faim et vous m'avez donné à manger ; j'ai eu soif et vous m'avez donné à boire ; j'ai manqué d'abri et vous m'avez fourni un asile ; j'ai été nu et

21. Matt., X, 42 ; Marc., XII, 41-44 ; Luc., XXI, 1-4.

22. « Et circuibat Jesus omnes civitates et castella... et curans omnem languorem, et omnem infirmitatem » (Matt., IX, 35.)

23. Matt., VIII, 5-13 ; XV, 21-28.

vous m'avez revêtu ; j'ai été malade et vous m'avez visité ; j'ai été en prison et vous ne m'avez pas abandonné.

« Alors les justes lui répondront : Seigneur, quand est-ce que nous vous avons vu avoir faim et que nous vous avons donné à manger, ou avoir soif et que nous vous avons donné à boire ? Quand est-ce que nous vous avons vu sans logement et que nous vous avons recueilli, ou sans habits et que nous vous avons vêtu ? Quand est-ce que nous vous avons vu malade ou en prison et que nous sommes venus vous visiter ?

« Et le Roi leur répondra : je vous le dis en vérité, autant de fois que vous l'avez fait à ceux des moindres d'entre mes frères que voici, c'est à moi que vous l'avez fait.

« Il dira ensuite à ceux qui seront à sa gauche : retirez-vous de moi maudits et allez au feu éternel préparé pour le démon et ses anges. Car j'ai eu faim et vous ne m'avez pas donné à manger ; j'ai eu soif et vous ne m'avez pas donné à boire ; j'ai eu besoin d'un abri et vous ne m'avez pas logé ; j'ai été sans habits et vous ne m'avez pas revêtu ; j'ai été malade et en prison, vous ne m'avez pas visité.

« Alors ils lui répondront aussi : Seigneur, quand est-ce que nous vous avons vu avoir faim, avoir soif ou être sans logement, ou sans vêtements, ou malade, ou en prison et que nous avons manqué à vous assister ?

« Mais il leur répondra : je vous le dis en vérité, autant de fois que vous avez négligé de le faire à un de ces petits, autant de fois vous avez manqué de le faire à moi-même.

« Et ceux-ci iront au supplice sans fin tandis que les justes jouiront de la vie éternelle. »

§ 2. — *L'Église de Jérusalem.*

Après la Pentecôte, l'Église de Jérusalem est créée : trois mille personnes environ écoutent avec fruit la parole des Apôtres et bientôt cinq mille hommes les suivent au baptême [24].

Comment agit cette communauté naissante que disperseront bientôt les armées romaines ? Laissons parler les *Actes* :

24. *Act. Apost.*, II, 41 ; IV, 4.

Les nouveaux convertis persévèrent tous dans la foi, la communion de la fraction du pain et les prières. Il n'y a nul pauvre parmi eux, « neque enim quisquam egens erat inter illos », car ils sont tous unis et tout ce qu'ils possèdent devient commun, « erant illis omnia communia. » Ils vendent leurs terres, leurs autres biens[25], et en mettent le prix à la disposition des Apôtres qui le répartissent selon les besoins particuliers. Cette multitude de croyants n'a qu'un cœur et qu'une âme (*Act. apost.*, II, 41-47; IV, 32-35).

Voici cependant une ombre au tableau : les premiers convertis comprennent des Juifs désignés sous le nom d'*hellénistes* parce qu'ils parlent la langue grecque et subissent, en une certaine mesure, l'influence de l'étranger. Les Juifs parlant seulement l'araméen, dont l'orgueil national est surexcité outre mesure par le pharisaïsme, méprisent les *hellénistes*[26]. Ces préjugés ne disparaissent pas entièrement dans l'Église du Christ[27]. Les *hellénistes* se plaignent que leurs veuves sont moins bien partagées lors des distributions journalières. « Factum est murmur Græcorum adversus Hebræos, eo quod despicerentur in ministerio quotidiano viduæ eorum » (*Act.*, VI, 1)[28].

Les douze Apôtres disent alors aux disciples, il n'est pas équitable que nous quittions la prédication pour avoir soin des tables et empêcher qu'il ne se passe aucune injustice dans la répartition des aumônes en les distribuant nous-mêmes ; choisissez sept hommes d'entre vous d'une probité reconnue, pleins de l'Esprit saint et de sagesse auxquels nous commettrons ce ministère.

25. « Rem omnem pretiosam a parentibus mortuis sibi relictam vendidit et egentibus distribuit, sibi vero solum agrum unum reservavit unde ali possit. » Il vendit même ensuite ce champ (*Laudatio S. Barnabæ*, cap. I, § 15. — *Act. sanct. Bolland.*, XXII, p. 435.)

26. E. de Pressensé, *Hist. des trois premiers siècles de l'Eglise chrétienne.* Le Ier siècle, in-8 ; 1858, liv. I, chap. II, p. 382.

27. Une première question se pose pour les convertis d'origine hébraïque ; la bonne nouvelle est-elle réservée au peuple choisi, ou bien les Gentils doivent-ils être admis à la recevoir ? La solution de ce problème est révélée à Pierre ; l'Esprit saint descend sur le centurion Corneille, homme juste, distribuant beaucoup d'aumônes au peuple (*Act.*, X-XI), aussi Pierre s'écrie-t-il (X, 34-35) : « En vérité, je vois bien que Dieu ne fait point acception des personnes, mais qu'en toute nation celui qui le craint et dont les œuvres sont justes lui est agréable. »

28. Corn. a Lapide, *Comm. in scrip. sacram* (édit. Vivès), XVII, cap. VI, p. 159 et seqq.

Telle est l'origine des *diacres* [29] (*Act.*, VI, 1-7).

Faut-il voir dans cette constitution intime de l'Église de Jérusalem, comme beaucoup l'affirment, l'application des doctrines communistes présentées au monde à titre d'exemple et devant servir de type universel ? Aucunement.

Nombre de fidèles, suspects à la synagogue qui emprisonne, persécute, met à mort diacres et apôtres, sont sans ressources. Le sentiment fraternel enflamme les cœurs, multiplie les offrandes, mais cette charité est volontaire, spontanée.

« La communauté des biens n'a rien d'absolu ni d'obligatoire, elle est basée sur un libre consentement [30]. » Les *Actes* nous fournissent la preuve de cette vérité : deux époux poussés par un détestable sentiment de vanité, apportent à Pierre une somme d'argent et veulent faire croire qu'ils se sont dépouillés entièrement de leur avoir, tandis qu'une partie du prix de vente est mise en réserve par eux. La justice divine les frappe. Est-ce pour ne pas avoir abandonné la somme totale ? Non ; ils ont menti à Dieu, « non es mentitus hominibus, sed Deo. »

Pierre le déclare de la manière la plus explicite ; s'adressant à cet homme nommé Ananie : « Comment, lui dit-il, Satan a-t-il pu te tenter jusqu'à te faire mentir au Saint-Esprit en te portant à détourner une part de ce fonds de terre ? « Fraudare de pretio agri. » Ce champ ne demeurait-il point toujours à toi si tu avais voulu le garder ? Et même, après la vente, la valeur restait encore ta pleine propriété, « nonne manens tibi manebat, et venundatum in tuâ erat potestate » (*Act.*, V, I, 11).

D'un autre côté, « il est évident, conclut Sudre, qu'un régime fondé sur la distribution des possessions des fidèles, sur la consommation de capitaux qui ne se reproduisent pas, est essentiellement temporaire et transitoire. Aussi il n'est établi dans aucune des Églises que les apôtres ne tardent pas à fonder [31]. »

29. «...Ils se déchargèrent aussi en mesme temps sur eux (les diacres) du service de l'Autel, en partie mesme du ministère de la parole divine ; puis qu'alors la Table sacrée et la Table commune n'estoient point encore séparées » (Thomassin, *Anc. et nouv. discip. de l'Église*, in-fol. 1679, t. Ier, liv. Ier, chap. XXV, § III, p. 78.)

30. E. de Pressensé, *op. cit.*, liv. Ier, chap. Ier, § 2, p. 379 ; Schmidt, *op. cit.*, liv. II, chap. Ier, § 2, p. 182-186 ; F. de Champagny, *La charité chrétienne dans les premiers siècles de l'Église*, in-12, 1856, chap. III, § Ier, p. 65-67.

31. *Hist. du communisme*, in-12, 1850, chap. V, p. 51.

Né de circonstances spéciales cet élan généreux disparaît bientôt ; « Jacques, Pierre et Jean » approuvant les premiers travaux de Paul, l'apôtre des Gentils, lui recommandent de ne pas oublier, au milieu de ses missions lointaines, les *saints* de Jérusalem [32] et de leur envoyer des aumônes.

Quoi qu'il en soit on est heureux de constater qu'à l'aurore de la prédication évangélique « la charité s'organise spontanément et de la manière la plus admirable au sein de la jeune Église [33]. »

Dès ce moment aussi de pieuses femmes aident les prêtres et les diacres à venir en aide aux malheureux, et Pierre ressuscite *Tabitha*, « pleine de bonnes œuvres », que pleurent les veuves de Joppé en montrant les robes et les habits qu'avant sa mort elle confectionnait à leur intention (*Act.*, IX, 36-42).

La semence charitable éclose en Judée va se répandre et fructifier dans tout l'empire, grâce au zèle des prédicateurs de la bonne nouvelle.

32. Saint Jean Chrysostome se demande ce que l'apôtre entend par les SAINTS et il considère que l'on doit appliquer cette expression aux Juifs pauvres de Jérusalem particulièrement exposés aux sévices de leurs compatriotes lorsqu'ils se convertissaient (*Hom. sur l'aumône*, § 2 ; Migne, LI, p. 263).

33. É. de Pressencé, *op. cit.*, liv. Ier, chap. II, p. 381. — « Le seul monument qui nous reste, le passage cité des actes des Apôtres, se réfère, je ne dis pas aux premières années, mais à la première année du christianisme. Nul témoignage postérieur ne nous fait connaître la durée de ce renoncement » (De Champagny, *op. cit.*, première partie, chap. III, § 1er, p. 67.) Voir aussi : Étienne Chastel, professeur à Genève, *Étude hist. sur l'influence de la charité durant les premiers siècles chrétiens*, in-8, 1853, liv. Ier, chap. II, p. 40-52 ; G. Ratzinger, *Geschichte der Kirchlichen Armenpflege*, Freiburg-im-Breisgau, in-8, 1884, p. 26-30.

CHAPITRE II

L'ÈRE DES PERSÉCUTIONS

§ 1er. — *La situation des chrétiens au milieu de la société païenne.*

Au début de la prédication évangélique Dieu choisit les plus faibles, les plus vils, les plus méprisables selon les maximes du monde pour confondre ce qui est réputé grand et puissant par la sagesse humaine : « Et infirma mundi, et contemptibilia elegit Deus, ut confundat fortia » (I. *Epist. B. Pauli ad Corinth.*, I, 27-28).

En Palestine, comme dans les provinces de l'Empire, c'est parmi les humbles et les petits que se rencontrent les prémices de la chrétienté, il ne faut pas croire cependant que ces *tenuiores* forment à eux seuls l'Église naissante; des membres de l'aristocratie romaine, en particulier, goûtent à cette doctrine; on compte des fidèles jusque près du trône des Césars [1].

Domitien fait trancher la tête à son cousin le consul chrétien Flavius Clemens, et exile, pour cause de religion, de nobles femmes de la même famille *Flavia.*

Qu'il s'agisse d'ailleurs d'esclaves ou de patriciens, la lourde atmosphère païenne, qui pèse sur la société, oppose aux conversions des entraves multiples [2]. Les premiers ont à redouter le

1. « Le recrutement du christianisme n'aurait eu lieu, durant un long temps, que dans les classes infimes de la société ; telle est l'idée régnante dans beaucoup d'esprits, et que le retour à la véritable histoire, à la critique digne de ce nom peut seul déraciner. » (Dom Guéranger, *Sainte Cécile et la société romaine*, in-4, chap. Ier, p. 6-7. *Rome souterraine*, par Spencer Northcote et Brownlow, trad. par Paul Allard, in-8, 1872, liv. Ier, chap. II, p. 45).

2. Une esclave est traînée devant le tribunal : « Pourquoi lui dit le juge, pourquoi, étant esclave, ne suis-tu pas la religion de ton maître ? » Question naïve dans son inconsciente immoralité, ajoute M. Allard, question bien romaine aussi : telle

pouvoir arbitraire de leurs maîtres, tandis que les seconds restent emprisonnés par les liens étroits existant entre les cérémonies du culte officiel et les actes de la vie ordinaire ou des fonctions publiques.

Tous sont exposés aux colères brutales de la foule égarée, « ignorantibus subjicitur et imponitur », qui accuse les fidèles de mille infamies monstrueuses ; les rend responsables des calamités générales ou locales, et fait retentir trop souvent ce cri sauvage : « Les chrétiens au lion[3]. »

Des esprits éclairés, Pline le jeune, Trajan, par exemple, reconnaissent-ils l'inanité des accusations de la plèbe, proclament-ils la pureté de la vie des disciples du Christ, intervient alors une prétendue raison d'État, et un rescrit du Prince condamne à la peine de mort tout fidèle *dénoncé* et qui refuse de sacrifier aux dieux, « si deferantur et arguantur puniendi sunt[4]. »

Plus tard, le régime des édits impériaux prescrivant la recherche des membres de l'Église multiplie les victimes[5].

Les patriciens sont particulièrement l'objet de la dédaigneuse colère des juges devant lesquels ils comparaissent. Une noble origine est alors un crime et l'accusé semble d'autant plus coupable que son rang est plus élevé. Ce rang fait paraître étrange et impardonnable aux yeux des idolâtres l'abandon des vieilles croyances[6].

est l'idée que les anciens se faisaient de la conscience des esclaves (Paul Allard, *Histoire des persécutions*, 5 vol. in-8, 1885-1890, t. Ier, chap. IV, § 2, p. 234. — Ouvrage magistral auquel nous aurons maintes fois l'occasion de renvoyer le lecteur).

3. « Si Tiberis ascendit in mœnia ; si Nilus non ascendit in arva ; si cœlum stetit ; si terra movit, si fames, si lues, statim : christianos ad leonem. » (Tert. *Apolog.*, XL ; Migne, I, p. 479-480).

4. C. Plin. Cœcilii secundi, *Epist.*, X, XCVII-XCVIII. « A partir de ce moment, le christianisme est déclaré formellement : *religion illicite* ; la raison d'État sert de prétexte à l'injustice et la légalité couvre la violence » (Abbé Freppel, *Cours d'éloq. sacrée*, 1858-1859, *2e leçon*, p. 44.)

« Arrêt évidemment contradictoire, écrit Tertullien, Trajan nous déclare innocents en défendant qu'on nous recherche, et nous déclare coupables en ordonnant qu'on nous punisse ; il épargne et il sévit, il dissimule et il condamne. Quelle étrange inconséquence » (Tertul., *Apolog.*, II ; Migne, I, p. 273).

5. Septime Sévère lance le premier, en 202, un édit contre la propagande chrétienne, permettant aux magistrats d'agir d'office en dehors de toute accusation émanant d'un particulier » (Paul Allard, *Hist. des persécutions*, *op. cit.*, t. II, chap. II, § Ier, p. 55 à 66).

6. E. Le Blant, *La richesse et le christianisme à l'âge de la persécution*, in-8,

Quant à la matrone convertie, essayant d'arracher son époux à une vie de débauches, elle court le risque d'être dénoncée par lui [7].

De Néron (ann. 64) à l'édit de Constantin (ann. 313) des persécutions sanglantes attendent les fidèles. Elles sont espacées d'une manière très irrégulière ; on rencontre, durant ces deux siècles et demi, des périodes de calme plus ou moins longues. L'Église met ces trêves à profit pour réparer ses pertes et se préparer à de nouveaux combats [8].

Il faut toujours penser à cette situation précaire, à ces obstacles sans cesse renaissants, lorsque l'on étudie les efforts des chrétiens en vue de : reconstituer la famille ; réhabiliter les pauvres ; créer des œuvres d'assistance. Selon la charmante expression d'Étienne Chastel (*op. cit.*, liv. II, chap. VII, p. 282) : « La charité est partout, quoique son enseigne ne soit nulle part ; semblable à ces sources cachées qu'on ne devine qu'à la fraîcheur et à la fertilité qu'elles entretiennent sur le sol. »

§ 2. — *La famille chrétienne.*

Les apôtres s'attachent à purifier la famille, cette cellule vivante, sans laquelle aucune société ne peut prospérer. Ils enseignent à tous que le mariage est un sacrement, un grand sacrement : « Sacramentum hoc magnum est, ego autem dico in Christo et in Ecclesiâ » (*Epist. B. Pauli ad Ephes.*, V, 32.) En conséquence, le lit nuptial doit être sans tache : « Torus immaculatus » (*Epist. ad Hebr.*, XIII, 4.)

Il faut, continue saint Paul, que la femme ne se sépare pas

p. 8 (Ext. *Revue archéolog.*, avril 1880). — « Comment, dit le magistrat à Valérien et à Tiburce (époux et beau-frère de sainte Cécile), vous qui par votre naissance avez droit au titre de *clarissimes*, pouvez-vous avoir dégénéré de votre sang jusqu'à vous associer à la plus superstitieuse des sectes » (Dom Guéranger, *op. cit.*, chap. XVI, p. 379.) Consulter : *Acta sanctæ Agathæ* (*Act. sanct. Bolland.*, IV, p. 621) ; *Passio S. Quintini* (*Act. sanct. Bolland.*, LXI, p. 781). Plus tard, Julien l'Apostat fera un crime à Athanase d'avoir baptisé des femmes grecques de noble condition (*Œuvres*, édit. Talbot, in-8, 1863, Lettre VI, p. 360).

7. Justin, *Apologie*, II, § 2 (Migne, VI, p. 443-448).

8. Paul Allard (*Hist. des persécut.*, *op. cit.*, t. Ier, Introd., p. IV) compte, depuis Néron, 120 années de repos, ainsi réparties : 1er siècle, 28 ; 2e siècle, 15 ; 3e siècle, 76. La dernière persécution dure 17 ans et est la plus cruelle de toutes.

d'avec son mari (I. *Epist. ad Corinth.*, VII, 10), que celui-ci l'aime comme sa propre chair ; comme Jésus-Christ aime son Église (*Epist. ad Ephes.*, V, 23-31) ; ne la traitant pas avec aigreur et rudesse [9] (*Epist. ad Coloss.*, III, 19). Car, ajoute saint Pierre (I. *Epist.*, III, 7), elle est capable elle aussi de recevoir la grâce qui donne la vie, « tanquam et cohœredibus gratiæ vitæ. »

Il est facile de comprendre quelles révolutions de pareils enseignements opèrent dans les âmes, et, chez les païens, l'idée de pureté vient naturellement se joindre à l'idée de christianisme : Un acte de résistance vertueuse, un éclatant changement de mœurs, suffisent souvent pour trahir une adhésion secrète à la nouvelle religion (Paul Allard, *op. cit.*, t. Ier, chap. V, § III, p. 219.)

A Augsbourg, une courtisane convertie est amenée devant le juge : « J'apprends que tu es une courtisane, lui dit-il, sacrifie donc, car tu ne peux appartenir au Dieu des chrétiens [10]. » Les persécuteurs pensent également que le fait d'envoyer aux lieux infâmes les vierges refusant d'offrir l'encens constitue pour elles un péril plus redoutable que la mort ; ce n'est pas là le caprice d'un magistrat, mais bien un ordre général émanant de la puissance impériale : « Jusserunt imperatores vos quæ estis virgines, aut diis sacrificare aut injuria *meritorii* provocari [11]. »

Le nombre de ces vierges croît d'ailleurs de jour en jour ; l'Église entoure de prédilection cette phalange qui lui fournit tant de recrues [12] pour l'assistance des malheureux.

Le même esprit préside aux relations des parents et des enfants ; il prescrit d'un côté l'obéissance et le respect ; de

9. Conférer : *Const. apost.*, I, II. On admet généralement que les six premiers livres de ces Constitutions *dites* apostoliques ont été rédigés vers le milieu du IIIe siècle (Paul Viollet, *Précis de l'hist. du droit*, 1884, 1er fascic., chap. II, p. 33 et 34). Dom Pitra a donné une édition critique de ces Constitutions — texte grec et traduction latine — dans l'ouvrage suivant : *Juris ecclesiastici græcorum historia et monumenta*, in-4, t. Ier. Romæ, 1864. On les trouve aussi dans le tome premier de la *Patrologie grecque-latine* de Migne. Nous renvoyons pour nos citations à l'ouvrage du savant dom Pitra.

10. Paul Allard, *La persécution de Dioclétien*, in-8, 1890, t. Ier, chap. VI, § 2, p. 421.

11. *Passio sanctæ Theodoræ* ; *Act. sanct. Bolland.*, XII, p. 579.— Tout le monde connaît les actes du martyre de sainte Agnès et la protection miraculeuse dont elle est l'objet.

12. Les Constitutions énumèrent les défauts que doivent éviter ces vierges et les vertus dont la pratique leur est recommandée (IV, XIV).

l'autre une tendresse éclairée, capable d'élever les jeunes générations en les corrigeant et les instruisant selon le Seigneur (*Epist. ad. Ephes.*, VI, 1-5). Si quelqu'un, poursuit l'apôtre (I. *Epist. ad Timoth.*, V, 8), n'a pas soin des siens, il renonce à la foi et est pire qu'un infidèle, « et est infideli deterior. »

Tertullien oppose aux avortements et aux infanticides si communs de son temps la doctrine chrétienne condamnant tout homicide. « Il nous est également interdit, continue-t-il (*Apolog.*, IX), de détruire le fruit d'une mère dans son sein, avant même que l'homme soit formé; homicidii festinatio est prohibire nasci [13]. »

On peut admettre comme évident que le *pater familias* converti renonce, dès ce moment, aux droits exorbitants de vie et de mort sur ses enfants et relève de terre le nouveau-né, qu'il soit bien ou mal conformé ; le fidèle considère en effet l'âme et non le corps, et saint Justin proclame dans sa première apologie qu'il n'appartient qu'aux hommes pervers d'abandonner ces petits êtres [14].

En ce qui touche aux orphelins, les Constitutions *dites* apostoliques, si antiques, renferment des prescriptions formelles (IV, 1) : « Quand un enfant chrétien, garçon ou fille, reste privé de ses parents, c'est une bonne œuvre si un frère, sans descendants, l'adopte et le traite comme sien; si un riche, au contraire, repousse l'orphelin, qui est membre de l'Église, le Père des orphelins veillera sur ce délaissé et il enverra au riche la punition de son avarice, car il est écrit dans Isaïe : Ce que n'ont pas mangé les saints les Assyriens le dévoreront. »

Des fidèles peuvent recueillir également des enfants abandonnés pour les adopter ou les faire élever à leurs frais. Cette œuvre est trop conforme à la charité évangélique pour ne point s'être produite dans des circonstances déterminées. Néanmoins aucun texte précis, aucune inscription ne viennent en établir la généralité [15].

13. Les Constitutions apostoliques renferment des prohibitions de même nature (VII, 3).

14. § 27 (Migne, VI, p. 369-370).

15. Voir dans notre *Histoire des enf. aband, et délaissés*, liv. II, chap. Ier, p. 78-80, les raisons qui nous portent à croire que « c'est sortir de la vérité historique que

A côté de sa femme et de ses descendants, le chef de famille a en son pouvoir ses esclaves. Quelle est l'attitude de l'Église vis-à-vis de ces infortunés, traités comme des choses (*mancipia*), outils animés dont parle Aristote et en faveur desquels quelques philosophes essayent, à l'aide d'amplifications de rhétorique, lues par une élite, de rendre un semblant de justice [16]?

Ici un très grave problème se pose et domine toute la question. Au début de la prédication évangélique, cent ans ne se sont pas écoulés depuis l'époque où Spartacus, à la tête d'esclaves révoltés, fait trembler Rome. Une étincelle peut rallumer le feu qui couve encore et l'incendie est alors capable de tout anéantir. Quel monceau de ruines accumulées! que de sang! que devient la *bonne nouvelle* au milieu de cette mêlée effroyable bouleversant l'ancien monde? Quelle société pourrait sortir d'un semblable cataclysme [17]?

Les Apôtres ont pour devoir strict d'éviter de pareils malheurs et de ne point en provoquer l'explosion par des paroles inconsidérées. Aussi leur attitude est-elle prudente.

Ils affirment de la manière la plus explicite l'égalité de tous au point de vue spirituel, mais exhortent les esclaves à supporter, avec patience, leur sort en tournant les yeux vers la patrie céleste. Ils enjoignent de plus aux maîtres de se montrer justes et bons envers leurs serviteurs, *leurs frères*; et provoquent les affranchissements.

En un mot, l'Église, avec une sagesse et une persévérance admirables, veut instruire les esclaves avant de leur donner une liberté

d'admettre d'une manière générale l'éducation des enfants trouvés au nombre des premières œuvres chrétiennes. » Conférer G. Rossi, *Bulletino di archeol. crist.*, anno IV, 1866 (marzo-aprile), p. 24-25.

16. Pour tous les détails, consulter, indépendamment du si excellent ouvrage de M. Wallon (t. III), le beau travail de M. Paul Allard, *Les esclaves chrétiens*, in-12, 1876, XVI, 492 p.

17. « Si Jésus-Christ et ses apôtres avaient dit : « A partir de la promulgation de cette loi le droit de propriété de l'homme sur l'homme est aboli, et chacun rentrera dans sa liberté naturelle », le monde antique aurait été bouleversé jusque dans ses fondements. Il est certain que la suppression violente de ce droit aurait entraîné mille fois plus de désastres que sa prolongation pendant des siècles » (Carpentier, *Le droit payen et le droit chrétien*, in-12, 1866, t. Ier, chap. VI, p. 145.)

prématurée, conquise violemment, et qui pourrait être préjudiciable à tout l'ordre social.

« Il n'y a ni gentil, ni juif, ni circoncis, ni incirconcis, ni scythe, ni esclave, ni libre, Jésus-Christ est tout en tous », proclame saint Paul (*Epist. ad Coloss.*, III, 11). Les sacrements sont les mêmes pour tous ; le mariage des esclaves possède une dignité, une indissolubilité égales à celles dont jouit l'union des ingénus. A l'encontre du droit païen, le pape Cyrille valide le mariage d'une *clarissime* avec un homme privé de liberté [18]. En le faisant il sanctionne un principe du droit naturel, mis en lumière par la doctrine évangélique et que rend possible la fraternité chrétienne.

Enfin, au grand scandale du monde idolâtre, l'esclave qui a versé son sang pour sa foi est placé sur les autels, et les représentants des plus nobles familles viennent demander humblement l'intercession auprès de Dieu de celui auquel les lois et les mœurs contestent de son vivant le titre d'homme [19].

Après ces affirmations éclatantes, l'Église s'adresse à ces malheureux et leur dit : Restez dans la situation que vous avez lorsque vous êtes appelés à la vérité; que sert de gagner l'univers si l'on perd son âme? Êtes-vous esclaves, ne vous mettez pas en peine de sortir de votre esclavage. Servus vocatus es? Non sit tibi curae. N'êtes-vous pas les affranchis du Seigneur? (I. *Epist. B. Pauli ad Corinth.*, VII, 20-22) [20].

Honorez vos maîtres selon la chair; ne les servez pas seulement quand ils ont l'œil sur vous; obéissez avec crainte et respect, dans la simplicité de votre cœur, comme à Jésus-Christ. Chacun recevra la récompense du bien qu'il aura fait, qu'il soit libre ou esclave [21] (*Epist. B. Pauli ad Éphes.*, VI, 1-8; I. *ad Timoth.*, VI, 1-3; *ad Tit.*, II, 9-10).

18. De Rossi. *Bulletino di arch.*, *op. cit.*, 1866, p. 25.

19. Paul Allard consacre aux esclaves martyrs le chap. III de son *Histoire des esclaves chrétiens*, *op. cit.*, p. 245 à 267.

20. Les commentateurs ne sont pas d'accord sur l'interprétation de la fin du verset 21 : « Sed et si potes fieri liber, magis utere. » Les uns traduisent : « Si l'occasion s'offre à toi de devenir libre, uses-en avec empressement... » Les autres rendent ainsi ce texte : « Si tu peux devenir libre, profite plutôt de la servitude. » Voir Paul Allard, *Les esclaves chrétiens*, *op. cit.*, note de la page 200.

21. Lors du martyre de saint Justin, un esclave, Evelpistus, répond au juge :

Et vous, maîtres, continuent les Apôtres, témoignez de l'affection à vos serviteurs, traitez-les sans dureté; n'avez-vous point dans le ciel un Maître commun qui n'a aucun égard à la condition des personnes? « Scientes quia et illorum et vester dominus est in cœlis : et personarum acceptio non est apud eum » (*Epist. B. Pauli ad Ephes.*, VI, 9; *ad Coloss.*, IV, I [22]).

Ces maîtres, suivant la doctrine qui leur est enseignée, doivent multiplier les affranchissements. Les chrétiens ne se croient pas néanmoins autorisés, en règle générale, à favoriser les évasions [23]; c'est ainsi que saint Paul renvoie à Philémon, avec cette lettre si touchante que chacun connaît, l'esclave Onésime qui a fui de chez son maître après l'avoir volé. Philémon donne la liberté à son esclave converti et régénéré; l'Église en fait un évêque.

Les actes des martyrs renferment l'indication de nombreux maîtres affranchissant leurs serviteurs soit au moment de leur propre conversion, soit lors de circonstances particulières; il suffit de citer quelques exemples [24].

Un contemporain d'Adrien, Hermès, affranchit le jour de Pâques 1.250 esclaves. Le magistrat Chromatius, sous le règne de Carin et Numérien, se fait baptiser avec 1.400 personnes de tout sexe appartenant à sa maison : « Ceux, dit-il, qui commencent à avoir Dieu pour père ne doivent point être les esclaves d'un homme. » « Illi qui Deum incipiunt habere patrem, servi hominis non debent esse [25]. » A la mort de son père, saint Panta-

« Je suis esclave de César, mais, *chrétien*, j'ai reçu du Christ la liberté; par ses bienfaits, par sa grâce, j'ai la même espérance que ceux-ci » (Paul Allard, *Hist. des persécut.*, *op. cit.*, t. Ier, chap. VI, § 2, p. 369.)

22. Des constitutions fort anciennes attribuent aux apôtres Pierre et Paul le précepte de ne pas faire travailler les esclaves le samedi et le dimanche afin qu'ils puissent avoir le temps de recevoir l'enseignement religieux (D. Pitra, *Juris ecclesiastici*, *op. cit.*, *S. S. Apost. constit.*, *de mystico ministerio*, XVI; *Petri et Pauli constitutio de servis* (traduction latine), p. 67-68).

23. Tert., *ad Marcionem*, I, xxiii (Migne, II, p. 273). « Pourtant, ajoute Paul Allard (*Hist. des persécut.*, *op. cit.*, t. II, chap. V, § 2, p. 213), des raisons graves les amenèrent à fléchir quelquefois la rigueur des principes. Quand la conscience, la foi ou les mœurs d'un esclave étaient en péril, ils n'hésitaient plus à immoler le droit du maître devant un droit supérieur. »

24. Pour plus de développements, voir Paul Allard, *Esclaves, serfs et mainmortables*, in-12, Paris, 1884, chap. VIII : Affranchissements à l'époque chrétienne. Du même auteur : *Hist. des persécutions*, *op. cit.*, t. Ier, chap. IV, § 2, p. 208-209.

25. *Acta S. Sebast.*, *auctore S. Ambr.*, caput. XVII, § 63 (*Act. sanct. Bolland*,. II, p. 639).

léon, médecin à Nicomédie (règne de Dioclétien), donne la liberté à ceux qui le servent et leur fournit de quoi s'établir [26].

La mère de saint Calliopius, patricien d'une ville de Pamphylie, ayant appris l'arrestation de son fils, dresse aussitôt son testament, rend libres ses 250 esclaves auxquels elle laisse leur pécule et vient rejoindre le généreux confesseur [27].

Cette distribution de subsides, au moment de l'affranchissement, est une habitude; Chromatius lui aussi fait de riches présents et « donis optimis instruxit. » Ces maîtres chrétiens savent toujours du reste exercer leurs droits de patronage avec une tendre sollicitude.

La famille reconstituée, l'enfance protégée, l'esclave élevé à la dignité d'homme, telle est, en dépit des persécutions, l'œuvre des prédicateurs de l'Évangile.

Cela ne suffit pas encore à ces âmes dévouées, il leur faut travailler à relever le pauvre de l'abjection où le maintiennent l'égoïsme et l'orgueil de la société antique.

§ 3. — *Les riches et les pauvres dans l'Église du Christ.*

« La bienfaisance païenne, écrit E. de Pressencé, reste le plus souvent étroite, intéressée, ou du moins empreinte d'un caractère politique. Elle ne dépasse guère les limites de la patrie. Le pauvre qui n'est ni un client, ni un compatriote, mais tout simplement un indigent jeté sur la voie publique par quelque accident, est presque toujours abandonné à son malheureux sort. Personne ne verra une charité véritable dans la munificence des Césars pour nourrir et amuser la plèbe de Rome, car il ne s'agit pour eux que de payer sa servitude [28]. »

Ce mépris universel du pauvre, du misérable s'allie à la

26. *Act. sanct. Bolland.*, XXXIII, p. 415.

27. *Acta martyrii*, §§ 6; *Act. sanct. Bolland.*, X, p. 659. — Saint Zénon, en Arabie, s'éloigne de la multitude des impies et rend la liberté à tous ses esclaves, ne voulant pas les voir souffrir après lui de maîtres barbares ou cruels (*Acta martyrii*, § 3 (ann. 304); *Act. sanct. Bolland.*, XXV, p. 407). Bon nombre de ces affranchissements doivent être faits près de la tombe des martyrs, les prêtres étant témoins, usage sanctionné plus tard par Constantin.

28. *La vie ecclésiastique, religieuse et morale des chrétiens aux IIe et IIIe siècles*, in-8, 1877, liv. III, chap. II, § 2, p. 451.

cruauté. Des milliers de créatures humaines périssent aux acclamations de la foule remplissant les cirques. Galère ne sachant que faire de miséreux, dont il ne peut tirer aucun impôt, trouve bon d'en charger des navires et de les faire noyer en pleine mer. « Mendici supererant soli, a quibus nihil exigi possit, quos ab omni genere injuriae tutos miseria et infelicitas fecerat. At quis homo impius misertus est illis, ut non egerent. Congregari jussit et exportatos naviculis in mare mergi [29]. »

Ce sont ces pauvres, ces petits, ces humbles que le christianisme glorifie.

Nous reconnaissons, écrit saint Jean, l'amour de Dieu envers nous en ce qu'il a donné sa vie pour nous; aussi devons-nous donner notre vie pour nos frères [30]. Que chacun, ajoute saint Paul, ait envers son prochain une affection et une tendresse fraternelles. « Charitate fraternitatis invicem diligentes [31]. »

N'ayons pas égard seulement à la condition des personnes, prescrit saint Jacques, s'adressant aux dix tribus dispersées hors de la Judée [32]; s'il entre dans votre assemblée un homme avec un anneau d'or et un habit magnifique, et qu'il se présente aussi un pauvre revêtu de quelque mauvais vêtement, « in sordido habitu », ne dites pas au premier : Asseyez-vous commodément ici, « tu sede hic bene », et au second : Tiens-toi debout ou assieds-toi à mes pieds, « tu sta illic, aut sede sub scabello pedum meorum. » Dieu n'a-t-il pas choisi ceux qui sont pauvres pour être riches dans la foi et devenir les héritiers du royaume promis à ceux qui l'aiment? Vous, au contraire, vous abaissez l'indigent. « Vos autem exhonorastis pauperem. »

Tous les écrivains sacrés des premiers siècles s'accordent à représenter les pauvres comme les membres souffrants de Jésus-Christ, dignes par conséquent d'un affectueux respect, et saint Laurent, montrant au juge les infortunés qu'il a rassemblés, n'hésite pas à lui dire : Voici les trésors de l'Église dans lesquels vit le Christ [33].

29. Lactant., *De mortibus persecutorum*, cap. XXIII; Migne, VII, p. 231.
30. I, *Epist.*, III, 16; IV, 7, 16. — II, *Epist.*, 5,
31. *Epist. ad Rom.*, XII, 10.
32. *Epist. cathol.*, II, 1, 11.
33. « Interrogatus ubi essent thesauri quos promiserat, ostendit pauperes dicens:

Tertullien peut affirmer que le chrétien, digne de ce nom, ne connaît point la hauteur, même vis-à-vis d'un malheureux, « christianus nec in pauperem superbit [34]. »

Il est donc commandé d'aimer son prochain déshérité des biens de ce monde ; de lui venir en aide ; mais ce précepte formel concède-t-il à ces déshérités un droit légal de créance sur la propriété des riches? En aucune façon. Ceux-ci doivent donner de bon cœur, « facile tribuere », non avec tristesse, ni par force ; car Dieu aime celui qui donne joyeusement en conformité de la volonté divine [35].

Selon la doctrine des propagateurs de la loi nouvelle, « on peut, écrit Ét. Chastel [36], comparer le devoir de la bienfaisance à celui du pardon, et en général à tous ceux dont l'amour est le principe. La loi ni les hommes ne peuvent rien exiger de moi envers celui qui m'offense ; mais Dieu se fait son avocat dans mon cœur ; il me rappelle mes propres offenses, son propre pardon... et au nom d'une loi supérieure dont il est le seul arbitre et le seul garant, il me dit : « Si vous ne pardonnez pas aux hommes leurs offenses, votre Père céleste ne vous pardonnera pas les vôtres. » De même, le riche ne doit rien au pauvre, de qui il n'a rien reçu ; mais il doit tout à Dieu, de qui il a reçu toutes choses, et qui, en retour de tant de grâces lui demande un peu de son surperflu pour ses frères déshérités. »

L'aumône doit être faite librement, à tout le monde, sans distinction de nationalité ; est-ce que le Créateur ne nous montre point l'exemple en répandant ses bienfaits sur tout le genre humain. « Nec quisquam a beneficiis ejus et muneribus arcetur ; quominus omne humanem genus bonitate ac largitate divine æqualiter perfruatur [37]. »

L'Église ne refuse personne, car elle veut rendre les hommes

Hi sunt thesauri Ecclesiæ, et vere thesauri in quibus Christus est » (*Excepta ex sanct. Ambros.*, lib. II, off., cap. 28 ; *Acta sanct. Bolland.*, XXXVI, p. 491.)

34. *Apolog.*, XLVI (Migne, I, p. 511-512).

35. II. *Epist. B. Pauli ad Corinth.*, VIII, 8-17 ; I. *Epist. ad Timoth.*, VI, 18 saint Ignace d'Antioche, *Lettre à Polycarpe* (Migne, V, p. 721-722).

36. *Op. cit.*, chap. II, p. 68 (en note). La gratuité du prêt est, aux yeux des chrétiens, une obligation des riches vis-à-vis des pauvres.

37. S. Cyprian., *de opere et elemosynis.*, XXV (Migne, IV, p. 620).

meilleurs[38]. Il ne faut pas cependant que la bonté dégénère en faiblesse et devienne une sorte d'encouragement au mal[39]. Les Constitutions apostoliques rejettent les mauvais pauvres; les veuves envieuses et méchantes; les individus adonnés à l'ivrognerie et à la débauche; les paresseux[40].

Ces Constitutions ajoutent (III, IV) : S'il existe une veuve qui puisse se procurer les choses nécessaires à la vie et qu'une autre femme mariée tombe dans le dénûment par suite de maladie, d'infirmités ou du grand nombre de ses enfants, il faut la secourir de préférence à la première.

Saint Paul veut également que la charité n'intervienne qu'à défaut de la famille. « Si quelque fidèle, écrit-il (I. *ad Timoth.*, V, 16), a des veuves qui lui soient proches, il doit leur fournir le nécessaire afin que l'Église puisse être à même de suffire à l'entretien de celles qui n'ont aucun appui. »

Les apôtres insistent enfin sur la dignité du travail manuel, sur la nécessité de ne point rester à charge à ses frères par paresse; l'aumône qu'ils considèrent comme la plus efficace est celle faite avec le produit de son propre labeur[41], et saint Paul résume sa pensée en ces termes énergiques : Que celui qui ne veut point travailler ne mange pas, « si quis non vult operari, nec manducet. » Il ajoute, il est vrai, afin de corriger ce que cette formule aurait d'excessif : Pour vous, ne vous lassez pas de faire le bien, « vos autem, fratres, nolite deficere benefacientes[42]. »

Le travail libre est fortement encouragé dans la primitive Église ; des subsides sont accordés aux hommes et aux femmes de bonne volonté qui renoncent aux professions infâmes du cirque,

38. Origène, *Contre Celse*, III, XLIX (Migne, XI, p. 983-986).

39. Saint Ignace d'Antioche ne veut pas non plus que les esclaves insistent pour se faire racheter sur les fonds communs afin de ne pas priver d'autres pauvres du nécessaire (*Lettre citée* ; Migne, V, p. 721-722). Hermas serait au contraire assez disposé à admettre qu'il faut donner à tous ceux qui demandent ; les faux pauvres demeurant responsables devant Dieu de l'aumône ainsi extorquée (liv. II, *Recommandation*, II, chap. unique (Migne II, p. 919).

40. II, I-LXIII ; III, IV, V, VI.

41. *Act. Apost.*, XVIII, 3 ; XX, 33-35 ; *Epist. B, Pauli ad Ephes.*, IV, 28 ; Hermas, *Pasteur*, II, mandement II (Migne, II, p. 915).

42. I. *Epist. B. Pauli ad Thess.*, IV, 11. — II. *ad Thess.*, III, 7, 8, 10, 13.

des mimes, du théâtre pour vivre du revenu d'occupations honnêtes [43].

L'Église la première enseigne le haut prix du temps et cherche à faire comprendre qu'aucun moment de ce temps précieux ne doit être gaspillé.

Faut-il conclure de tout ceci que le christianisme condamne la richesse et les riches ? C'est une erreur.

Le Seigneur ne réprouve pas, en eux-mêmes, les biens acquis justement, pourvu que ceux qui les possèdent cherchent quelle est sa volonté à leur égard. Il ne suffit point de ressembler à un mendiant [44] pour être un saint, il faut posséder l'esprit de pauvreté et ne pas mettre son cœur dans les possessions terrestres, car l'avarice est une idolâtrie, « avaritiam, quæ est simulacrorum servitus [45]. »

Quels sont les riches auxquels saint Jacques adresse ces terribles paroles : pleurez, poussez des hurlements à la vue des malheurs qui doivent fondre sur vous [46] ? Il s'agit de ces puissants de la terre, de ces favoris de la fortune, insensibles aux besoins des pauvres, retenant le salaire de l'ouvrier, meurtriers du juste ; la pourriture consomme leurs trésors inutiles, les vers rongent les vêtements qu'ils ne distribuent pas à ceux qui en manquent.

Cette condamnation sévère provient du mépris de la loi royale de la charité [47], sans laquelle le martyre lui-même devient inutile [48].

Les richesses, dit Clément d'Alexandrie, doivent servir leurs possesseurs, non les commander et les dominer [49]. L'homme,

43. Voir, pour les détails, Dœllinger, *Le christianisme et l'Église*, liv. III, chap. 3, p. 528 et suiv.

44. Aux premiers siècles de l'Église, il n'est pas rare de voir des pauvres interprétant mal les doctrines évangéliques se gonfler de vanité et mépriser les riches. Saint Ignace d'Antioche réprime ces arrogants : Ne méprisez pas, dit-il, le serviteur et la servante, mais qu'eux-mêmes ne s'énorgueillissent point, « ἀλλὰ μηδὲ αὐτοι φυσιούσθωσαν » (*Épître citée*, § 4 ; Migne V, p. 721-724).

45. *Epist. B. Pauli ad Coloss.*, III, 5 ; Clément d'Alexandrie, *Quel riche peut être sauvé ?*, XVIII et XXVI (Migne, IX, p. 621-622, 631-632). — Hermas. Comparaison des pierres équarries devant entrer dans la construction de la tour et qui représentent les âmes détachées des richesses (*Pasteur*, liv. Ier, vision III, chap. II, VII ; Migne, II, p. 899 et suivantes).

46. *Epist. catholica*, V, 1-8. A rapprocher saint Math., VI, 24 ; XIII, 22 ; XIX, 22-24. — Saint Luc, VI, 24 ; XVI, 13.

47. S. Jacob., *Epist. catholica*, II, 8.

48. I. *Epist. B. Pauli ad Corinth.*, XIII, 1-9.

49. Traité : *Quel riche peut être sauvé ?*, XIV (Migne, IX, p. 617-618).

suivant l'esprit du christianisme, n'est que l'usufruitier des biens de la terre. Ces biens ne peuvent être un but, mais un moyen de favoriser les intérêts divins et de venir en aide à ses semblables.

Dieu toujours prêt à rendre à chacun selon son mérite veut l'union des riches et des pauvres, disposés à s'entr'aider les uns les autres; l'amour n'est-il pas l'accomplissement de la Loi? « Plenitudo ergo legis est dilectio [50]. »

Cette charité, inépuisable comme le lait qui vient gonfler les mamelles une fois pressées [51], forme le lien voulu par la Providence entre les possesseurs légitimes de la richesse et ceux qui en sont privés; leur accord seul est fécond.

« Un jour que je me promenais dans la campagne, raconte Hermas, je vis un orme et une vigne. L'ange m'apparut et me dit : « A quoi penses-tu? » Je lui répondis : « Je m'arrête à cet orme et à cette vigne, parce que leurs fruits me semblent beaux. » Eh bien, me dit-il, ces deux arbres peuvent servir d'exemple aux serviteurs de Dieu. Tu vois cette vigne : elle porte des fruits, tandis que l'orme n'en porte pas. Mais, si elle n'était appliquée à l'orme et soutenue par lui, elle n'en porterait pas beaucoup. Étendue par terre, elle donnerait de mauvais fruits; suspendue à l'orme, elle en porte pour elle et pour l'arbre qui lui prête son appui. Cette parabole t'offre l'image du riche et du pauvre. Le riche a des biens, mais il est pauvre du côté de Dieu; car il est distrait par le soin de ses richesses, et sa prière n'a que peu de valeur auprès du Seigneur. Lors donc qu'il aura prêté au pauvre l'appui de sa fortune, celui-ci priera pour lui et lui obtiendra les biens spirituels; car le pauvre est riche en prière, et Dieu l'exauce facilement. De cette manière, l'un et l'autre s'enrichissent en se faisant du bien [52]. »

§ 4. — *L'organisation charitable. Les diaconies.*

Ceci dit, il convient d'examiner le fonctionnement de la charité. Nous trouvons partout à la tête des Églises : les évêques, les

50. *Epist. B. Pauli ad Roman.*, XIII, 10.
51. Clément d'Alexandrie, *Le Pédagogue*, III, 7 (Migne, VIII, p. 609-610).
52. Hermas, *Le Pasteur*, liv. III, simil., II (Migne, II, p. 954 et suivantes). Passage traduit par l'abbé Freppel, *Cours d'éloquence sacrée*, 1857-1858, *14e leçon*, p. 305.

prêtres, les diacres, composant les plus hauts degrés d'une hiérarchie sagement organisée.

Selon saint Paul [53] et les Constitutions apostoliques, l'évêque est le pilote du navire, l'homme de Dieu ; il doit être : gardien de la science ; saint ; irréprochable ; sobre ; prudent ; chaste ; désintéressé ; modeste ; plein de mansuétude ; libéral envers les orphelins, les veuves, les malheureux ; hospitalier ; prompt à rendre service. C'est à lui que sont remises les offrandes faites en faveur des pauvres. Il n'est responsable de sa gestion que vis-à-vis de Dieu seul [54].

Les prêtres viennent ensuite ; ordonnés par les évêques, cette consécration leur confère le pouvoir d'administrer les sacrements ; placés plus près des fidèles, ils doivent les instruire, se montrer leurs guides et leurs pères [55].

Enfin les diacres sont, comme à Jérusalem, « *ordonnés non pour le sacerdoce, mais pour le ministère* » [56], chargés d'assister les évêques, d'agir sous leurs ordres directs [57] et de surveiller les détails, notamment en ce qui touche à l'assistance [58].

Des veuves, n'ayant contracté qu'une seule union, ou des vierges [59] d'une sage conduite, toutes suffisamment avancées en âge (au moins 60 ans), s'occupent, sous la direction des diacres, des personnes de leur sexe ; on les désigne sous le nom de *diaconesses* [60].

53. I. *Epist. B. Pauli ad Timoth.*, III, 1-7.
54. *Const. apost.*, II, I ; III, XXV, XXVI, LVII.
55. *Const. apost.*, II, XXXIII ; De Smedt, *L'organisation des Eglises chrétiennes jusqu'au milieu du IIIe siècle* ; *Congrès scientifique intern. des catholiques*, 1888, t. II, p. 316.
56. Thomassin, *Anc. et nouv. discipline de l'Eglise*, *op. cit.*, 1re partie, liv. Ier, chap. XXV § X, t. Ier, p. 79.
57. I. *Epist. B. Pauli ad Timoth.*, III, 8, 13 ; *Const. apost.*, II, XXIX à XXXII. Le diacre doit être l'oreille, l'œil, la bouche, le cœur et l'âme de son évêque (*Const. apost.*, II, XLIV.)
58. *Canons apostoliques*, XLI ; Dom Pitra, *op. cit.*, p. 23.
59. Dans son épître aux fidèles de Smyrne (§ 13), saint Ignace salue *les jeunes filles* qui sont appelées veuves καὶ τὰς παρθένους, τάς λεγομένας χήρας (Migne, V, p. 717-718).
60. Leur existence est signalée dès l'origine par les lettres de saint Paul et les Constitutions apostoliques (*Epist. ad Rom.*, XVI, 1, 2 ; I. *ad Timoth.*, V, 9-13 ; *Constitutions*, VI, XVII). Pline en fait mention dans sa lettre à Trajan, citée plus haut. Il les qualifie de *ministræ*, et comme il s'agit de femmes esclaves, *ce doux philanthrope* n'hésite pas à les faire mettre à la torture, espérant surprendre ainsi les secrets des chrétiens.

Quelles sont maintenant les ressources dont disposent les communautés naissantes ?

Saint Justin (1re apolog., § 67)[61] décrivant l'office du dimanche s'exprime ainsi : « Chaque assistant participe aux dons consacrés que les diacres vont porter aux absents. On fait une quête à laquelle contribuent tous ceux qui en ont le désir et les moyens. Cette collecte est remise au chef de l'assemblée, qui vient au secours des veuves et des orphelins, des pauvres et des malades, des prisonniers et des étrangers ; en un mot qui prend soin de tous les indigents. »

En dehors de ces quêtes hebdomadaires, chacun, dit Tertullien (*Apolog.*, XXXIX), apporte une modique offrande au commencement de chaque mois, ou lorsqu'il le veut, toujours selon ses facultés. Si Dieu, en effet, ajoutent les Constitutions, a délié les chrétiens du joug de l'ancienne loi, il ne les a point exemptés des contributions à payer aux prêtres et de la bienfaisance à exercer envers les pauvres (II, XXXVI).

Toutes ces allocations sont, comme on le voit, facultatives quant à leur importance, mais les premiers fidèles ressemblent souvent à ceux de Macédoine, que saint Paul félicite de donner autant qu'ils le peuvent et même au delà (II. *Epist. ad Corinth.*, VIII, 1-3). Les Pères constatent que tout ce que les Israélites offraient au Temple n'était qu'une image des largesses incomparables des fidèles envers les Églises et les nécessiteux [62].

Il est même recommandé de distribuer en aumônes l'équivalent de la nourriture économisée les jours de jeûne [63] et les pécheurs reçoivent parfois, à titre de pénitence, la charge de faire des dons aux malheureux (*Constit.*, II, XLVIII).

« Lorsque les ressources ordinaires ne suffisent pas, que quelque besoin nouveau et pressant se fait sentir, ou qu'il y a quelque grande infortune à soulager, on a recours à des collectes générales où chacun donne des produits de son travail [64]. »

61. Migne, VI, p. 429-430 ; Abbé Freppel, *Cours d'éloquence sacrée*, 1858-1859, in-8, 1860, *15e leçon*, p. 298.

62. Thomassin, *op. cit.*, 1re partie, liv. III, chap. III, t. Ier, p. 336 ; G. Kurth, *Les origines de la civilisation moderne*, in-8, 1898, t. Ier, chap. III, p. 117-118.

63. Hermas, *op. cit.*, III, simil., V, chap. III (Migne, II, 959-960).

64. Et. Chastel, *op. cit.*, liv. Ier chap. III, p. 95.

De plus, nombre de chrétiens, à l'occasion de leur baptême, en vue de l'échéance prochaine du martyre, ou pour toute autre cause, abandonnent leurs biens et se montrent prodigues en faveur de leurs frères souffrants; les *Acta* fournissent maints exemples de ces sacrifices [65].

Une caisse commune reçoit les offrandes et permet de pourvoir aux besoins de tous (*Const. apost.*, III, IV).

Au moyen de fidéicommis, les communautés jouissent également des revenus de fonds de terre ou d'autres biens immobiliers. Un dernier soin préoccupe Cécile à la veille de comparaître devant le Juge, raconte Dom Guéranger, celui d'assurer à l'Église romaine la possession de sa demeure. Elle n'a d'autre moyen pour cela que d'en céder la propriété à une personne de confiance qui puisse l'appliquer à la destination voulue. Elle arrête son choix sur un des nouveaux baptisés, nommé Gordien, *clarissime*. C'est avec ce patricien que Cécile, libre encore, passe le contrat qui garantit au pape Urbain, sous un nom d'emprunt, la jouissance du don [66].

On conçoit combien ce système, inattaquable en droit, offre d'inconvénients, car il a pour base unique la bonne foi du propriétaire fictif [67]. Aussi voyons-nous, dès le commencement du IIIe siècle, les Églises posséder directement des cimetières [68], des édifices affectés au culte, des immeubles de toute nature [69].

65. Paul Allard, *Hist. des persécutions*, *op. cit.*, t. III, chap. II, § 1er, p. 44. Voir dans les Actes de sainte Pudentienne et de sainte Praxède leur généreux dépouillement (*Acta sanct. Bolland.*, XVII, p. 299). Sainte Lucie, à Syracuse, persuade à sa mère « que ce n'est pas faire beaucoup pour Dieu que de lui donner à sa mort ce que l'on ne peut plus retenir, et que si elle veut lui témoigner un véritable amour, elle doit consentir à des sacrifices réels pendant sa vie » (*Petits bollandistes*, 13 décembre, t. XIV, p. 239).

66. Dom Guéranger, *Sainte Cécile*, *op. cit.*, chap. XVII, p. 394.

67. Voir, dans Paul Allard, *Hist. des persécutions*, *op. cit.*, t. II, chap. VIII, § III, p. 336-338, les efforts tentés par saint Cyprien pour soustraire ses propriétés privées au fisc et en assurer la jouissance à son Église de Carthage.

68. L'Église a toujours mis au rang des œuvres de miséricorde l'ensevelissement des morts. L'abbé Tollemer, *Des orig. de la charité cath.*, seconde partie, a consacré tout un chapitre à cet intéressant sujet (chap. II, p. 113-144).

69. Alexandre Sévère tranche en faveur des chrétiens la question de propriété d'une maison revendiquée par des cabaretiers (Lamprid., XLIX). Gallien remet les évêques en possession des biens religieux, saisis et peut-être vendus par le fisc, et rend « aux collèges des frères » l'usage des cimetières confisqués ou violés (Paul Allard, *Hist. des persécutions*, *op. cit.*, t. III, chap. IV, § 2, p. 162 et suivantes).

Cette prise de possession du sol coïncidant avec la tolérance de Septime Sévère à l'égard des corporations composées de petites gens, « collegia tenuiorum », réunies en vue de s'assurer une sépulture, on peut croire, au premier abord, que les fidèles recourent à cet expédient pour échapper aux lois de proscriptions; de nombreux auteurs soutiennent cette thèse séduisante, réfutée par Mgr Duchesne [70].

Le savant directeur de l'École de Rome se représente difficilement des milliers de chrétiens, parmi lesquels figurent de grands personnages, parvenant à se dissimuler sous la forme de corporations de *tenuiores*, bonnes tout au plus à abriter quelques individualités isolées. Il lui semble naturel de croire « que si, depuis la mort de Marc-Aurèle, les communautés chrétiennes jouissent de longs intervalles de paix; si elles réussissent à posséder des biens immobiliers apparents et considérables, c'est qu'on les tolère ou même qu'on les reconnaît, sans aucune fiction légale, comme Églises, comme sociétés religieuses. » Nous ne pouvons que nous ranger à cette manière de voir.

Les chrétiens pratiquent donc, dès le principe, toutes les œuvres de miséricorde. En premier lieu, il convient de placer *l'hospitalité*. Ce n'est pas une vertu nouvelle, les païens la connaissent, seulement elle revêt chez eux un caractère d'assurance mutuelle contre les dangers qui menacent alors partout les voyageurs. On reçoit un hôte à charge d'être accueilli par lui, ou les siens, si les hasards de la vie vous conduisent à son foyer.

Chez les chrétiens, rien de pareil. Conservez toujours la charité envers vos frères, disent les Apôtres, ne négligez point d'exercer l'hospitalité [71]. Faites-le sans esprit de retour, ajoutent les prédicateurs de *la bonne nouvelle*; recevez aussi, malgré les dangers qui peuvent en résulter pour vous, les fidèles que chassent les persécuteurs [72].

Une des fonctions des diacres est de faire connaître à l'évêque

70. *Les origines chrétiennes*. Leçons d'hist. ecclésiast., en 1878-1879 et 1880-1881, in-4 (lithographié), chap. XXIII, § 3, p. 390 et suivantes. A. Rivet, *Le régime des biens de l'Eglise avant Justinien*, in-8, 94 p. Lyon, 1891, chap. Ier.

71. *Epist. B. Pauli ad Hebræos*, XIII, 1-2; III. *Epist. B. Joann.*, 5.

72. *Const. apost.*, V, III; VIII, XLV.

l'arrivée des étrangers, afin qu'il puisse en prendre soin et ne pas les laisser isolés au milieu de foules idolâtres, souvent hostiles, ou du moins ne partageant pas leurs croyances.

Ces devoirs imposés à tous paraissent à Tertullien constituer un des obstacles au mariage entre une chrétienne et un infidèle [73].

Le sentiment de fraternité apparaît aussi dans les *agapes*, repas communs dont le nom tiré du grec signifie *amour*, « id vocatur, quod *dilectio* penes Græcos est [74]. » Inaugurées à Jérusalem, les agapes se perpétuent à travers les siècles et réunissent à une même table, malgré les haines héréditaires et les préjugés universels : le Grec, le Juif, le Romain ; l'esclave et l'homme libre ; le plébéien et le patricien ; le pauvre et le riche.

Ces repas ont lieu dans des maisons particulières ou près de la tombe d'un martyr ; les chrétiens ne se croyant point souillés soit par l'attouchement, soit par le voisinage d'un corps privé de vie [75].

Les fidèles doués des dons de la fortune font habituellement les frais des agapes. Là, s'écrie Tertullien (*Apolog.*, XXXIX), nous soulageons les malheureux, non à la manière dont vous traitez vos parasites qui viennent s'engraisser au prix de mille avanies, mais les accueillant comme des hommes sur lesquels Dieu abaisse son regard avec plus de complaisance. Tout ce qui s'y passe répond à ce motif. Le repas finit et commence par la prière.

L'évêque, les prêtres, les diacres ont leur place marquée autour de ces tables frugales [76], dont les passions humaines viennent déjà troubler la touchante harmonie avant de les faire disparaître [77].

En dehors de la pratique de l'*hospitalité* et des *agapes*, les

73. *Ad Uxorem*, II, IV (Migne, I, p. 1294-1295).
74. Tertul., *Apolog.*, XXXIX (Migne, I, p. 474).
75. *Const. apost.*, VI, XXXI ; XVII, p. 343-345.
76. *Const. apost.*, II, XXVIII.
77. Saint Paul (I. *Epist. ad Corinth.*, XI, 21-22) se plaint que parfois chacun se hâte de manger en particulier, si bien que les uns n'ont rien tandis que d'autres mangent avec excès. Mêmes reproches chez saint Jude (*Epist. cath.*, 12). Clément d'Alexandrie montre les riches faisant dans ces repas étalage d'un luxe insolent en vue d'humilier les pauvres, *Le Pédagogue*, II, 1 (Migne, VIII, p. 383-386).

premiers chrétiens ont des occasions trop fréquentes de montrer leur dévouement ; il s'agit des temps d'épidémies.

Sous les Empereurs, les diverses provinces sont ravagées par des pestes terribles ; ces calamités ne font qu'accroître l'audace des malfaiteurs et ébranler les bases de l'ordre social [78]. Carthage est gravement atteinte à son tour en 252 ; son évêque trace le tableau suivant du fléau [79] :

« Une dyssenterie cruelle déchire les intestins, et amène la prostration des forces ; un feu brûlant circule dans les veines, pénètre jusqu'à la moelle des os, ulcère la gorge et les organes de la respiration ; des vomissements réitérés fatiguent les entrailles, l'œil s'enflamme, injecté de sang ; chez quelques-uns, les pieds ou d'autres membres attaqués par une gangrène impure tombent sous le scalpel ; chez d'autres, le poison se communique à tout le corps, et alors une langueur mortelle paralyse des organes tout à l'heure si vigoureux ; le pas devient chancelant, l'oreille s'obstrue, l'œil s'éteint. »

Chacun cherche à sauver sa vie et abandonne morts et mourants dans les maisons, sur les places publiques. Saint Cyprien rassemble son troupeau, rappelle les devoirs de la miséricorde. A sa voix, les riches apportent de l'or, les pauvres offrent leurs bras ; les infortunés que délaisse l'égoïsme des idolâtres sont assistés [80].

Quelques années après (268), sous Gallien, un typhus violent éclate à Alexandrie à la suite de séditions et de massacres ; l'air devient si contagieux, disent les contemporains, « que la rosée du matin ressemble à du sang corrompu. » Au milieu de la lâcheté universelle, on voit des prêtres, des diacres, de simples laïques secourir les malades, ensevelir les morts, sans distinction de culte. Nombre d'entre eux succombent victimes de leur zèle infatigable. L'Église les met au rang des martyrs [81].

78. S. Cyprian., *ad Demetrianum*, XI (Migne, IV, p. 552).

79. S. Cyprian., *de mortalitate*, XIV (Migne, IV, p. 591-593). Traduction de l'abbé Freppel, *Cours d'éloquence sacrée*, 1863-1864, in-8, 1865, *13e leçon*, p. 311.

80. *S. Cypriani vita, auctore. S. Pontio, illius diacono*, cap. II, nos 17-18 (*Acta sanct. Bolland.*, XLIV, p. 328).

81. « De sanctis martyribus Alexandrinis, presbyteris, diaconis, laïcis, qui peste laborantibus ministrantes eadem et ipsi extincti sunt » (*Act. sanct. Bolland.*, VI, p. 726 et seqq.). Voir aussi Eusèbe, *Hist. ecclés.*, VII, XXII (Migne, XX, p. 685-692).

Indépendamment de cette manière d'agir en temps d'épidémie, on compte des chrétiens à la fois médecins des corps et des âmes, comme Diomède, de Nicée en Bithynie, mis à mort sous Dioclétien. « Erat medicus bonus Diomedus non corporum duntaxat sed etiam animarum [82]. »

Si l'Église défend en effet de recourir aux incantations, aux sortilèges (*Const. apost.*, VII, III et VI); si elle se moque d'Esculape et de ses songes (Tertul., *Apolog.*, XIV), elle ne réprouve nullement l'exercice régulier de l'art médical qui fournit mille occasions de se dévouer. Combien de conversions amène l'heureuse influence de praticiens-esclaves, disciples eux-mêmes de la loi nouvelle [83] !

Les chrétiens visitent aussi les prisonniers, soulagent les confesseurs condamnés aux mines, rachètent les captifs.

Les prisons sont en général obscures, sans air [84], « æterna nox illic latet », dit le poète Prudence [85]. En Afrique, elles deviennent brûlantes.

Les fidèles qui refusent de sacrifier s'y trouvent entassés, étendus sur le sol, les pieds engagés dans les trous d'une pièce de bois [86]; l'écartement des trous permet d'augmenter ou d'atténuer le supplice [87].

82. Sous le règne de Dioclétien et de Maximien, Lysias étant assis sur son tribunal dans une ville de Cilicie, ses officiers lui dirent : « Il y a ici certains chrétiens fort habiles en l'art de la médecine. Ils parcourent les villes et les bourgades, guérissant divers malades et délivrant ceux qui sont possédés des esprits immondes au nom de Celui qu'on appelle Christ. Mais ils ne permettent pas qu'on se rende dans les temples pour honorer les dieux et pour sacrifier » (*S. S. Cosmae et Damiani vita. Act. sanct. Bolland.*, XLVII, p. 441).

83. Tertul., *Ad scapulam*, IV (Migne, I, p. 703), parle de l'esclave chrétien Proculus Torpacion qui guérit Septime Sévère au moyen d'onctions et que l'Empereur garda ensuite près de lui.

84. Article CARCER, *Dict. ant. grecq. et rom.*, t. Ier, 1re partie, p. 916 et suiv. Voir (p. 917) l'énumération des supplices et (p. 219) les adoucissements apportés par les empereurs chrétiens.

85. Prudentius, *Liber peristephanon*, hymn. V, vers., 245 (Migne, LX, p. 393).

86. Eusèb., *Hist. ecclésiast.*, V, I; VI, XXXIX (Migne, XX, p. 407 et seqq., 599-602).

87. Nombre d'auteurs parlent de ces *ceps*. « Le supplice du *nerf jusqu'au cinquième trou* : cet instrument de torture était ainsi nommé parce qu'à l'aide de nerfs on étirait violemment et on engageait dans des trous de plus en plus espacés les pieds du patient renversé sur son dos, et jusqu'à ce que cette tension amenât la mort par la rupture du ventre. On a trouvé à Pompéi un *nervus* propre à recevoir dix condamnés à la fois » (Martigny, *Dict. ant. chrét.*, in-4, 1877. Article *Martyre*, p. 453).

Un confesseur, dont parle Lactance[88], passe jusqu'à six années en prison, après avoir été soumis neuf fois à la torture! Ce n'est pas un fait isolé.

Le devoir des chrétiens est de visiter ces frères si éprouvés, d'adoucir leurs peines, de fortifier leur âme que la continuité de la douleur peut abattre. Ce devoir enseigné par saint Paul (*ad Hebræos*, XIII, 3), que prescrivent les Constitutions apostoliques[89], s'accomplit avec un courage admirable; des femmes elles-mêmes n'hésitent point à se glisser auprès des confesseurs de la foi, à baiser leurs chaînes[90].

La caisse commune, les largesses individuelles fournissent aux dépenses[91], on achète à prix d'argent le droit de pénétrer dans ces obscurs cachots; les prêtres, les diacres portent aux condamnés le saint Viatique[92]. Le tout au péril de leur vie, car ces témoignages d'affection sont prohibés[93] et la présence des fidèles en ces lieux de douleur peut servir de base à leur propre condamnation. Saint Cyprien est obligé de recommander à son peuple la prudence et la circonspection.

Le sceptique Lucien ne manque pas de railler ce pieux usage et il en confirme par cela même l'universalité[94].

Les mines, les carrières de marbre, dont les auteurs païens font une si effrayante peinture[95], sont, ainsi que les prisons, remplies de chrétiens condamnés à cette peine. On les flagelle cruellement avant leur départ[96]; d'autre fois on leur crève un œil, ou ils ont les nerfs de la jambe coupés, brûlés.

88. Lact., *de mort. persecut.*, XVI (Migne, VII, p. 217-218).

89. Portez à vos frères sur le produit de votre travail et de vos sueurs des aliments, de l'argent pour gagner les gardes. Lorsque ce frère sort de prison mutilé, affaibli, privé de tout secours, assistez-le avant les autres pauvres (V. 1-3).

90. Tertul., *Ad Uxorem*, II, IV : « Quis in carcerem ad osculanda vincula martyris reptare patietur? » (Migne, I, p. 1294).

91. Tertul., *Apolog.*, XXXIX (Migne, I, p. 470). « Je demande que rien ne soit négligé, écrit saint Cyprien » (*Epist.*, V, II. Migne, IV, p. 232-233).

92. « Ce fut la coutume de tous nos prédécesseurs d'envoyer dans les prisons des diacres qui subvenaient aux besoins des martyrs et leur lisaient l'Écriture sainte » (S. Cyprian., *Epist.*, IV, XV; Migne, IV, p. 230-231, 264-268).

93. Eusèbe, *Hist. ecclés.*, VII, XI (Migne, XX, p. 662 et suiv.).

94. *De la mort de Peregrinus*, § 12 (édit. Didot, p. 691).

95. *Histoire de la charité*, t. Ier, chap. VI, p. 115; S. Cyprian., *Epist.*, LXXVII (Migne, IV, p. 414-419).

96. G.-B. Rossi *Bulletino di arch. christ.*, marzo-aprile, 1868, VI, n° 2, p. 19.

Il est évident que le travail de ces vieillards, de ces enfants, de ces femmes, de ces mutilés, est presque nul, cela importe peu; leurs bourreaux veulent avant tout deux choses : qu'ils souffrent et qu'ils meurent[97].

La pitié des chrétiens ne fait pas défaut à ces nombreuses misères. Les églises envoient des subsides destinés à alléger la situation de ces innocentes victimes. Des diacres, des acolytes se chargent ordinairement de se rendre auprès des condamnés[98]; mission dangereuse et à laquelle se peuvent appliquer les paroles de saint Paul : Je me suis souvent trouvé dans les voyages, exposé aux périls sur les fleuves, sur la mer; aux périls de la part des voleurs, des païens; aux périls au milieu des villes, des déserts; aux périls entre les faux frères (II. *Epist. ad Corinth.*, XI, 26).

L'Église de Rome se signale entre toutes par son inépuisable bienfaisance; au plus fort de la dernière persécution elle adresse ses offrandes aux prisonniers, relégués dans les mines de l'Égypte et de l'Asie[99], et c'est à juste titre que saint Ignace d'Antioche lui décerne ce beau titre de : « *Présidente de la charité*[100]. »

Aux IIe et IIIe siècles, on ne connaît pas encore les véritables invasions; il existe néanmoins des peuples hostiles sur les frontières; la dépouille de Valérien, teinte en rouge et suspendue à la voûte d'un temple persan, prouve que l'Empire commence à essuyer de cruelles défaites.

Il y a des chrétiens, des vierges, des enfants, emmenés captifs, privés de tout secours religieux, exposés à la perte de la foi, aux plus sanglants outrages. Les communautés savent encore réunir des ressources pour racheter ces infortunés; nous voyons saint Cyprien, le premier sur la brèche. A la suite d'une collecte

97. Eusèbe, *Des martyrs de Palestine* (Migne, XX, p. 1457 et suivantes).

98. Ceux que vous nous avez envoyés ont heureusement accompli leur mission. Nous étions dans le plus grand dénûment, écrivent les confesseurs à l'évêque de Carthage, ils nous ont remis ce que vous leur aviez donné pour nos besoins corporels (S. Cyprian., *Epist.*, LXXVIII; Migne, IV, p. 420-422).

99. Eusèbe, *Hist. ecclés.*, IV, XXIII (Migne, XX, p. 387-388); G.-B. de Rossi, *Bulletino di arch. christ.*, 1868, *op. cit.*, p. 21.

100. Saint Ignace, évêque d'Antioche, *Épître aux Romains* (prologue) (Migne, V, p. 685-686).

faite à Carthage, il envoie 100.000 sesterces à ses collègues de Numidie et rend à la liberté de nombreux fidèles razziés par des tribus nomades qu'enhardit la faiblesse croissante des garnisons romaines [101].

Toutes ces œuvres présentent un caractère plus ou moins exceptionnel; elles naissent d'un fait déterminé : une persécution, une guerre malheureuse. Il existe à côté toute une autre série d'œuvres, locales, permanentes, en faveur des veuves, des orphelins, des malades et des nécessiteux; il faut les examiner.

« La religion et la piété pure et sans tache aux yeux de Dieu notre Père, consiste, dit saint Jacques (*Epist. cathol.*, I, 27), à visiter les orphelins, les veuves dans leur affliction, et à se garder de la corruption du siècle. »

En raison de leur état d'abandon, les enfants privés de famille et les femmes ayant perdu leur mari, sont l'objet de toute la sollicitude de l'Église.

Les Constitutions apostoliques prescrivent de marier l'orpheline nubile, d'apprendre à l'orphelin un métier afin de le mettre à même de se suffire par le travail en exerçant une profession.

La primitive Église a horreur de l'oisiveté et du pauvre restant à la charge de la communauté au détriment de plus méritants que lui. Les secours distribués doivent être acceptés avec reconnaissance (IV, v).

Tous ceux qui ont besoin d'assistance reçoivent des subsides. Nous ne repoussons pas vos pauvres, affirme Tertullien, s'adressant aux païens. Vous faites moins de sacrifices dans vos temples (*templatim*) que nous ne faisons d'aumônes dans les rues (*vicatim*) (*Apolog.*, XLII).

On va visiter à domicile les malades, les infirmes [102]. Des femmes pieuses se rendent d'un quartier à un autre; les réduits les plus misérables ne les rebutent point [103].

Les pauvres sont inscrits sur les contrôles de l'Église, les

101. *Epist.*, LX (Migne, IV, p. 359-362).
102. Saint Polycarpe *aux Philippiens* (Migne, V, p. 1009-1010).
103. « Quis enim sinat conjugem suam visitandorum fratrum gratia vicatim aliena et quidem pauperiora quæque tuguria circuire? » Tertul., *Ad uxorem*, II, IV (Migne, I, p. 1294).

diacres les connaissent individuellement [104]; c'est ainsi que l'archidiacre Laurent peut les réunir et les présenter au juge qui recherche les trésors des chrétiens :

Tales plateis omnibus
Exquirit, assuetos ali
Ecclesiæ matris penu,
Quos ipse promus noverat.
Recenset exin singulos,
Scribens viritim nomina,
Longo et locatos ordine
Astare pro templo jubet [105].

En 251, les veuves, les indigents assistés à Rome sont au nombre de plus de 1.500 [106]. Dans une lettre adressée à saint Cyprien (*Epist.*, II), le clergé romain expose que, malgré la persécution de Dèce et la vacance du siège épiscopal, on continue à secourir les veuves, les infirmes, les prisonniers, les exilés, ainsi que les catéchumènes malades.

Les secours consistent en vêtements, chaussures, aliments, boissons. sommes d'argent; les fidèles riches donnent des repas aux pauvres désignés par les diacres. L'abbé Tollemer (*op. cit.*, 2e partie, chap. XIII, § 2, p. 510) pense que les Constitutions apostoliques font allusion à cet usage lorsqu'elles obligent les veuves à prendre l'avis des diacres avant d'aller chez quelque particulier pour boire, manger ou recevoir une aumôme.

Telles sont les œuvres multiples auxquelles s'appliquent les chrétiens des premiers siècles, malgré les persécutions, les édits impériaux, les violences de la foule. Il y a bien des défaillances partielles; des compétitions, des querelles, filles de l'hérésie. Certains convertis, surtout aux époques de calme, cherchent à unir leurs sentiments nouveaux avec les habitudes invétérées du paganisme. Saint Cyprien, Origène, flétrissent ces évêques, ces

104. A l'exemple de l'Église de Jérusalem, l'Église de Rome compte longtemps sept diacres entre lesquels étaient réparties les quatorze régions de la ville (*Liber pontificalis*. — *Texte, introduct. et comment.*, par l'abbé L. Duchesne, 2 vol. in-4, 1886-1892, t. Ier, p. 126, note 4).

105. Prudent., *Peristephanon*, hymn. II, vers., 157-164 (Migne, LX, p. 306-307).

106. ὑπὲρ τας χιλίας πεντακοσίας. — Eusèbe, *Hist. ecclésiast.*, VI, XLIII (Migne, XX, p. 621-622).

prêtres vivant dans le faste, insoucieux des pauvres; ils stigmatisent les diacres infidèles à leur mission.

Ce sont là des défectuosités de détail, qui n'enlèvent rien à la beauté, à l'harmonie de l'édifice. En présence de ce dévouement désintéressé, spectacle inconnu pour eux, on voit les idolâtres, parlant des disciples du Christ, ne savoir que s'écrier en leur admiration : « VOYEZ DONC COMME ILS S'AIMENT. »

DEUXIÈME PARTIE

LES EMPEREURS D'OCCIDENT ET D'ORIENT DE CONSTANTIN A JUSTINIEN

CHAPITRE PREMIER

LES QUESTIONS SOCIALES SOUS LES EMPEREURS

I

LA SITUATION DES PEUPLES

Constantin vainqueur de Maxence promulgue à Milan, en 313, de concert avec son allié d'un jour, Licinius, l'édit de tolérance qui reconnaît officiellement la religion du Christ. Sauf un court intervalle (361-363, règne de Julien), les souverains se disent chrétiens.

Faut-il en conclure que l'heureuse influence des évêques, des conciles, va s'exercer pacifiquement auprès des maîtres du monde? Hélas, non. Aux violences païennes succèdent les persécutions suscitées par les hérétiques : Apollinaire, Arius, Macédonius, Nestorius, Eutychès, et bien d'autres, bouleversent la société. Les Athanase, les Jean Chrysostome, nombre de pieux évêques sont victimes de la haine de Princes et d'Impératrices qui n'ont de catholiques que le nom. Gratien, Théodore Ier, Théodore II et Pulchérie sa sœur, Marcien forment des exceptions.

D'un autre côté les barbares avancent, et sous les coups d'Odoacre l'Occident cesse, en 476, d'avoir un empereur particulier [1], alors que par une véritable ironie ce dernier fantôme de monarque s'appelle : *Romulus Augustule.*

Nous allons étudier ce que durant cette période si troublée

1. « Les modernes croient voir un empire d'Occident qui disparaît en 476; mais les hommes du ve siècle n'ont pas vu cela... Aux yeux des contemporains... que son chef résidât à Rome ou à Constantinople peu importait; il existait toujours un empire romain qui embrassait tout l'ancien monde » (Fustel de Coulanges, *L'invasion germanique*, ouvrage revu par C. Jullian, in-8, 1891, liv. II, chap. X et XI, p. 502 et 520.)

(311-565) la charité peut accomplir en faveur de ceux qui souffrent; il faut toutefois, au préalable, se rendre compte de la situation économique des peuples composant l'Empire.

§ 1er. — *Les résultats de la fiscalité impériale et des invasions.*

L'exploitation des provinces par Rome n'est pas un fait récent, il y a des siècles que la politique des Quirites pèse sur elles et précipite leur ruine.

Cette administration oppressive, rapace, grandit sous les Césars, avec le pouvoir d'un seul; les fonctionnaires vivant des revenus de l'Empire, s'imposent ensuite aux chefs du Pouvoir, même à ceux animés des meilleures dispositions, et paralysent toute amélioration qu'ils considèrent comme préjudiciable à leurs propres intérêts.

Le fisc invente chaque jour des procédés arbitraires destinés à faire affluer l'or (on pourrait dire le sang) des contribuables dans les caisses de l'État; il lève les impôts à l'aide du fouet et de la torture. Au IIIe siècle, les populations désertent les champs, la forêt remplace les cultures [2] et l'insurrection des Bagaudes ravage la Gaule. Constantin et ses successeurs, c'est là leur tort, ne savent point résister à cet entraînement; la cour fastueuse de Byzance [3], les dilapidations des favoris, accroissent encore les besoins du trésor, « sacratissimum ærarium. »

Au début, après ses conquêtes successives, le Sénat laisse subsister la vie municipale dans les régions placées sous le joug; les magistrats élus par leurs concitoyens se plaisent à embellir les cités, et le tribut qu'exige le Peuple Romain est payé sans trop de difficulté. Puis les ressources diminuent chez les vaincus, tandis que les exigences des vainqueurs s'accroissent; on commence à rendre les membres de la *curie* [4] responsables de la

2. « Deserer entur agri, et culturæ verterentur in silvam » (Lact., *de mortibus persecutorum*, VII (Migne, VII, p. 204).

3. Voir dans le *Code Théodosien* : VI, I-XXXVII, l'interminable liste des fonctionnaires de la Cour Impériale.

4. « *Curialis*. Ce mot, dans le bas Empire, est le synonyme exact de décurion; il s'applique à tous les membres du sénat municipal, ou *Curia*. Le titre de Curialis,

rentrée des impôts. Du temps de Trajan les *curiales* cherchent déjà à échapper à un pareil fardeau [5] et « il faut tout l'aveuglement de la passion pour ne dater que de Constantin la décadence de cette institution et le dépérissement de l'Empire [6]. »

Alors commence une lutte séculaire entre les représentants du fisc, qui cherchent à recouvrer l'intégralité des impositions, et les curiales, ruinés s'ils ne pressurent pas les habitants; exposés à la haine de tous s'ils font rentrer par force les fonds publics dont ils demeurent personnellement responsables [7].

Les *Codes Théodosien* et *Justinien* renferment des centaines de Constitutions [8] relatives à ces propriétaires fonciers, attachés à une ville [9] sans pouvoir circuler librement, privés du droit normal de disposer de leurs biens [10]; voyant se dissiper leur avoir et leurs fils devenir obligatoirement héritiers des charges paternelles [11].

Les curiales eux-mêmes, en dépit de vains honneurs, sont expo-

à partir du IVe siècle, ne constitue plus une dignité personnelle, mais une condition sociale qui s'acquiert par la naissance ou par la fortune » (*Dict. ant. grecq. et rom.*, art. de G. Lacour-Gayet, t. Ier, 2e partie, p. 1632).

5. C. Plin. cæcilii, second., *Epistolæ*, X, CXIV : « Adversus eos, qui inviti fiunt decuriones », écrit Trajan.

6. Wallon, *Hist. de l'esclavage*, 2e édit., t. III, livre III, chap. V, § 3, p. 179.

7. « Ubi non quot curiales fuerint, tot tyranni sint » (Salv., *de gubernatione Dei*, V, IV (Migne, LIII, p. 98).

8. *Cod. Theod.*, XII, 1 à 19; *Cod. Just.*, X, 1 à 76. — En ce qui concerne le *Code Justinien* nous avons eu recours, pour les citations et les dates, aux éditions les plus récentes. Mais au point de vue de la division des chapitres nous n'avons pas cru devoir tenir compte des modifications, peu importantes d'ailleurs, apportées à l'ancien numérotage auquel se réfèrent naturellement tous les ouvrages publiés il y a un certain nombre d'années.

9. *Cod. Just.*, X, XXXI; *De decurion.*, 16 (ann. 324). — Nous ordonnons que les curiales ne fuient point les villes pour aller habiter la campagne; le domaine rural dans lequel ils auront fixé leur demeure sera adjugé au fisc (*Cod. Just.*, X, XXXVII, *si curialis* (ann. 396). — H. Wallon, dans son *Histoire de l'esclavage*, *op. cit.*, t. III, a traité à fond cette question des curiales (chap. V, § 3, p. 179 et suiv.).

10. *Cod. Just.*, X, XXXIII, *de prædiis decurionum*, 1-3 : « Enfermé dans la curie comme dans une geôle le curiale était le prisonnier de son municipe, l'esclave de sa fortune... » (Duruy, *Hist. des Romains*, in-8, t. VII, chap. LXXVII, p. 240).

11. Les biens du *curiale* mort *intestat* sans héritiers légitimes sont dévolus à la *Curie* (*Cod. Just.*, VI, LXII, *de heredit. decurion.*, 4 (ann. 429). — S'il n'existe pas d'héritiers capables de prendre la place du *curiale* décédé, la curie hérite d'un quart (*Cod. Just.*, X, XXXIV, *Quando et Quibus*..., 1-2 (ann. 428-443). Plus tard, cette confiscation est portée aux trois quarts (*Aut. coll.*, IV, XVII, nov. XXXVIII, *De decur. et filiis eorum*; VIII, II, nov. CI. *de don. a curial.*, *factis*, cap. 3.)

sés à être frappés avec des lanières plombées, « plumbatarum vero ictus », suivant décision arbitraire d'un préfet ou de juges suspects[12].

Chacun cherche à éviter un si triste sort par la fuite au loin ; en entrant dans l'armée[13], en s'affiliant à une corporation[14] de métier. On va habiter chez les peuples barbares[15]. Des *ingénus* tentent d'aliéner leur liberté en se réfugiant chez de grands propriétaires dont ils épousent une esclave[16]. D'autres cèdent leurs terres à des nobles, exempts de la curie, et les cultivent pour le compte de l'acquéreur[17].

Mais autant les curiales montrent d'ingéniosité à soulever le vêtement de plomb qui les écrase, autant le fisc et ses agents font preuve d'âpreté et de cruauté dans la recherche et la punition des fugitifs[18]. Aucun effort ne coûte pour leur imposer à nouveau des fonctions odieuses, considérées parfois comme une peine[19]. En attendant, les biens du délinquant servent à indemniser la curie désertée[20].

12. *Cod. Theod.*, IX, xxxv, *de Quæst.*, 2 (ann. 376) ; *Commentaires de Godefroy*, t. III, p. 273-274 ; *Cod. Just.*, X, xxxi, *de decurion.*, 40 (ann. 387).

13. *Cod. Just.*, X, xxxi, *de decurion.*, 17 (ann. 326).

14. *Cod. Just.*, X, xxxi, *de decurion.*, 32 (ann. 380). Si un décurion s'avise témérairement de se faire admettre parmi les *fabricenses* (*consortium fabricentium*), qu'il sache qu'on doit, aussitôt que sa condition est reconnue, le ramener aux devoirs de son ordre et aux charges inhérentes à sa condition (*Cod. Just.*, XI, ix, *de fabricens.*, 4 (ann. 412).

15. « Ils aiment mieux vivre libres, sous une apparence d'esclavage, que d'être esclaves sous une apparence de liberté » (Salv., *De gubern. Dei*, V, v ; Migne, LIII, p. 99).

16. *Cod. Theod.*, XII, i, *de decurionibus*, 6 (ann. 319). Même Code, XII, xix, *de his, qui...* 1 (ann. 400) ; Beaune, *Introd. à l'étude hist. du droit coutumier français*, in-8, 1880, liv. Ier, chap. II, viii, B., p. 93.

17. *Cod. Just.*, X, xxxi, *de decurion.*, 63 (Imp. Leo Aug.).

18. « Les curiales et les autres membres des corporations hautes ou basses, sont, dans les lois, nommés pêle-mêle avec les esclaves fugitifs et les débiteurs publics » (Wallon, *Hist. de l'esclav.*, *op. cit.*, t. III, IIIe part., chap. V, p. 193.) Valentinien donne l'ordre de décimer les *curies* et Ammien Marcellin lui prête ce mot : « Qu'un débiteur de l'État devienne insolvable, il faut le tuer. » « Aliud audiebatur horrendum, quod, ubi debitorum aliquem egestate obstrictum nihil reddere posse dicebatur, interfici debere pronuntiabat » (XXVII, vii).

19. Valentinien et Théodose doivent s'opposer à cet abus *Cod. Theod.*, XII, 1 *de decurion.*, 66 (ann. 365), 108 (ann. 384). Licinius persécutant les chrétiens en adjoint, de force, aux curiales de quelques cités (Eusèbe, *Vie de Constantin*, II, xxxiv (Migne, XX, p. 1011-1012).

20. *Cod. Just.*, X, xxxi, *de decurion.*. 51 (ann. 399). Justinien, pour pourvoir à la sécurité des curies, restreint les causes d'exemption (*Cod. Just.*, X, xxxi, 66 (ann. 529). Douze enfants sont une de ces causes (*Cod. Just.*, X, xxxi, 24 (ann. 363).

Cette lutte dure des siècles au grand dommage de la prospérité générale.

Et ce n'est pas tout; indépendamment de l'*or coronaire*[21]; des sommes offertes aux envoyés impériaux[22]; le *follis senatorius* charge les biens des *clarissimes*, en sus des impôts ordinaires, et le *chrysargire*, contribution analogue à nos patentes, vient, chaque quatrième année, jeter l'effroi dans les quartiers commerçants des villes. Des malheureux vendent leurs enfants afin de satisfaire aux exigences des collecteurs[23]. Ces impôts, conclut Salvien, prennent à la gorge la République expirante comme les mains des voleurs serrent le cou de leur victime. « Cum Romana Respublica vel jam mortua.... tributorum vinculis quasi prædonum manibus strangulata moriatur[24]. »

L'importance de ces impositions n'est point la seule cause du mal; Fustel de Coulanges croit qu'elles ne dépassent pas, en réalité, une proportion acceptable; mais on les perçoit d'une manière déplorable, et le grand danger consiste en ce fait que lors de tout conflit entre les contribuables et l'État, celui-ci est à la fois juge et partie[25].

Les curiales ne sont pas seuls réduits à une sorte d'esclavage public; les membres des corporations ouvrières subissent un

21. *Cod. Theod.*, XII, XIII; *Cod. Just.*, X, LXXIV, *de auro coronario*. On appelle ainsi une offrande faite au Prince pour le remercier d'un bienfait; facultative en principe elle devient obligatoire pour les curiales.

22. Salvien déclare que ces allocations ruineuses retombent sur les pauvres, alors que ce sont les riches qui les votent : « Decernunt potentes quod solvant pauperes » (*De gubern. Dei*, V, VII; Migne, LIII, p. 101.) Nous ne parlons pas ici des impôts directs ou indirects : « Capitatio terrena, capitatio humana, etc., » que Duruy énumère au chap. LXXVII de son *Hist. des Romains*, *op. cit.*, t. VII, p. 223 et suivantes.

23. Les personnes vivant du travail de leurs mains sont exemptes du chrysargyre (*Cod. Theod.*, XIII, I, *de Lustrali conlatione*, 10 (ann. 374) : « Les commerçants, par leurs délégués, répartissaient et levaient la somme demandée... Ce mode de recouvrement produisit les mêmes maux que celui dont les curiales étaient chargés... Le chrysargyre qui devait être payé en argent et en or devint la plus impopulaire des contributions » (Duruy, *Hist. des Romains*, *op. cit.*, t. VII, chap. LXXVII, p. 243).

24. Salv., *de gubern. Dei*, IV, VII (Migne, LIII, p. 77).

25. « L'accusé ne pouvait appeler que d'un fonctionnaire à un autre fonctionnaire; contre l'arrêt du prince il n'avait plus aucun recours. Il n'existait aucune garantie contre l'autorité publique; la vie et la fortune de l'homme dépendaient d'elle. Il faut ajouter que l'usage de la confiscation faisait que l'État avait toujours intérêt à condamner » (Fustel de Coulanges, *Hist. des institutions politiques de l'ancienne France*, in-8, 1877, liv. II, chap. IX et X, p. 176-201).

sort analogue. Leur travail est utile à l'administration impériale, ils se trouvent donc embrigadés et retenus de force, selon le principe d'après lequel les *fabricenses* ne doivent jamais abandonner leur état ; les enfants sont astreints à continuer la profession dans laquelle le hasard les fait naître. « Jure provisum est, fabricenses artibus propriis inservire, ut exhaustis laboribus immorentur cum sobole professioni cui nati sunt. » C'est ainsi que s'expriment les empereurs Théodose et Valentinien (*Cod. Just.*, XI, IX, 5, etc.).

Les règles relatives aux *collegia* varient à l'infini, tout en constituant une sorte de chaîne que la mort seule peut rompre. Le boulanger, ou l'ouvrier en armure, cherchant à échapper par la fuite, est recherché, ramené à l'exercice de son métier ainsi que ses enfants. Ceux qui lui donnent asile subissent un châtiment [26].

Afin d'éviter les évasions, les *fabricenses* portent quelquefois sur les bras, les mains, une marque ineffaçable permettant de les reconnaître de suite, « stigmata, hoc est nota publica, fabricensium brachiis ad imitationem tyronum, infligatur, ut hoc modo saltem possint latitantes agnosci [27]. »

Les femmes *ingénues* qui épousent des hommes travaillant aux fabriques impériales d'étoffes (baphii et gynœcii) ; à la frappe des monnaies (monetarii), suivent la condition de leur mari [28].

L'envoi dans une corporation peut résulter d'une condamnation, le coupable est exposé, par exemple, à devenir boulanger (pistor) [29].

Les privilèges accordés à certains *collegia*, le titre de COMTE, imposé à de riches industriels [30], ne sauraient faire illusion sur la

26. *Cod. Theod.*, XII, XIX, *de his qui cond.* (ann. 400) ; *Cod. Just.*, XI, VI, 7 (ann. 424). XI, VII, 5 (ann. 372). Inutile de citer ici les lois innombrables relatives à ce sujet, le lecteur en trouvera le détail et l'explication dans l'ouvrage de H. Wallon, *op. cit.*, t. III, chap. V, et aux chapitres IV, VI, VII du monument élevé par Émile Levasseur à l'histoire des classes ouvrières (nouvelle édition, 2 vol. in-8, 1900-1901, t. Ier).

27. *Cod. Just.*, XI, IX, *de fabricens.*, 3 (ann. 398) ; XI, XLII, *de aquæ ductu*, 10, (Imp. Zeno).

28. *Cod. Just.*, XI, VII, 2, 3, 7.

29. *Cod. Theod.*, IX, XL, *de pœnis*, 3, 5, 6, 7, 9 ; XIV, III, *de pistoribus*, 20 (ann. 398).

30. *Cod. Theod.*, VI, XX, *de comitibus ordinis primi artium diversarum*. Les chefs (*principales*) des collecteurs de porcs destinés à l'alimentation du peuple de Rome sont susceptibles de se voir élevés à cette dignité (*Cod. Theod.*, XIV, IV, de *suariis, pecuariis... cœteris que corporatis*, 10 (ann. 419).

situation précaire des classes ouvrières, notamment de celles nécessaires à l'État et aux Cités (transports, approvisionnements, manufactures d'armes, etc.).

Habitants des forteresses disséminées le long des frontières, membres des collèges, de la curie, tous *servent* [31].

Cette situation pénible, due à des principes économiques mauvais, à une administration oppressive, vénale, va encore s'aggraver avec les invasions.

Nous n'avons pas le dessein de retracer ici l'histoire de ces calamités, il suffit d'établir sommairement les faits. A la suite des discordes, des guerres intestines qui désolent la Germanie, des bandes armées plus ou ou moins nombreuses viennent tour à tour envahir les terres de l'Empire ; les barbares sont enhardis par les rivalités continuelles des empereurs, et la résistance est d'autant plus faible que le peuple des provinces romaines perdant le goût des armes cède la place aux mercenaires recrutés à l'étranger.

En dehors même des bandes de ravageurs d'origine germanique des peuples nouveaux accourent des steppes de l'Asie centrale : les Huns, guerriers dont les traits donnent la mort [32] ; race effroyable, la plus farouche de toutes, enfantée, au dire de Jornandès, par les sorcières et les esprits immondes, « genus hoc ferocissimum edidere [33]. »

Ces envahisseurs farouches s'assimilent ou détruisent les peuplades qu'ils rencontrent sur leur route et poussent les Goths, affolés, à demander un asile au souverain qui règne à Constantinople ; on les autorise à passer le Danube, mais alors leurs nombreuses phalanges, pressurées, affamées, en butte aux

31. *Cod. Theod.*, XII. XIX, *de his qui condit.*, 2 (ann. 400). Il en est de même des fils des officiers militaires : « Filios primipilariorum paternam sequi conditionem oportet » (Imp. Arcad. et Hon., *Cod. Just.*, XII, XLVIII, *de filiis officialium militarium*).

32. C. Sollii. Apoll. Sidonii, *Carmina*, I., *Paneg. quem Romæ Sidonius dixit Anthemio Augusto* :

> Terribiles certæ que manus, jaculisque ferendæ
> Mortis fixa fides, et non peccante sub ictu
> Edoctus peccare furor...

(*Œuv.*, trad. en franç. avec le texte en regard, 3 vol. in-8, 1836, t. 3, p. 30).

33. *De Getarum rebus gestis*, cap. XXIV.

vexations de fonctionnaires avides, reprennent les armes ; Valens, périt près d'Andrinople [34].

Ces troupes indisciplinées, irritées, dévastent ensuite la Thrace, le nord de l'Italie. Les Goths ne sont pas seuls à exercer ces ravages ; Rome, la maîtresse du monde, à l'éternité de laquelle tous croient : païens et chrétiens [35], est assiégée, prise, reprise, pillée [36].

Saint Paulin voit une première fois se réfugier dans sa ville de Nôle, des *clarissimes*, des *consulaires* ; Radagaise approche ! Quelques années après, le danger devenant plus pressant, on passe en Sicile, en Égypte, jusqu'à Jérusalem. Saint Jérôme accueille à Bethléem des frères venus de tous les points de l'horizon.

Conduits par des chefs aventureux, Suèves, Alains, Wisigoths vont en Espagne. Les Vandales refoulés et appelés, du reste, par le comte Boniface [37], s'emparent de l'Afrique du Nord ; ariens, fanatiques, ils exercent, sous Hunéric, une violente persécution contre les fidèles [38].

Plus tard, une coalition groupant : Romains, Wisigoths, Francs, Burgondes, repousse Attila qui commande à toutes les tribus Huniques et le force à abandonner la Gaule ; il tourne ses armes contre l'Italie, et nombre de villes subissent le sort d'Aquilée : « Nec mora invadunt civitatem spoliant, dividunt, vastant que crudeliter, ita ut vix ejus vestigia ut appareant relinquerunt [39]. »

Sans prendre à la lettre, et surtout sans généraliser outre mesure, les peintures si sombres tracées par des contemporains [40], il faut avouer que l'étendue des désastres est immense.

34. Amm. Marcel., XXXI ; Jornandès, *op. cit.*, XXVI.

35. « Romam in gremio suo, non pro gloria, sed pro salute, pugnare ! » (S. Hieron., *Epist.*, CXXIII, § 17 ; CXXVII, § 12 (Migne, XXII, p. 1058-1094).

36. Le successeur d'Alaric, Athaulfe, retourne à Rome et achève de ronger comme les sauterelles ce qui peut avoir échappé au premier pillage (Jornandès, *op. cit.*, cap. XXXI).

37. « Qui Valentiniano principi veniens in offensam, non aliter quam se malo Reipub. potuit vindicare » (Jornandès, *op. cit.*, cap. XXXIII).

38. Justinien remercie Dieu d'avoir pu, en peu de temps, rendre à l'Afrique la liberté dont les Vandales la privaient depuis 95 ans : « Corpora vero liberis natalibus clara jugo barbarico durissime subjugabant » (*Cod. Just.*, I, XXVII, *de off. Præf.*, I.)

39. Jornandès, *op. cit.*, cap. XXXVI, XLII. — Ruine de la ville de Metz, sanct. Greg. Turon., *Hist. Franc.*, lib. II, § VI (Migne, LXXI, p. 198).

40. S. Aug., *Epist.* CXI, (Migne, XXXIII, p. 421-427) ; S. Hieron., *Epist.*

Les bords du Rhin et du Danube sont dévastés ; la Gaule subit de cruels assauts[41]. L'Asie n'est point épargnée, car saint Jérôme se voit exposé aux irruptions de barbares parcourant l'Égypte, la Palestine, la Syrie et la Phénicie [42].

Ces calamités amènent le typhus, la famine. « O comble de malheurs, s'écrie saint Ambroise, la faim se fait sentir également aux envahis et aux envahisseurs. La peste frappe les hommes et les animaux ; les contrées que le fer n'a pas atteintes trouvent dans ces fléaux des infortunes égales à celles des vaincus [43]. »

Les bandes, dit Fustel de Coulanges avec sa science consommée des textes, franchissent la partie de la frontière qui se trouve sans défense, évitent les légions, se dispersent très vite, ne songeant d'ailleurs qu'à piller. Elles fondent de préférence sur les populations paisibles, cherchent à surprendre les villes où la richesse abonde. Si l'entreprise ne réussit pas on les voit ravager les campagnes ouvertes, ramassant du butin, brûlant ce qu'il ne leur est pas possible d'emporter. De longues chaînes de captifs, mêlés aux troupeaux, suivent les barbares regagnant leur pays.

D'autres fois il arrive que, rejoints par les troupes romaines, les envahisseurs deviennent esclaves à leur tour.

Les barbares résident aussi dans certaines régions à titre d'hôtes et jouissant alors d'une partie des propriétés comme les Burgondes, ajoutent par leur présence à la décomposition de l'ordre social[44]. Les lettres de Sidoine Apollinaire retracent le sort peu enviable d'habitants officiellement sujets de l'Empereur

LX, *ad Heliod.* (Migne, XXII, p. 600) : « Voilà vingt ans et plus que de Constantinople aux Alpes Juliennes, tous les jours le sang romain coule à flots. Les Schythies, la Thrace, la Macédoine, la Grèce, la Dacie, la province de Thessalonique, l'Achaïe, l'Épire, la Dalmatie, toutes les Pannonies sont en proie aux Goths, aux Sarmates, aux Quades, aux Alains, aux Huns, aux Vandales, aux Marcomans qui les ravagent, les pillent, les ruinent. »

41. C. Sollii Apoll. Sidonii, *Paneg. Avito August., socero dictus, op. cit.*, t. III, p. 133.

42. *Epist.*, CXXVI, *ad Marcel. et Anapsychiam* (Migne, XXII, p. 1086).

43. S. Ambros., *Exposit. Evang. secund. Lucam*, lib. X, § 9 et 10 (Migne, XVI, p. 1806-1807).

44. Fustel de Coulanges, *L'invasion germanique, op. cit.*, liv. II, chap. IV, § 4, *analyse* des p. 361-362. « Les Romains durent livrer chacun à son *hôte*, c'est ainsi que la loi appelait le soldat, le tiers de sa maison et de ses esclaves, les deux tiers de ses terres et la moitié de ce qu'il possédait en forêts » (G. Kurth. *Clovis*, in-8, 1901, t. II, liv. IV, § 1er, p. 3).

romain, soumis, en réalité, aux caprices journaliers de soldats étrangers contre lesquels le prince — qui réside au loin — est impuissant à les protéger.

Toutes ces causes réunies amènent une misère presque universelle [45].

Après Théodose, la vénalité s'accroît; de là pour les petits et les humbles un redoublement de souffrances.

L'insécurité règne partout, même aux environs de Rome; Symmaque malade renonce à se rendre à la campagne, tellement les routes infestées par les bergers, unis aux brigands, sont devenues dangereuses [46].

La décadence des curies coïncide du reste avec celle de la petite propriété [47], ce qui jette de plus en plus la classe rurale libre dans le *colonat*. Le colon attaché à la terre ne peut être vendu sans elle; il prend place entre le citoyen et l'esclave, sans cependant qu'il y ait lieu de le confondre avec ce dernier [48].

45. Salvien. (*Epist.*, I; Migne, LIII, p. 159) parle d'une veuve de noble origine obligée, à Cologne, de gagner son pain en mercenaire et de louer son travail aux femmes des barbares, « uxoribus barbarorum locatitias manus subdit. »

Ce n'est pas un fait isolé. Les usuriers profitent de ces malheurs publics et Justinien est obligé d'intervenir en faveur d'agriculteurs de la Thrace : « Nous avons appris, dit l'empereur (*Aut. coll.*, IV, XI, nov. XXXII), que plusieurs individus de cette province n'ont pas rougi, au moment de la disette des blés, de prêter une très modique quantité de blé aux cultivateurs pour s'emparer de leur terre. Il en résulte que la plupart de ces infortunés ont été obligés de fuir, un grand nombre sont morts, ce qui a amené la peste, aussi à redouter que les incursions des barbares, « plerique etiam fame perierunt, et tetra quædam lues ac contagio exorta sit, in nullo pene barbarica incursione inferior. »

46. Symm., *Epist.*, lib. II, XXII (Migne, XVIII, p. 183); *Cod. Theod.*, IX, XXX: *quibus equorum usus...* 2 et 5; IX, XXXI: *ne pastoribus dentur filii nutriendi.* « Si vero, post istius legis publicationem, quisquam nutriendos *pastoribus* dederit, societatem *latronum* videbitur confiteri. »

47. Fustel de Coulanges, *Hist. des inst. polit. de l'ancienne France*, 1re partie in-8, 1877, liv. II, chap. XVI, p. 299.

48. Pour ce qui regarde les hommes que les lois romaines appellent : *censiti, adscriptii*, etc., voir : Fustel de Coulanges, *Rech. sur quelques problèmes d'histoire*, in-8, 1885, chap. Ier, p. 3 à 186. Du même, *L'invasion germanique*, *op. cit.*, liv. I, chap. VIII, p. 138 et suiv.; Girard, *Manuel de droit romain*, *op. cit.*, p. 129, note 8. Dans sa thèse de doctorat si remarquable sur le *Colonat en droit romain*, in-8, 1872, B. Terrat écrit (chap. III, § 3, p. 46) : « La plupart des auteurs qui ont parlé du Colonat, ont regardé cette institution comme un état intermédiaire entre la liberté et l'esclavage, comme une servitude mitigée... A Rome on ne connaît pas cet état intermédiaire; le colon rentre complètement dans la classe des hommes libres. Le lien qui l'enchaîne au sol n'est pas considéré comme une servitude, dans un empire où bon nombre de professions sont obligatoires; la défense d'aliéner son patrimoine ressemble à la défense faite au Curiale, et à celle plus extra-

Les efforts tentés pour réaliser l'organisation du travail par l'État échouent dès le IVe siècle, et dans la seule province de Campanie, jadis si florissante, plus de cinq cent mille *jugera* restent en friche [49].

Qui donc en ces temps désolés prend la défense des opprimés? Qui donc lutte, avec plus ou moins de succès, contre les Empereurs et les fonctionnaires, trop souvent pareils à ce *Musonianus* stigmatisé par Ammien Marcellin [50]? Qui donc se porte au-devant des envahisseurs, et à force d'intrépidité obtient parfois qu'ils s'éloignent, ou réussit du moins à leur arracher le respect des choses sacrées?

L'homme qui accomplit ces actes c'est l'évêque.

§ 2. — *Les évêques en présence des empereurs et des barbares.*

Nous venons dans le chapitre précédent de montrer l'évêque au milieu des fidèles, soumis avec eux à la persécution ; nous allons maintenant considérer l'épiscopat catholique appelé, à la suite de l'Édit de 313, à jouer un rôle important.

Le peuple, le clergé, les nobles, les magistrats concourent à la désignation de celui qui doit devenir évêque par la consécration [51]. Que ce choix, disent les empereurs Léon et Anthémius, soit fait avec des intentions pures, par le seul motif du mérite de l'élu, et qu'il ait l'approbation sincère de tous. Que personne n'ose acheter à prix d'argent les fonctions saintes. « Nemo gradum sacerdotii pretii venalitate mercetur [52]. »

ordinaire qui empêche certains petits propriétaires d'aliéner leurs biens, toujours dans l'intérêt du fisc. C'est, je le répète, une servitude administrative. »

49. *Cod. Theod.*, XI, XXVIII, *de indulg. debit.*, 2 (ann. 395) : « Honorii indulgentia Campaniæ tributa, aliquot jugerum velut desertorum et squallidorum. »

50. « Ubi damnatis pauperibus, quos, cum hæc agerentur, peregre constabat fuisse, auctores diri facinoris, exuti patrimoniis, absoluti sunt divites » (XV, XIII). « Les fonctionnaires du nouveau Gouvernement, écrit Duruy, sont de ces petites gens qu'on voit pulluler dans les cours orientales; qui, se glissant dans l'ombre, avec peu de scrupules et beaucoup d'intrigues, se poussent ténébreusement de poste en poste jusqu'aux plus élevés, et qui, arrivés là, vendent la justice pour se dédommager d'avoir acheté longtemps la faveur... » (*Hist. des Romains*, *op. cit.*, t. VII, chap. LXXVII, p. 231).

51. Thomassin, *Anc. et nouv. discip. de l'Eglise*, *op. cit.*, liv. II, chap. XV et chap. XVI, t. I, p. 231 et suiv.

52. *Cod. Just.*, I, III, *de Episc.*, 31 (ann. 469). On peut noter ici deux lois du même livre III, favorables aux membres du clergé : Qu'on ne fasse pas aux clercs

A l'origine, Constantin exempte le clergé des charges municipales ; devant les réclamations des cités qui voient bon nombre de curiales essayer d'échapper à leur chaîne en entrant dans les ordres, il revient sur cette première décision, règle dès l'année 320 le nombre des prêtres admis à desservir chaque ville et ordonne de recruter le clergé parmi les classes inférieures de la société, « qui fortuna tenues neque muneribus civilibus teneantur obstricti [53]. » Le curiale qui veut rester prêtre doit abandonner ses biens à la curie [54].

Cette faveur est même enlevée par Arcadius et Honorius : « Si un curiale, disent ces empereurs (en l'an 398), se fait clerc, et qu'après avis préalable il ne retourne pas à sa première condition, qu'il soit réduit par la force et l'autorité des juges; car nous rapportons la loi permettant aux décurions de se faire clercs, sous la condition de l'abandon de leurs biens [55]. »

A certaines époques, le rang du clerc est pris en considération, et une mesure aussi dure ne se trouve appliquée qu'à ceux qui occupent les derniers rangs de la hiérarchie ecclésiastique [56] ; nous voyons même, en 361, une loi exempter le curiale, élu évêque, de la confiscation de son patrimoine, « sed antistes maneat, nec faciat substantiæ cessionem » (*Cod. Theod.*, XII, I, 49).

Cette disposition favorable ne dure pas, et la novelle CXXIII (chap. IV) nous donne le dernier état de la question au VIe siècle : Nous ordonnons, dit Justinien, qu'après leur ordination les

l'injustice d'exiger qu'ils paient les impôts extraordinaires ou des contributions iniques (*Cod. Just.*, I, III, 2, ann. 357). Nous ordonnons que les prêtres, les diacres, les sous-diacres, les exorcistes, les lecteurs, les hostiaires, les acolytes soient exempts des charges personnelles, 6 (ann. 377).

53. *Cod. Theod.*, XVI, II, *de Episc.*, 3 (ann. 320) : 6 (ann. 326).

54. *Cod. Theod.*, XII, I, *de decurion.*, 104 (ann. 383) : « Quippe, animos divina observatione devinctos non decet patrimoniorum desideriis occupari », 115 (ann. 386) ; 121 (ann. 390).

55. *Cod. Just.*, I, III, *de Episc.*, 12. Rapprocher *Cod. Theod.*, XII, I, 161 (ann. 399) : 172 (ann. 410). A noter une décision prise par les emp. Théodose et Valentinien (en 442) : « A l'exemple, disent-ils, tant des évêques de la foi orthodoxe que des prêtres et des diacres, il est permis à ceux qui ont été honorés d'une dignité illustre de se nommer un substitut à leurs risques et périls, qui remplisse pour eux les charges de la curie » (*Cod. Just.*, I, III, *de Episcop.*, 21.)

56. Justinien exempte aussi le clerc qui aurait professé la vie monastique pendant quinze années révolues : « Nisi forsan monasticam vitam aliquis eorum non minus quindecim annis implevit » (*Aut. coll.*, IX, VI. nov. CXXIII, cap. XV.)

évêques soient affranchis de la condition d'esclaves ou de serfs, « post ordinationem vero servili, et adscriptia fortuna episcopos liberos esse præcipimus. » A moins que ce ne soit un curiale ou un fonctionnaire qui reçoive l'ordination sans avoir rempli les formalités légales, « nisi curialis aut officialis citra prædictam observationem ordinentur. » Car alors nous ordonnons qu'un tel évêque soit rejeté de l'épiscopat et rendu à la curie ou à son emploi, afin que le sacerdoce ne reçoive pas une espèce d'opprobe de sa condition, « tales enim episcopatu remotos, curiæ aut officio restitui jubemus : ut non ex tali fortuna sacerdotio fiat injuria. » Nous ordonnons cependant que ceux qui étant curiales ont été ordonnés évêques, avant la présente constitution, soient affranchis de cette charge en donnant une portion convenable (legitimam partem) de leurs propres biens à la curie et au fisc.

Constantin et les héritiers de sa puissance déclarent être « *les évêques du dehors* », chargés de faire respecter « *les évêques du dedans* » et de veiller à l'exécution de leurs décrets [57]. Ils dépassent trop souvent la mesure, et leur immixtion constante dans les questions dogmatiques ajoute aux malheurs de ces temps troublés. Il est juste néanmoins de reconnaître que plusieurs empereurs, Constantin en tête, accordent à l'épiscopat des privilèges qui servent grandement à l'accomplissement de sa mission.

Ainsi les évêques ont un pouvoir de juridiction : forcé à l'égard de certaines personnes et pour des objets concernant le culte; simple arbitrage amiable et facultatif dans les autres cas. Ils sont, sous Justinien, juges des appels portés devant eux par des particuliers ayant à se plaindre du Président de la Province [58]. Ils peuvent contraindre les différents juges à entendre ceux qui invoquent la justice séculière. Si le juge est suspect, l'évêque connaît de l'affaire conjointement avec lui [59].

57. Eusèbe, *Vie de Constantin*, IV, xxiv (Migne, XX, p. 1171-1172).

58. *Aut. coll.*, VI, xv, nov. LXXXVI, cap. IV : « Et ipsum judicare inter clarissimum illius provinciæ judicem et eum qui putatur lædi ab eo. »

59. *Aut. coll.*, VI, xv, nov. LXXXVI, cap. I, II, III. Pour tout ce qui concerne l'étendue de ce pouvoir de juridiction et les questions fort controversées qui s'y rattachent, consulter : saint Grégoire de Nazianze, *Discours*, XVIII; *Lettres*, LXXIX-

Parmi les attributions des évêques, en dehors des fonctions purement ecclésiastiques[60], on peut citer : le devoir de visiter chaque dimanche et jour de fête les prisons, et de s'assurer que les prisonniers sont convenablement traités[61]. Les évêques participent aussi à la nomination des *curatores frumenti*; à la désignation des soldats chargés de recouvrer les redevances en blé[62]; ils composent avec trois citoyens de bonne renommée la Commission à laquelle est confié le soin de recevoir les travaux publics et d'apurer la comptabilité des entrepreneurs[63].

En vue de protéger les faibles, les empereurs créent des *défenseurs des cités* devant : tenir lieu au peuple de pères, « scilicet ut in primis parentis vicem plebi exibeas; » empêcher qu'on ne surcharge trop les cultivateurs et les habitants des villes; s'opposer à l'insolence des fonctionnaires et à l'impudence des juges, « officialium insolentiæ et judicum procacitati; » statuer enfin sur les contestations de minime importance, « usque ad quinquaginta solidos[64]. »

Les défenseurs sont choisis parmi les personnes professant la religion chrétienne[65], et nommés en vertu d'un décret des évêques, des clercs, des notables (honoratorum), des propriétaires et des curiales. Le préfet ayant confirmé l'élection, les *défenseurs* prêtent serment sans qu'il leur soit permis de décliner cette charge. On forme dans chaque ville une liste des principaux habi-

CXLIX, etc. (Migne, XXXV, p. 982 et suiv. ; XXXVII, p. 149-154, 253, 256 ; *Dict. ant. grecq. et rom.*, article *Episcopalis audientia*, t. II, p. 697 ; Louis Galtier (thèse de doctorat), *Du rôle des évêques dans le droit public et privé du bas-empire*, in-8, 1893, chap. I et II).

60. Nous réservons pour les chapitres suivants ce qui concerne les enfants, les fous et les esclaves.

61. *Cod. Just.*, I, IV, *de Episcop. aud.*, 22 (ann. 529).

62. *Cod. Just.*, I. IV, *de Episcop. aud.*, 17, 18.

63. « Ut in unum conveniant religiosissimus Episcopus ac tres bonæ existimationis... » (*Cod. Just.*, I, IV, *De Episcop. aud.*, 26, ann. 530). Valentinien charge les évêques de veiller à ce que les marchands ne vendent pas à des prix excessifs, « ne commodum mercandi videantur excedere » (*Cod. Just.*, I, IV, I).

64. *Cod. Just.*, I, LV, *de defens. civit.*, 1 (ann. 365); 3 (ann. 370); 4 (ann. 385); 5 (ann. 392).

65. « Defensores civitatum, non ex decurionum seu cohortalium corpore, sed ex aliis idoneis personis huic officio deputentur. Ita præcipimus ordinari ut sacris orthodoxæ religionis imbuti mysteriis... » *Cod. Just.*, I, LV, 2 (ann. 365); 8 (ann. 409).

tants destinés à remplir alternativement l'office de « defensores [66]. »

Il faut observer que, contrairement à l'opinion courante, les évêques ne sont point élus à ces fonctions [67], seulement elles ne tardent pas à perdre de leur importance première [68], et par la force des événements la prépondérance appartient encore ici à l'évêque; C'EST LE VRAI MAGISTRAT DE LA CITÉ [69].

Ce n'est pas tout; lorsqu'un évêque comme Ambroise se dresse en face de Théodose couvert du sang répandu à Thessalonique, les peuples comprennent qu'une force nouvelle est constituée au milieu de ce monde livré aux violences et à l'arbitraire. « Viennent d'autres périls, viennent les affres de l'invasion et de la conquête, vienne le flot d'une barbarie envahissante, qui emportera toutes les digues et où sombreront tous les pouvoirs redoutés la veille, la direction est donnée : on sait d'où peut venir la défense, d'où peut renaître l'espoir et la confiance [70]. »

L'histoire nous montre, en effet, les évêques ne reculant pas devant les envahisseurs; sentinelles qui veillent sans se lasser, arrêtent les conquérants et lancent l'anathème contre les traîtes livrant aux barbares les cités de l'Empire [71].

66. *Cod. Just.*, I, LV, *de defens.*, 8 (ann. 409), et *Aut. coll.*, II, II, nov. XV.

67. Fustel de Coulanges, *L'invasion germanique*, *op. cit.*, liv. I, chap. II, § 2, p. 39 et 40; Galtier, *op. cit.*, 1re part., chap. II, II, p. 68-69.

68. Ce nom (de défenseur) est tombé dans le mépris, il est tellement avili qu'on le regarde plutôt comme une injure que comme un honneur. On confie ces fonctions à des hommes obscurs, besoigneux; le président les met au rang de ses subordonnés et les citoyens n'ont aucune considération pour eux, « in novissimo contemptu defensores habeant » (*Aut. coll.*, II, II, nov. XV, Præf.).

69. « Il était arrivé, écrit Guizot, par les vexations du despotisme et la ruine des villes, que les curiales étaient tombés dans le découragement et l'apathie; les évêques, au contraire, et le corps des prêtres, pleins de vie, de zèle, s'offraient à tout surveiller, à tout diriger. On aurait tort de le leur reprocher, de les taxer d'usurpation. Ainsi le voulait le cours naturel des choses » (*Hist. de la civil. en Europe* (édition in-12), *2e leçon*, p. 54).

70. *Saint Ambroise*, par le duc de Broglie, in-12, 1901, chap. III, p. 161. « Nul homme n'a mieux rempli la grande et salutaire idée de ce Tribunal religieux, élevé par la loi chrétienne, et qui, dans l'anéantissement de toute liberté civile, de toute justice politique, pouvait seul alors s'interposer entre les violences d'un pouvoir changeant, mais toujours absolu, et les misères du peuple, gouverné sans règle et sans pitié » (Villemain, *Tableau de l'éloq. chrét. au IVe siècle*, in-18, 1863, p. 533).

71. *Conc. Andegavense*, can. IV (ann. 453) (Mansi, VII, p. 901).

Si le matelot placé en vigie, dit un Pape, ne doit point abandonner son navire lorsque le temps est calme, il le peut encore moins au milieu de la tempête, « si perniciosum est, proretam in tranquillitate navim deserere, quanto magis in fluctibus [72]. »

Les actes héroïques de tant d'évêques des ve et vie siècles sont présents à toutes les mémoires; il suffit de rappeler le pape Léon le Grand marchant à la tête de l'ambassade qui, sur les bords du Mincius, obtient qu'Attila fasse cesser les ravages de son armée [73].

Souvent aussi ces Barbares ayant appris à connaître, grâce à la hardiesse des missionnaires, la sublimité de la religion nouvelle, épargnent les églises et les populations réfugiées au pied des autels. Saint Augustin l'affirme [74], et Jornandès ajoute (chap. XXX) qu'Alaric prend Rome mais défend à ses Goths d'y mettre le feu selon la coutume des peuples païens et de faire aucun mal aux habitants entassés dans les édifices sacrés, « nec locis sanctorum in aliquo, penitus injuriam irrogari patiuntur. »

L'épiscopat est donc, en raison de sa situation au sein des cités et grâce aux services rendus, capable d'agir utilement auprès des princes, et de plaider la cause de l'humanité et de la justice. On peut, sans se tromper, faire remonter à cette bienfaisante influence nombre d'améliorations apportées à la vieille législation romaine.

D'un autre côté, les pères des conciles, toujours soucieux de combattre les abus, ne veulent point que les évêques, cédant à ce vil sentiment de courtisanerie, si fréquent chez les chefs des hérétiques, aillent, sans motifs, à la Cour Impériale, solliciter bassement des faveurs personnelles. Il faut qu'ils y soient mandés ou qu'il y ait urgence à intéresser l'empereur en faveur de pauvres, de veuves, d'orphelins, d'exilés ou d'opprimés [75]. C'est

72. Thomassin, *Anc. et nouv. discip. de l'Église*, *op. cit.*, part. III, liv. II, c. LIX, tome second, p. 339. Cette recommandation, faite par le pape Nicolas Ier, au ixe siècle, s'applique parfaitement aux temps antérieurs.

73. « Nam Leo Papa per se ad eum accedit in Acroventu Mamboleio, ubi Mincius amnis commeantium frequentatione transitur. Qui mox deposito exercitus furore, et rediens qua venerat, id est ultra Danubium, promissa pace discessit » (Jornandès, *de Getarum orig. et rebus gestis*, cap. XLII.)

74. *Civ. Dei*, lib. I, cap. I et XXXIV (Migne, XLI, p. 14-15 et 45).

75. *Conc. Sardinense* (ann. 347 ?) (Mansi, t. III, p. 25 et 26). Lire, dans *l'Église*

ainsi que nous voyons saint Basile multiplier les démarches, les lettres, auprès du souverain, des hauts fonctionnaires, des magistrats, pour : obtenir exemptions, remises d'impôts, etc., qu'il s'agisse de simples particuliers ou de villes entières; écarter des poursuites injustes; défendre les curiales de Césarée transplantés dans une autre cité de la Cappadoce à la suite du dédoublement de la province [76].

Des lois, dues en partie à ces sollicitations constantes et éclairées du corps épiscopal, s'efforcent d'atténuer les fraudes commises lors des révisions cadastrales; les agents coupables deviennent passibles d'une amende équivalant au quadruple de leurs appointements [77].

Défense d'enlever arbitrairement aux paysans leurs esclaves, leurs bœufs; à titre de sanction : l'exil perpétuel et la confiscation des biens [78].

Le collecteur, exigeant plus qu'il n'est dû, est condamné au remboursement du double de la somme extorquée; en cas de récidive, du quadruple et de la perte de son emploi [79].

Constantin, dans un style imagé, va jusqu'à menacer les prévaricateurs des peines les plus graves : « Cessent jam nunc rapaces officialium manus, cessent inquam : nam si moniti non cessaverint, gladiis præcidentur [80]. »

C'est ce même prince qui veut que personne ne soit mis en prison ou exposé à la torture pour cause de retard lors du paiement des contributions. La prison, dit-il, est réservée aux coupables, à ceux qui peuvent nuire : « carcer pœnalium, carcer hominum noxiorum est [81]. »

et l'Empire romain au IVe siècle, par A. de Broglie, 3e partie, t. II, chap. VI, le récit dramatique de l'intervention du vieil évêque Flavien auprès de Théodose, à la suite de la sédition d'Antioche.

76. Paul Allard a énuméré nombre de ces lettres dans son intéressante *Histoire de saint Basile*, in-12, 1899, partie II, chap. III et IV, p. 85 à 107.

77. *Cod. Just.*, XI, LVII, *de censibus*, 1 (ann. 313); 6 (ann. 396).

78. *Cod. Just.*, XI, LIV, *ne rusticani*, 2 (ann. 368).

79. Const. LXI de l'Imp. Léon.

80. *Cod. Théod.*, I, VII, *de off. rect.*, 1 (ann. 331).

81. *Cod. Just.*, X, XIX, *de exact. trib.*, 2 (ann. 320). Nous ne mentionnerons pas les remises générales ou les diminutions d'impôts qu'accordent par exemple Constantin et Julien; il s'agit ici de mesures politiques destinées à concilier à l'Empereur ou au César la faveur populaire. « L'humanité que montrait Constantin (avant sa dernière lutte avec Licinius) était de bonne guerre, écrit Duruy » (*Hist. des Rom.*, *op. cit.*, t. VII, chap. LXXVII, p. 117).

Citons encore les lois empêchant le créancier de retenir en gage le corps de son débiteur décédé ; « abus, déclare l'empereur Justin, injuste et contraire à l'esprit du temps », « cum sit injustum et nostris alienum temporibus[82]. »

Mais, peut-on dire, la suite des événements prouve l'inefficacité de ces dispositions législatives ; à la fin du VIe siècle saint Grégoire le Grand est encore obligé de se plaindre des abus du fisc[83].

Cela est vrai. Faut-il accuser l'Église d'impuissance à cet égard ? Non. Bien des causes viennent constamment contrecarrer son action : les hérésies favorisées par des Empereurs devenus ouvertement persécuteurs ; les invasions, et enfin l'idôlatrie, qui prévaut longtemps dans les campagnes[84], et tient sous son joug nombre de citadins frivoles et sensuels passionnés pour les spectacles, les courses de chevaux, incapables de comprendre les graves leçons découlant des rudes épreuves dont ils sont les victimes. « Vous courez aux théâtres, s'écrie saint Augustin, vous les assiégez, vous les encombrez et ce qui n'était qu'amour insensé est devenu un délire, « et multo insaniora, quam fuerant, antea, faceritis[85]. »

Salvien nous montre les citoyens de Trèves, debout sur les

82. *Cod. Just.*, IX, XIX, *de sepulcro violato*, 6 (ann. 526). Voir aussi nov. LX et CXV, chap. 5. « Combien de fois, disait saint Ambroise, j'ai vu de mes yeux des morts réclamés par des usuriers comme gages de leur créance, combien de fois je les ai vus s'opposer à l'inhumation du défunt jusqu'à l'acquittement de la dette » (*de Tobia*, cap. X ; Migne, XIV, p. 771-772.)

83. « Le regard tranquille et lumineux du Souverain Pontife explore tour à tour les points les plus reculés du monde chrétien, y constate tous les besoins, y découvre tous les abus. Les intérêts d'un pauvre injustement tourmenté par le fisc tiennent dans le *registre* des lettres du pape une place aussi considérable que le plan de conversion des peuples anglo-saxons » (G. Kurth, *Les origines de la civilisation*, *op. cit.*, t. II, chap. VIII, p. 40).

84. Beugnot, *Histoire de la destruction du paganisme en Occident*, 2 vol. in-8, 1835, t. Ier, liv. VI, § 1er, p. 284.

85. S. August., *Confes.*, VI, 8 ; *Civ. Dei*, lib. I. cap. XXXIII (Migne, XXXII, p. 726 ; XLI, p. 45) : « Il pourrait sembler que ces calamités (le sac de Rome par Alaric, août 410), où le doigt de Dieu était si visible et qui contenaient de si grandes leçons, auraient dû faciliter à Paulin, et en général aux évêques, leur mission de convertir à Dieu les hommes. Mais rarement les catastrophes améliorent les sociétés. La chute de Rome ne ramenait pas à une vie meilleure les Romains dégénérés ». (Abbé Lagrange, *Hist. de saint Paulin de Nôle*, in-8, 1877, chap. XVII, p. 621).

ruines de leur ville ravagée trois fois, demandant des cirques. « Circenses ergo, Treveri, desideratis [86]. »

Malgré tous ces obstacles la victoire de l'Église, bien que retardée, est certaine et nous pouvons répéter les paroles de Dom Pitra (*Hist. de saint Léger*, Introd., p. XIII) : « La vérité est qu'au VIe siècle il n'y a humainement rien à espérer du monde romain en dissolution, rien à gagner à l'avènement des Barbares. L'Église fait tout. Avec les Romains seuls, on va, par le fisc et la centralisation, à la plus savante barbarie qui puisse étouffer l'esprit humain; avec les Barbares seuls on a le chaos. Dieu, par l'Église, sauve la cité romaine, transforme le camp barbare et peuple l'un et l'autre d'hommes et de chrétiens. »

86. « Ludicra ergo publica Trever petis? Ubi, quæso, exercenda? An super busta et cineres, super ossa et sanguinem peremptorum? Quæ enim Urbis pars his malis omnibus vacat? » (Salv., *de Gubern. Dei*, VI, XV; Migne, LIII, p. 126.)

CHAPITRE II

LES QUESTIONS SOCIALES SOUS LES EMPEREURS

II

L'ÉTAT DES PERSONNES

§ 1er. — *Les tentatives de reconstitution de la famille.*

« Au temps des Antonins, dit G. Kurth, un faible souffle de justice et d'humanité, parti de leurs âmes, circule comme une brise rafraîchissante à travers l'atmosphère malsaine de la législation; quelques inspirations généreuses, empruntées tantôt à la philosophie expirante, tantôt au christianisme naissant, éclairent çà et là d'une lueur timide les ténèbres de l'iniquité sociale; mais c'est tout. La législation est amendée très peu; les mœurs aucunement [1]. »

En ce qui concerne la femme, cette vérité éclate avec la dernière évidence; les matrones païennes des IIe et IIIe siècles se servent trop souvent des libertés partielles que leur concèdent les édits du Préteur pour donner libre cours à leurs passions.

Le christianisme, nous l'indiquons dans les chapitres précédents, veut au contraire remettre en vigueur les droits et les devoirs imprescriptibles sur lesquels repose la famille; établir l'égalité entre les obligations imposées à la conscience de

1. G. Kurth, *Les origines de la civilisation moderne*, *op. cit.*, t. Ier, chapitre Ier, p. 43.

l'homme et à celle de la femme; restaurer, en un mot, la pureté du foyer domestique [2].

La chrétienne ne paraît pas à ces spectacles, à ces fêtes licencieuses qui pervertissent les cœurs [3]. L'Église, écrit Tertullien, prépare le mariage, en dresse le contrat; l'oblation du prêtre le confirme; la bénédiction en devient le sceau; Dieu la ratifie; les fidèles portent ensuite le même joug, ils ne sont qu'une même chair, qu'un même esprit; ils prient ensemble, jeûnent ensemble, sont ensemble au temple, à la table de Dieu — *pariter in convivio Dei* — dans les traverses et dans la paix [4].

L'idée sublime de la virginité *perpétuelle* consacrée à la Divinité se généralise au grand bénéfice de la moralité universelle.

Ces œuvres de reconstitution sociale appartiennent en propre à la religion nouvelle qui ne peut toutefois surmonter que lentement les obstacles accumulés par des siècles de déification des sens.

Les Empereurs favorisent ce mouvement, parfois avec une certaine hésitation. On constate des marches en avant, puis des reculs subits, dus à l'influence du milieu dans lequel ils vivent.

Nombre de Constitutions protègent la femme.

La loi *Julia* ne s'occupe que de l'honneur des ingénues (*Dig.*, XLVIII, v, *ad leg. Juliam de adult. cœrcend.*, 6); nous voyons, au contraire, à l'époque qui nous occupe, punir quiconque enlève des vierges, des veuves, même s'il s'agit d'affranchies ou d'esclaves. Le crime est encore plus grave, aux yeux du législateur, si les personnes outragées font profession de la vie religieuse. Car, ajoute Justinien, le coupable attente alors au respect que l'on doit au Dieu tout-puissant. « Maxime si Deo fuerint virgines vel viduæ dedicatæ; quod non solum ad injuriam

2. Justinien déclare que la chasteté doit être le principal devoir des mères ingénues et de noble naissance. « Quibus castitatis observatio præcipuum debitum est. » (*Cod. Just.*, VI, LVII, *ad S. C. Orfitianum*, 5, ann. 529).

3. Tertul., *de cultu fem.*, II, x-XII (Migne, I, p. 1327-1331).

4. Tertul., *ad uxorem*, II, IX (Migne, I, p. 1302-1303). L'empereur Léon (nov. LXXXIX) exige pour que le mariage produise tous ses effets civils qu'il soit confirmé par la bénédiction du prêtre, « sacræ benedictionis testimonio matrimonium confirmari jubemus. »

hominum, sed etiam ad ipsius Omnipotentis Dei irreverentiam committitur [5]. »

Les pénalités encourues — mort, confiscation des biens — sont trop sévères pour obtenir une réelle efficacité; le but est dépassé [6].

Citons ensuite :

L'interdiction de mêler les deux sexes dans les prisons [7].

La défense d'incarcérer une mère de famille pour cause de dettes fiscales ou autres [8].

La dispense accordée aux pupilles, aux *veuves*, aux valétudinaires de comparaître devant le Conseil Impérial s'ils y sont cités; leurs procès devant être jugés dans la province où ils résident [9].

Ajoutons : le célibat ne tombe plus sous la loi pénale [10]; les cas d'empêchement provenant de la parenté se trouvent étendus [11], et désormais l'incapacité de la femme, tenant non à son sexe mais à sa position d'épouse, est fondée sur des rapports de famille et des intérêts d'ordre privé [12].

La loi emploie aussi tous ses efforts à déraciner l'institution si antique du *concubinatus*. Dans ce but, les barrières qui séparent les classes de la société sont abaissées [13]. Constantin

5. *Cod. Just.*, IX, xiii, *de raptu virg.*, 1 (ann. 533); I, iii, *de Episcop.*, 54 (ann. 533). Si quelqu'un ose, je ne dis pas ravir une vierge consacrée à Dieu, mais seulement tenter de se marier avec elle, qu'il soit condamné à la peine capitale (*Cod. Just.*, I, iii, *de Episcop.*, 5. Imp. Jovinianus, ann. 364). Par une loi de l'année 320, Constantin condamne les nourrices ayant favorisé l'enlèvement des jeunes filles à se voir verser du plomb fondu dans la gorge (*Cod. Theod.*, IX, xxiv, *de rap. virg.*, 1).

6. A propos des pénalités qui frappent les unions entre parents au degré prohibé, A. de Broglie remarque avec raison : « que la chasteté était pour un Romain de l'empire comme une terre nouvellement découverte, dont, après avoir longtemps ignoré l'existence, il ne savait pas encore fixer les limites » (*L'Eglise et l'Emp. romain, op. cit.*, 3e part., t. II, chap. VI, p. 117).

7. *Cod. Theod.*, IX, iii, 3; *Cod. Just.*, IX, iv, *de cust. reorum*, 3 (ann. 340).

8. *Cod. Just.*, I, xlviii, *de off. div. judic.*, 1 (ann. 316), et *Aut. coll.*, IX, xvii, nov. CXXXIV, cap. IX.

9. *Cod. Just.*, III, xiv, *Quando Imper.* (ann. 334).

10. *Cod. Theod.*, VIII, xvi, *de infirm. pœnis cœlib. et orbit.* (ann. 320).

11. *Cod. Theod.*, III, xii, *de incest. nuptiis*; *Cod. Just.*, V, v, *de incest. et inut. nuptiis.*

12. Paul Gide, *Étude sur la condit. privée de la femme*, 2e édit., liv. II, chap. II, p. 194. Théodose II abroge les lois *décimanes* qui mesuraient l'étendue des dons entre époux au nombre des enfants (*Cod. Theod.*, VIII, xvii, *de jure liberorum*, 2, ann. 410).

13. *Cod. Just.*, V, iv, *de nuptiis*, 23-28; *Aut. coll.*, V, vi, nov. LI; VIII, xviii, nov. CXVII.

cherche à convertir ce commerce, licite bien que peu honorable, en un mariage légal et, afin d'y parvenir, accorde la légitimité aux enfants déjà nés. Par contre, si l'union n'est point régularisée, défense de rien léguer à ces enfants et à leur mère. Les personnes élevées en dignité ne doivent plus offrir un spectacle aussi scandaleux [14]. Ces dispositions rigoureuses subissent des atténuations et il faut arriver à la fin du IXe siècle pour constater, *en Orient*, l'abolition définitive de ces sortes d'unions [15].

Quant au divorce, malgré les règles formelles de l'Église, Constantin essaye seulement de le restreindre [16], et cet abus si lamentable passe presque en entier dans la législation de Justinien [17].

Signalons encore les modifications apportées aux rapports entre la mère et ses enfants [18]; à l'encontre du vieux droit romain, ainsi d'ailleurs que le veut la nature, elle reste leur *parente* au point de vue des effets successoraux, alors même qu'une triple ou une quadruple maternité ne lui a pas valu le *jus liberorum*. La mère ne se trouve plus primée par les *agnats* représentants de la *parenté civile*, et acquiert de degré en degré des droits égaux à ceux du père, y compris la tutelle [19].

Pour arriver à ces résultats importants, bien que partiels, il faut des siècles de persévérance de la part de l'Église dont on

14. Troplong, *De l'inf. du christ. sur le droit civil des Romains*, 2e part., chap. VIII. Le concubinat.

15. Nov. XCI : *Ut concubinam habere non liceat.* (Imp. Leo Aug.,).

16. *Cod. Theod.*, III, XVI, *de repudiis*, 1 (ann. 331). « La législation civile n'avait pas pris pour son compte le principe de l'indissolubilité du mariage. Sans doute elle n'aimait pas le divorce; elle le considérait comme un mal; elle l'intimidait par des restrictions et des peines. Mais enfin, quand il venait briser le lien conjugal, même par suite d'un transport aveugle, elle le sanctionnait, dans une certaine mesure, comme un fait accompli; bien éloignée en cela de la loi divine, qui ne prononce pas de peines, mais qui veut que le lien continue à subsister » (Troplong, *op. cit.*, 2e part., chap. VI. p. 227). — Voir *Concil. Eliberitanum* ou *Liberitanum* (ann. 305?), can. IX (Mansi, II, p. 7).

17. Nov. CXVII-CXL. Le divorce par consentement mutuel ne disparaît même que momentanément. « Ici, remarque Troplong (*op. cit.*, p. 228), le vieux droit l'emporte sur le nouveau, et la civilisation fait un pas rétrograde. »

18. *Cod. Theod.*, V, I, *de legit. hæred.*; *Cod. Just.*, VI, LVIII, *de legit. hæred.*, 15 (ann. 534). Quant aux détails : sénatus consulte Tertullien, Jus liberorum, etc., consulter Paul, Frédéric Girard, *Manuel élém. de droit romain*, 3e édit., in-8, 1901, liv. III, V, titre Ier, chap. II, p. 841-842.

19. *Aut. coll.*, IX. I. nov. CXVIII, cap. 5, *de leg. tut. liber. et de matre et avia.*

retrouve partout l'action civilisatrice : « Les constitutions impériales n'ont pas en effet de meilleurs commentaires que les écrits des Pères. Il n'est guère de réforme législative, réalisée par Constantin ou ses successeurs, dont les Pères n'aient par avance signalé le besoin et en quelque sorte formulé le projet. Lactance, dans un livre adressé à Constantin lui-même, s'élève contre l'infanticide et l'exposition des enfants : Constantin et Valentinien punissent l'infanticide et font nourrir aux frais de l'État les enfants nés dans l'indigence. » Cette observation de Paul Gide [20] nous amène tout naturellement à l'étude de cette grave question de l'enfance délaissée.

§ 2. — *Les enfants vendus ou abandonnés.*

Au moment où Constantin saisit le pouvoir, *la patria potestas* est progressivement restreinte pour faire place à la puissance croissante du Prince et de ses représentants [21]. De plus, il y a des années que l'Évangile s'efforce de substituer dans les âmes une loi de douceur et d'amour à l'inflexibilité du droit quiritaire. Néanmoins, de nombreux scandales subsistent [22], bien des parents recourent à l'avortement, à la vente, à l'abandon de leurs enfants.

Ces avortements, condamnés par tous les écrivains ecclésiastiques des premiers siècles, continuent à être l'objet de la réprobation universelle des prédicateurs de la loi nouvelle [23].

20. *Étude sur la cond. de la femme. op. cit.*, liv. II, chap. II, p. 186.

21. Voir notre *Histoire de la charité*, t. Ier, chap. VI, § 2, p. 104-109. Par une constitution de l'an 365 (*Cod. Just.*, IX, xv, *de emend. propinq.*, I (ann. 365), Valentinien limite le droit de répression des parents : si l'énormité du fait reproché à l'enfant dépasse les bornes de la correction domestique, le coupable doit être déféré aux juges.

22. A. de Broglie, *L'Eglise et l'Emp. romain*, 3e part., t. II, Conclusions, p. 486.

23. S. Hieron., *Epist.*, XXII, § 12. *de virginitate ad virg. Eustoch.*, : « Quelles sont celles-là qui, la tête haute, marchant à pas comptés, cachant sous une toilette simple et modeste une vie déréglée que l'on ne connaît que par leur grossesse ou par les cris de leurs enfants ? Ce sont des vierges devenues veuves avant le mariage. Il y en a qui demandent la stérilité à la science et font ainsi périr leurs enfants avant même la conception. » « Aliae vero sterilitatem praebibunt, et necdum nati hominis homicidium faciunt » ; d'autres ont recours à des breuvages empoisonnés pour se débarrasser du fruit de leur libertinage, et comme souvent elles

Les Conciles prononcent l'anathème [24] et Constantin condamne le père meurtrier de son fils à la peine des parricides. Un pareil criminel, dit l'Empereur, reprenant les antiques dispositions de la loi Pompeia, « de parricidiis », ne doit pas recevoir la mort par le glaive, le feu, ou subir une autre peine ordinaire, qu'il soit cousu dans un sac de peau renfermant un chien, un coq, une vipère et un singe, puis, selon les localités, jeté à la mer ou dans un fleuve [25].

Le meurtre du nouveau-né n'est point, il est vrai, expressément visé, mais aucune distinction ne semble établie entre l'âge des enfants. En 374, Valentinien considère également que l'infanticide doit entraîner la peine de mort (*Cod. Theod.*, IX, XIV, *ad leg. Corn. de sicariis*, I).

Quant à la vente, Dioclétien déclare qu'il est de droit certain que les enfants ne peuvent être transférés par leurs parents à d'autres personnes à titre de vente, de donation, de gage ou de toute autre façon que ce soit [26]. Malgré ces prescriptions formelles, l'abus ne cesse pas et Constantin, en vertu de deux constitutions applicables la première à l'Italie, la seconde à la province d'Afrique (ann. 315-322), établit la possibilité pour les parents pauvres de recourir aux allocations de l'État [27].

« Qu'une loi, écrit l'Empereur à Ablave, vice-préfet du Prétoire, soit promptement affichée dans toutes les villes d'Italie [28] pour détourner les parents de porter sur leurs enfants nouveau-nés une main parricide, et disposer leurs cœurs à de meilleurs senti-

périssent avec lui elles descendent en enfer chargées de trois crimes : homicide d'elles-mêmes, adultère de Jésus-Christ, parricide de leurs enfants » (Migne, XXII, p. 401).

24. *Concil. Eliberitanum* (305?), can. LXIII; *Ancyranum* (314), can. XXI (Mansi, II, p. 16-519).

25. *Cod. Just.*, IX, XVII, *de his qui parent. vel lib. occid.*, (ann. 319) : « Neque gladio, neque ignibus, neque ulla alia solemni pœna subjugetur, sed insutus culleo (cum cane, et gallo gallinaceo, et vipera et simia) et inter ejus ferales augustias comprehensus, serpentium contuberniis misceatur et, ut regionis qualitas tulerit vel in vicinum mare, vel in amnen projiciatur... »

26. *Cod. Just.*, IV, XLIII, *de patrib. qui filios suos distraxerunt.*, 1 (ann. 294).

27. *Cod. Theod.*, XI, XXVII, *de alimentis, quæ inopes parentes, de pub...*, 1-2. Nous empruntons ici l'excellente traduction de A. de Broglie, *L'Eglise et l'Emp. rom.*, *op. cit.*, 1re partie, t. Ier, chap. II, p. 298-299.

28. « Æreis tabulis, vel cerussatis, aut linteis nappis, scripta per omnes civitates Italiæ proponatur, lex quæ parentum manus a parricidio arceat, vatum que vertat in melius... »

ments. Veillez avec soin à ce que si un père apporte son enfant en disant qu'il ne peut le nourrir, on lui fournisse sans délai la nourriture et le vêtement. Car les soins des nouveau-nés ne sauraient souffrir aucun retard, et nous ordonnons que notre fisc, aussi bien que notre trésor privé, subvienne indistinctement à cette dépense. Car il répugne à nos mœurs que quelqu'un sous notre empire soit poussé par le besoin à commettre un crime. »

Nous ne possédons aucun texte permettant de connaitre dans quelle mesure ces prescriptions sont observées, constatons seulement que dès 329 des dispositions différentes les remplacent.

Faut-il en accuser les malheurs des temps? Doit-on penser qu'en cette année 329 la lutte avec Licinius étant terminée, Constantin n'a plus intérêt à capter l'affection des peuples par de séduisantes promesses? Nous en sommes réduits aux conjectures.

Le fait est que la constitution nouvelle (*Cod. Theod.*, V, VIII [29]) permet aux parents dans un état de misère complet de vendre leurs nouveau-nés (*sanguinolenti*). Le rachat pouvant toujours être opéré par le vendeur, ou toute autre personne, moyennant le remboursement du prix reçu ou la tradition d'un esclave de même valeur.

Plus tard, Théodose II permet à l'enfant ingénu vendu par son père, lequel manque d'autre moyen de se procurer des aliments, de réclamer l'état de liberté sans être tenu à rembourser le prix de vente et ce, après une période d'esclavage, que les commentateurs évaluent à cinq années, « omnes quos parentum miseranda fortuna, in servitium dum victum requirunt addixit ingenuitati pristinæ reformentur [30]. »

Soixante ans se passent ; en présence de l'accroissement de la misère générale et de cette triste constatation que celui qui meurt de faim ne considère rien comme honteux, « nil turpe, nil vetitum credit esuries », la législation subit un mouvement de recul, une novelle de Valentinien III (451) remet en vigueur les

29. *Cod. Just.*, IV, XLIII, *de patrib. qui filios suos distraxerunt*, 2.
30. *Cod. Theod.*, III, III, *de patrib. qui filios distrax.* (ann. 391).

lois constantiniennes; le père, pour recouvrer l'enfant vendu, doit rembourser le prix d'achat augmenté d'un cinquième, afin que celui qui, pour sauver le nouveau-né, l'achète, ne se repente pas de son action[31].

Et que l'on ne pense pas que la situation horrible de parents amenés à vendre leurs enfants est une simple fiction du législateur. Cette nécessité reste fréquente en présence des exigences du fisc et des calamités qu'entraînent à leur suite les invasions. Une page empruntée à un contemporain de ces faits suffit à montrer cette plaie cruelle. Saint Basile peint un malheureux cherchant des ressources : « De l'or? Il n'en a pas. Un mobilier qu'il puisse vendre? Son mobilier est celui des pauvres. Il n'a à vendre que ses enfants. Voyez la lutte entre la faim et l'amour paternel. Il se décide, puis recule, puis succombe enfin. Mais lequel vendra-t-il le premier, quel est celui qui lui assurera mieux un morceau de pain? L'aîné? Mais l'âge a ses droits. Le dernier? Mais la pitié le prend pour ce pauvre enfant qui ne comprend même pas son malheur. Celui-ci a tous les traits de ses parents ; cet autre montre une si heureuse intelligence! Funeste hésitation! Les garder tous, c'est les condamner tous à mourir de faim... En vendre un! De quel œil me verront les autres, toujours suspect de méditer quelque trahison nouvelle? Comment habiter cette demeure que j'aurai moi-même rendue vide? Comment m'asseoir à cette table dont l'abondance aura coûté si cher... »

Saint Ambroise reproduit ces déchirements, ces hésitations avec une éloquence tout aussi poignante[32].

En dehors de l'infanticide et de la vente, il y a l'exposition si fréquente alors. Quelle est la situation faite à ces abandonnés?

Constantin croit utile d'encourager les personnes disposées à recueillir ces petits êtres. Il décide, en 331, que le père par le fait de l'abandon est déchu de la puissance paternelle; nul ne

31. *Cod. Theod.*, *legum nov. Valent.*, tit. XI (ann. 451) (édit. Gothof., t. VI, app. p. 126). Il est interdit de vendre ces enfants aux peuples barbares; de les transporter au delà de la mer, sous peine de payer au fisc six onces d'or.

32. Saint Basile, *Homélie sur ce texte de saint Luc : Destruam horrea mea*, § 4 (Migne, XXXI, p. 267-268); Champagny, *La charité chrétienne*, *op. cit.*, chap. II, § 1er, p. 189-190; saint Ambr., *De Nabuthe Iezraelita*, V, 21-24; *De Tobia*, VIII (Migne, XIV, p. 736-737, 769-770).

peut réclamer l'enfant ; le *nutritor* a le droit de le garder à titre de fils ou d'esclave à son choix[33].

Valentinien (374) ajoute la punition à la privation des droits. « Que chacun nourrisse ses enfants, dit-il, s'il les expose qu'il soit puni conformément à la loi : « Nec dominis vel patronis repetendi aditum relinquimus, si ab ipsis expositos quodam modo ad mortem, voluntas misericordiæ amica collegerit ; nec enim suum dicere poterit, quem pereuntem contempsit [34]. »

Honorius et Théodose (412) admettent à leur tour [35] qu'aucune revendication ne peut être exercée contre la personne qui, adoptant l'enfant, fait constater cette prise de possession par un acte dressé en présence de l'évêque : « Si modo *testes episcopalis* subscriptio fuerit subsecuta, de qua nulla penitus ad securitatem possit esse cunctatio [36]. »

Il faut arriver à Justinien pour voir proclamer libres tous les enfants exposés. Le père et le maître n'ont plus aucuns droits sur eux puisqu'ils les ont abandonnés ; quant à ceux qui les ont recueillis, il ne faut pas que leur acte généreux se transforme en une espèce de commerce, « ne videantur quasi mercimonio contracto ita pietatis officium gerere [37]. »

Les asiles si nombreux, destinés à l'enfance délaissée, ouverts en Orient au VIe siècle, sous l'infiuence de la charité chrétienne,

33. *Cod. Theod.*, V, VII, *de expositis*, 1 (ann. 331). De ce que l'enfant ne peut plus être soumis à la *vindicatio in potestatem* s'ensuit-il qu'il a perdu le droit d'exercer par lui-même, ou par un représentant, la *vindicatio in libertatem ?* La question est controversée. Voir G. Cornil., *Contrib. à l'étude de la Patria Potestas*, in-8, 1897, § 2. p. 20-21.

34. *Cod. Just.*, VIII, LII, *de Inf. expos.*, 2.

35. *Cod. Theod.*, V, VII, *de expos.*, 2.

36. Ces dispositions sont reproduites et complétées par les canons de deux Conciles : *Concilium Vasence* (442 ?), can. IX et X : « Tous ceux qui trouveront des enfants exposés en feront la déclaration à l'Église le dimanche suivant, il y aura publication à l'office ; les parents auront alors dix jours pour les réclamer ; passé ce délai leur droit reste périmé et la personne qui se charge de l'enfant ne saurait être inquiétée à cet égard » (Mansi, VI, p. 455.) *Concil. Agathense* (506), can. XXI, renouvellement des canons ci-dessus (Mansi, VIII, p. 329).

37. *Cod. Just.*, VIII, LII, *de Inf. expositis*, 3 (ann. 529) ; I, IV, *de episc. aud.*, 24 (ann. 530) ; *Aut. coll.* IX, XXXVI, nov. CLIII ; *de Inf. exposit.* (ann. 541). Cette présomption de naissance ingénue s'applique quelle que soit en réalité la condition des parents de l'enfant exposé : « Sancimus nemini licere, sive ab ingenuis genitoribus puer parvulens procreatus, sive a libertina progenie, sive servili conditione maculatus expositus sit, eum puerum in suum dominium vindicare sive nomine dominii, sive adscripticiæ, sive colonariæ conditionis. »

en restreignant le chiffre des expositions, rendent seuls possible l'application de cette jurisprudence libérale placée sous la sauvegarde des autorités civiles et des évêques : « Hæc observantibus non solum præsidibus provinciarum sed etiam viris religiosissimis Episcopis. »

§ 3. — *La lutte contre l'esclavage.*

Dans cette question si grave de l'esclavage, les motifs de sagesse et de haute prudence qui dirigent la conduite des Apôtres et des Pères des premiers siècles subsistent avec la même force sous les Empereurs chrétiens.

Une grande partie de la population est païenne, sinon par la croyance du moins par la manière de vivre [38] ; le luxe remplit les maisons d'esclaves [39]. Ce trafic est florissant, et ces infortunés ont à craindre tout le monde : intendants, régisseurs, surveillants, sans compter leurs propres compagnons [40].

L'influence religieuse ne peut agir que lentement en un pareil milieu. « Pour couper le mal dans sa racine, lui ôter toute possibilité de retour, il faut détruire l'erreur sur laquelle repose l'esclavage et combattre les vices qui en prolongent l'existence. — Retourner l'âme humaine, et par le changement d'idées, de sentiments, de mœurs dans l'individu, amener un changement parallèle et plus vaste dans la société : telle est la marche que suit constamment l'Église... C'est à l'âme qu'elle s'adresse et c'est par l'âme régénérée, retrempée, qu'elle étend son influence à tous les éléments de la société humaine [41]. »

38. « L'Église est alors envahie par des hommes ambitieux et mondains qui, loin d'y être amenés par les besoins du cœur, n'y entrent que pour y chercher des moyens d'influence ou pour assurer leur position... Plus tard, principalement sous Théodose..., la plupart des familles riches et considérables finissent par accepter le christianisme ; mais elles apportent dans l'Église les habitudes et l'esprit païens, auxquels on renonçait plus difficilement qu'aux cérémonies et aux fables. » (Schmidt, *Essai hist. sur la société civile...*, *op. cit.*, liv. III, chap. VI, p. 484).

39. Paul Allard, *Julien l'Apostat*, t. Ier (1900), liv. II, chap. III, § 3, p. 230.

40. « Pavent quippe actores, pavent silentiarios, pavent procuratores... ab omnibus cæduntur, ab omnibus conteruntur » (Salv., *de Gub. Dei*, lib. IV : Migne, LIII, p. 74).

41. Abbé Freppel, *Cours d'éloq. sacrée*, années 1860-1861 (in-8, 1861), *8e leçon*, p. 163-164 : années 1857-1858 (in-8, 1859), *13e leçon*, p. 273 : « Il valait mieux, pour

Basile, Jean Chrysostome, Ambroise, Jérôme, Augustin, pour ne citer qu'eux, parlent donc comme les écrivains de l'ère des persécutions : doctrines, moyens d'action sont identiques.

Suivant ces illustres Docteurs, « l'avarice, la cupidité insatiable, passions basses et honteuses engendrent la servitude[42]. »

Les esclaves possèdent une âme égale en dignité à l'âme des ingénus; ils reçoivent de Dieu les mêmes grâces et possèdent la même noblesse d'origine : « Sunt Domini, sunt et servi; diversa sunt nomina : sed homines et homines paria sunt nomina[43]. »

Ces esclaves sont nos frères et nous ne saurions rougir de les regarder comme tels, puisque Notre Seigneur n'hésite point à leur donner ce titre[44].

Nous devons, en conséquence, les traiter avec douceur, humanité, ne pas les meurtrir de coups de verges, les charger de fers[45]; sans néanmoins négliger les justes réprimandes et les corrections nécessaires à leur propre amendement[46].

On trouve aux temps de saint Jean Chrysostome des femmes, se disant chrétiennes, qui font retentir toute la maison de leurs clameurs lorsqu'elles reprennent les servantes; les passants s'arrêtent, s'informent : c'est, leur dit-on, une maîtresse qui frappe son esclave. Ces matrones, poursuit l'orateur, sont assez dures,

la tranquillité publique, que l'amélioration du sort de l'esclave se fit progressivement par l'amélioration du maître » (Biot, *De l'abolition de l'esclavage en Occident*, in-8, 1840, 3e partie, 1re période, chap. Ier, p. 140).

42. S. J. Chrysos., *Comm. sur l'Épître aux Éphésiens*, hom. XXII, § 2 (Migne, LXII, p. 157).

43. S. J. Chrysos., *Comm. sur l'épître aux Éphésiens*, hom. XV, § 3 (Migne, LXII, p. 109-110); S. August., *in psalm.*, CXXIV, § 7 (Migne, XXXVII, p. 1653); Lactant., *div. inst.*, V, XVI-XVII (Migne, VI, p. 599-603); S. Ambrois., *Exhortatio virginitatis*, I, 2-4 (Migne, XVI, p. 337).

44. « Voyez comme le Seigneur nous honore; nos esclaves il les appelle ses frères, ses cohéritiers, voilà jusqu'où il est descendu » (S. J. Chrysos., *Comm. sur l'épître de Paul à Philémon*, hom. II, § 3. Migne, LXII, p. 711-712).

45. S. J. Chrysos., *Comm. sur la 1re épître aux Corinth.*, hom. XL, § 5 (Migne, LXI; p. 353-354).

46. « Si quis enim autem in domo per inobedientiam domesticæ paci adversatur, corripitur, seu verbo, seu verbere, seu quolibet alio genere pœnæ justo at que licito » (S. August., *de civ. Dei*, XIX, XVI). Voir aussi *in Psalm.*, CII, § 14 (Migne, XLI, p. 614, et XXXVII, p. 1328). Le Concile d'Elvire (can. V) impose sept ans de pénitence à la femme qui aura frappé sa servante de telle sorte que mort s'en suive dans les trois jours (*Conc. Eliberitanum*, Mansi, II, p. 6). Le Concile d'Arles ne rend pas le maître responsable si un esclave se suicide (*Conc. Arelatense*, II, ann. 451, can. LIII, Mansi, VII, p. 884).

assez inhumaines, pour fouetter des jeunes filles avec une telle force que la journée ne suffit pas pour guérir les meurtrissures [47].

D'ailleurs à quoi sert ce grand nombre d'esclaves? De même que pour les vêtements il faut considérer ici l'utilité; un seul serviteur devrait suffire à un seul maître. Que signifient donc, s'écrient les Pères, ces essaims de créatures humaines entourant les riches dès qu'ils vont aux bains; sur la place publique? Ils ressemblent à des marchands d'esclaves ou à des conducteurs de troupeaux [48].

Que le chrétien achète des esclaves, mais afin de les instruire et de les mettre en état de se suffire à eux-mêmes [49] et qu'il les affranchisse ensuite.

Ces exhortations ne restent pas infructueuses; de saintes femmes, dont Jérôme écrit la vie, sont les véritables sœurs de leurs servantes; elles rendent libres, par milliers, les serviteurs qui remplissent leurs vastes domaines [50].

Les clercs donnent aussi l'exemple de ces libéralités [51].

Quant aux évêques ils interviennent autant qu'ils le peuvent, à la suite de saint Paul, auprès des maîtres, afin de rendre plus douce la condition des personnes en servitude [52].

47. S. J. Chrysos., *Comm. sur l'épitre aux Éphésiens*, hom. XV, § 3 (Migne, LXII, p. 109-110); *Comm. sur l'épitre de Paul à Philémon*, hom. II, § 3 (Migne, LXII, p. 711).

48. S. J. Chrysos., *Comm. sur la 1re épitre aux Corinth.*, hom. XL, § 5 (Migne, LXI, p. 353); S. Hieron., *Epist.*, LXXIX, § 8 : *ad Salvinam de viduit. serv.*, (Migne, XXII, p. 730).

49. « Ce n'est pas l'affranchissement, dit saint Ambroise, c'est l'éducation qui transforme l'esclave en homme libre » (*Epist.*, XXXVII, § 9; Migne, XVI, p. 1086).

50. S. Hieron., *Epist.*, CVIII, *ad Eustoch. Epitaph. Paulæ matris* (Migne, XXII, p. 878-906); *Epist.*, LXXVII, *ad Oceanum de morte Fabiolæ* (Migne, XXII, p. 690-698); *Epist.* XXIII, *ad. Marcell. de exitu Leæ* (Migne, XXII, p. 425-426); Paul Allard, *Julien l'Apostat*, *op. cit.*, liv. II, chap. III, § 3, *Situation des esclaves*.

51. « Le diacre d'Hippone est pauvre et il n'a rien à donner à personne, cependant, avant sa conversion, il avait acheté quelques esclaves du produit de son travail, il va aujourd'hui les mettre en liberté en votre présence, par un acte épiscopal » (S. August., *Sermo*, CCCLVI, *de vita et moribus cleric. suorum*, § 6. Migne, XXXIX, p. 1576).

52. Saint Basile remercie Callisthènes qui avait épargné un esclave à sa recommandation, lettre LXXII (Migne, XXXII, p. 439). Il s'élève contre une femme riche, nommée Simplicia, fort généreuse mais qui réclamait, à titre d'ancien esclave, un clerc devenu évêque (S. Grégoire de Naziance, lettre LXXIX. Migne, XXXVII, p. 149-154).

Néanmoins, le principe de la propriété reste intact.

Le Concile de Gangres prononce l'anathème contre ceux qui poussent les esclaves à mépriser leurs maîtres et à les quitter sous de faux prétextes de piété [53].

Saint Basile veut que les supérieurs des monastères ne conservent pas les esclaves reçus sans le consentement de ceux auxquels ils appartiennent, à moins qu'il ne s'agisse de sauvegarder la moralité ou la religion de ces fugitifs [54].

Ces doctrines exposées avec tant d'insistance; ces efforts persévérants ne parviennent pas à extirper le mal ; c'est une constatation qui s'impose [55]. Toutefois ils ont une influence marquée sur la législation des Empereurs dont nous allons résumer brièvement les lois [56].

Constantin renouvelant, avec une précision plus grande, un édit d'Antonin déclare (en 312) que le maître doit user modérément du droit de correction sur ses serviteurs [57]. « L'énumération des différents genres de supplices alors employés contre les esclaves donne, du reste, une épouvantable idée de la malheureuse imagination des Romains pour ce raffinement de cruauté [58]. »

Afin que l'on ne puisse pas nous soupçonner d'exagérer, laissons la parole au jeune Empereur : « Le maître est réputé coupable d'homicide lorsque intentionnellement il tue son esclave

53. Concil. Gangrense (ann. 324 ?) (Mansi, II, p. 1102, canon III, inséré au corps du droit canon. Decreti, II, Pars, causa 17, quæst. 4).

54. S. Basile, *Traité des règles*, § xi (Migne, XXXI, p. 947). Le Concile d'Elvire (can. LXXX) défend d'ordonner les affranchis dont les patrons sont païens, « in sæculo », parce que, en raison de leur droit de patronage, ces derniers pourraient exiger des services en opposition avec la sainteté du sacerdoce (*Conc. Eliber.*, Mansi, II, p. 19). Consulter aussi la novelle V de Justinien.

55. Lire, dans H. Wallon, *Hist. de l'esclavage, op. cit.*, t. III, les chap. VIII et IX, où l'éminent auteur expose avec la plus sévère impartialité les résultats obtenus

56. Paul Allard, *Julien l'Apostat*, t. II (1903), liv. VI, chap. II, § v, p. 272, fait la remarque suivante : « Sur ce mal social Julien est demeuré muet. Deux fois dans ses lettres ; il est question des esclaves, une fois pour engager le clergé païen à étendre jusqu'à eux la propagande : une autre fois pour commander d'en mettre quelques-uns à la torture. Mais la question même de l'esclavage, de sa légitimité, que l'on contestait alors dans la chaire chrétienne, des moyens d'atténuer ses rigueurs et d'amener peu à peu sa suppression : pas un mot ne se rencontre dans les livres ou dans la correspondance de Julien. »

57. *Cod. Just.*, IX, xiv ; *de emend. servorum.*

58. J. Naudet, *Des changements opérés dans toutes les parties de l'Empire romain...*, 2 vol. in-8 (1817), t. II, 3e partie, p. 113.

avec un bâton ou une pierre, « si voluntate eum ictu fustis, aut lapidis occiderit » : le blesse mortellement à coup de flèches ; le fait pendre, ou précipiter violemment d'une hauteur, « aut suspendi laqueo præceperit vel jussione tetra præcipitandum esse mandaverit » ; l'empoisonne ; déchire son corps au moyen de griffes de fer ; lui brûle les membres ; lui ôte la vie en le laissant, couvert de plaies sanguinolentes, se consumer de putréfaction, « aut tabescentes artus atro sanguine permixta sanie defluentes... »

Tels sont les bourreaux domestiques chez lesquels le christianisme doit réveiller les sentiments de fraternité et arriver à leur reprocher, par la voix de saint Jean Chrysostome, une correction un peu vive dont la trace paraît encore le lendemain. Quel chemin parcouru en moins d'un siècle !

Constantin abolit ensuite le supplice de la croix par respect pour la grande Victime du peuple déicide ; l'an 315, il décide que les condamnés aux travaux forcés (in metallum) ne seront plus marqués au front. La figure humaine formée à l'image de Dieu ne devant point être souillée, « quo facies, quæ ad similitudinem pulchritudinis cœlestis est figurata, minime maculetur[59]. »

Quant aux combats de gladiateurs ils sont interdits (ann. 328) ; cette mesure excellente n'est malheureusement point appliquée[60], et il faut arriver à Honorius pour voir la fin de ces odieuses hécatombes[61].

Il n'y a pas que ces jeux sanglants où la morale est outragée ; les acteurs figurants dans les spectacles les plus immondes ; les mimes dont les gestes ont pour but de surexciter les passions ; tous enchaînés à leur métier ne peuvent échapper à l'infamie.

Le sentiment de la pudeur doit être banni à tout jamais du cœur de la femme qui par sa naissance, ou les hasards de la vente, est contrainte à jouer un aussi triste rôle.

Les Empereurs craignent en général de toucher aux plaisirs grossiers de la plèbe ; il faut un certain courage à Valentinien pour décider (371) que les *scœnici* et les *scœnicæ* qui, au moment

59. *Cod. Justin.*, IX, XLVII ; *de pœnis*, 17.
60. *Cod. Theod.*, XV, XII, *de gladiatoribus*.
61. On connaît le dévouement du moine Télémaque se jetant dans l'arène, à Rome, entre les combattants, et qui paye de sa vie cette généreuse et féconde intervention.

de mourir, reçoivent les sacrements, ne peuvent être ramenés de force au théâtre, s'ils viennent à recouvrer la santé, « nulla post hac in theatralis spectaculi conventione revocentur[62]. »

Gratien, conseillé par Ambroise, va plus loin : toute jeune fille convertie au christianisme est exempte de figurer dans les jeux publics[63].

Le désir de plaire à la foule est néanmoins si grand chez certains Empereurs qu'Honorius ose déclarer que les *mimæ* de Cartage qu'un rescrit du prince a libérées de leurs obligations doivent être réintégrées malgré elles, « ut voluptatibus populi, ac festis diebus solitus ornatus deesse non possit[64]. »

Voilà les actes de tyrannie que ne craint pas de sanctionner un souverain portant le beau nom de chrétien!

L'empereur Léon II abolit enfin (ann. 468) l'antique servitude de la scène; il charge les magistrats, les évêques de veiller à ce qu'une femme, libre ou esclave, ne soit jamais contrainte de faire partie d'une troupe de *mimes* ou de *choristes*[65].

Justinien fait cesser également un abus criant et décide que les personnes qui s'obligent, par serment, à monter sur le théâtre ne sont pas tenues de le faire, car il est meilleur de manquer à un engagement de cette nature que de continuer à mener une vie impure[66].

Au point de vue des affranchissements, Constantin permet de donner la liberté à un esclave dans l'église en présence du peuple

62. *Cod. Theod.*, XV, VII, *de scœnicis*, 1.

63. *Cod. Theod.*, XV, VII, *de scœnicis*, 4 (ann. 380) : « Eas enim quas melior vivendi usus vinculo naturalis condicionis evoluit, retrahi vetamus. »

64. *Cod. Theod.*, XV, VII, *de scœnicis*, 13 (ann. 413).

65. *Cod. Just.*, I, IV, *de Episcop. audientia*, 14.

66. *Cod. Just.*, I, IV, *de Episc. aud.*, 33 (ann. 534); *Aut. coll.*, V, VI, nov. LI. A mentionner ici les mesures de protection en faveur des malheureuses exploitées par leurs parents ou les entrepreneurs de débauches. Constantin déclare libre l'esclave chrétienne prostituée par ses maîtres (*Cod. Theod.*, XV, VIII, *de lenonibus*, ann. 343). Mêmes dispositions sous Théodose et Valentinien (*Cod. Theod.*, XV, VIII, 2, ann. 428); *Cod. Just.*, I, IV, *de Episc. aud.*, 12 (ann. 428); XI, XL, *de spect.*, 6 (ann. 428); Constantin punit de mort quiconque *mutile* un esclave, « si quis post hanc sanctionem in orbe Romana eunuchus fecerit capite puniatur » (*Cod. Just.*, IV, XLII, *de Eunuchis*, 1). L'empereur Léon permet la vente de ces malheureux pourvu qu'il s'agisse d'individus appartenant aux nations barbares et que le crime ait été commis en dehors des limites de l'Empire (*Cod. Just.*, IV, XLII, 2).

et de l'évêque. Un acte est dressé et signé par le maître. La personne ainsi affranchie jouit des mêmes faveurs que celle libérée avec la solennité des formes légales : « Quo civitas Romana solemnitatibus decursis dari consuevit. » Les clercs ont de plus le privilège de conférer la pleine liberté à leurs serviteurs par la voie d'un acte de dernière volonté, sans aucune forme sacramentelle [67].

Le cours des émancipations ne se trouve point arrêté par la suspension des affaires durant la quinzaine de Pâques (*Cod. Just.*, III, XII, *de feriis*, 8, ann. 392). Justinien à son tour abroge les lois limitant le nombre des esclaves que l'on peut affranchir dans un testament ainsi que celles relatives à la condition des *dedititicii* [68]. Les affranchis sont désormais tous citoyens.

Justinien n'admet plus également qu'une condamnation pénale puisse rendre esclave un coupable d'origine ingénue [69]. Ce même Empereur décide qu'un esclave ordonné clerc, sans opposition de son maître, devient libre par le fait de son ordination (nov. CXXIII). Dans le cas contraire le maître jouit d'un certain délai pour le reprendre [70].

On trouve dans la plupart des lois qui précèdent un sentiment

67. *Cod. Just.*, I, XIII, *de his qui in eccles.*, 1, 2 (ann. 316-321). De sorte qu'à compter du jour où cet acte a été publié, l'esclave dont il proclame l'affranchissement reçoit de droit la liberté directe sans qu'il soit besoin de juges ou de témoins. « Ita ut ex die publicatæ voluntatis sine aliquo juris teste, vel interprete competat directa libertas. »

68. Esclaves affranchis par des pérégrins, ou assimilés à cette catégorie en raison de châtiments encourus durant la servitude (*Cod. Just.*, VII, III, *de lege Fufia caninia tollenda*; VII, V, *De dediticia libertate tollenda*; VI, *de latina libertate tollenda*). Au prétoire comme à l'église dès l'âge de 17 ans, plus tard même de 14, le maître peut affranchir. Les dispositions limitant, sous ce rapport, la capacité des mineurs, se trouvent abrogées (*Aut. coll.*, IX, II, nov. CXIX).

69. *Aut. coll.*, IV, I, nov. XXII, cap. 8. Le mariage contracté par des esclaves que leur maître abandonne pendant leur maladie est valable, car depuis Claude cet abandon confère la liberté (même novelle, chap. XII). Libres aussi les esclaves fuyant les hérétiques Manichéens pour se faire catholiques (*Cod. Just.*, I, V, *de heriticis*, 4, § 8, ann. 407). Libres ceux qui sont circoncis par un maître juif, lequel est alors puni de mort (*Cod. Just.*, I, X, *ne christ. mancip.*, 1, ann. 417). D'une manière générale, il est défendu aux juifs d'avoir des esclaves chrétiens.

70. Voir : *Aut. coll.*, I, V, nov. V, cap. 2. Léon le Philosophe, par sa constitution Xe, admet que la promotion d'un esclave à l'épiscopat, à l'insu de son maître, ne rompt point les liens de la servitude ; mais les fidèles interviennent alors et rachètent leur pasteur.

favorable aux esclaves; toutefois la législation reste dure envers les fugitifs, la thèse de Dioclétien qui considère que ces esclaves volent leur maître et qu'aucune prescription ne peut couvrir cette faute, subsiste encore[71]. Nous voyons Constantin ordonner l'amputation d'un pied ou l'envoi aux mines et carrières des fugitifs surpris se réfugiant chez les peuples barbares.

Quiconque cache ces déserteurs est tenu de les restituer et de fournir un autre esclave à titre d'amende[72].

La peine du dernier supplice ordonnée par le sénatus consulte *Silanianum*, continue à frapper tous les esclaves dont le maître est assassiné; mais selon la jurisprudence des Antonins, elle n'est appliquée qu'à ceux qui ne viennent pas à son secours alors qu'ils peuvent le faire[73].

Les Empereurs maintiennent aussi, avec certaines restrictions, la torture appliquée aux serviteurs, au cours d'une procédure même civile[74].

Voilà tout ce que font les souverains d'Occident et d'Orient pour la cause de ces multitudes d'infortunés. Ils sont, il est vrai, tenus, eux aussi, comme l'Église, à une grande prudence, et il faut savoir gré à Justinien de proclamer hautement, dans une constitution, l'égalité de tous les hommes, *au point de vue religieux*. « Il est certain, écrit-il (nov. V, cap. II), que la grâce divine considère également tous les hommes, qu'elle ne fait pour son culte aucune différence entre l'homme et la femme, le libre et l'esclave, et que tous reçoivent la même récompense en Jésus-Christ. » « Neque liber, neque servus, omnes enim in Christo unam mercedem percipere. »

Ces consolantes paroles tombées du haut du trône prouvent que, si l'esclavage subsiste, il est frappé à mort. L'Église, on ne

71. *Cod. Just.*, VI, I, *de servis fugitivis*.

72. A chaque récidive, s'appliquant au même fugitif, le nombre des esclaves à fournir augmente. S'il s'agit d'un individu appartenant à l'État il y a en outre une somme d'argent à verser (*Cod. Just.*, VI, I, *de servis fug.*, 4-5, ann. 317-319) si l'esclave, *armé* et au service d'un particulier, se réfugie, précipitamment, dans une église, à l'insu de tout le monde, qu'il en soit aussitôt arraché, ou qu'on en instruise sur-le-champ son maître en lui disant qu'il a le pouvoir de le reprendre (*Cod. Just.*, I, XII, *de iis qui ad eccles.*, 4, ann. 432).

73. *Cod. Just.*, VI, XXXV, *de his quibus ut indignis...*, 12 (ann. 532).

74. *Cod. Just.*, II, LVIII, *de formulis*, et nov. XLIX, cap. 3.

saurait trop le répéter, accomplit cette grande œuvre d'humanité sans se laisser rebuter par les obstacles. Pour agir sûrement elle transforme les âmes, avant de bouleverser les institutions.

CHAPITRE III

L'ASSISTANCE LÉGALE

Les causes énumérées au chapitre 1er de la 2e partie amenant une misère toujours croissante, les Empereurs persistent à appliquer le système des distributions alimentaires, si ancien déjà au ve siècle. Constantinople ne tarde pas à partager les privilèges accordés sous ce rapport à la cité de Romulus.

D'un autre côté, l'institution des médecins publics n'est point abandonnée et cet ensemble de dispositions légales constitue la part de l'assistance officielle dans le soulagement des pauvres [1], durant la période dont nous retraçons l'histoire.

§ 1er. — *Les distributions alimentaires.*

Le souci de l'approvisionnement de Rome [2], hante, comme par le passé, l'esprit de ceux qui occupent le pouvoir. Sidoine Apollinaire, alors qu'il est préfet de cette ville, se réjouit de faire la connaissance du nouveau préfet de l'Annone que lui adresse un ami commun, il ajoute : « Pour toi, recommande-moi à sa vigilance, c'est-à-dire recommande-lui le soin de ma réputation. Je

1. Sur leurs revenus particuliers, qui se confondent en réalité avec le Trésor public, quelques empereurs accordent aux Églises des sommes plus ou moins élevées, en vue d'aider au soulagement de la misère ; nous en dirons un mot dans un prochain chapitre.

2. « La ville éternelle (*urbs æterna*) se voyait menacée prochainement des horreurs de la famine, et la populace, pour qui cette situation est le pire de tous les maux, s'en prenait, d'une manière absolument déraisonnable, à Tertullus, préfet de Rome (règne de Constance). » « Apronien avait eu pour successeur Symmaque, qu'on peut citer comme un des hommes les plus instruits et les plus modestes. Jamais dans la ville très sainte (*Urbs sacratissima*), les subsistances, *la tranquillité par conséquent*, ne furent mieux assurées que sous sa préfecture... » (Amm. Marcel., XIX, x ; XXVI, iii).

crains que les cris tumultueux du théâtre ne me reprochent les souffrances du peuple romain et que l'on ne m'impute la disette publique à moi, malheureux magistrat, et infortunio meo publica deputetur esuries [3]. »

Honorius, dans une constitution, se vante de veiller avec un soin jaloux sur les approvisionnements de la ville [4]. Quant à Prudence il nous montre les petites gens gravissant, selon l'usage, les degrés des estrades que possède chacune des quatorze régions de Rome, afin de recevoir leur part d'aliments [5] : « Ces pensionnaires, écrit Paul Allard (*Julien l'Apostat*, *op. cit.*, t. Ier, liv. II, chap. III, § 2, p. 227), sont, au IVe siècle, ce qu'ils furent en tous temps : calmes, si l'État leur donne, comme autrefois, leur sportule pleine de vivres et leur place gratuite au théâtre. Turbulents, si par hasard la flotte n'est point signalée aux époques accoutumées en vue du port d'Ostie... Lorsque ce contre-temps se produit, tout autre intérêt ou tout autre devoir disparaissent pour ces affamés. »

En présence de cette éventualité redoutable, les Empereurs multiplient les lois relatives aux *naviculaires* ; à la conservation et même à l'accroissement de leurs privilèges : exemptions de charges et fonctions municipales, pénalités pour ceux qui entravent la marche des vaisseaux, etc. [6].

Des portefaix déchargent le blé [7], transporté ensuite par voie

3. Lib. I, *Epist.*, X (*op. cit.*, t. Ier, p. 54).

4. « Certum habetis. Patres conscripti, quantum curarum inpendimus pro vestris, ac populi commodis... » (*Cod. Theod.*, XIV, XV, *de can. frum. Urb. Romæ*, 3, ann. 397).

5. Prud., *Cont. Symmach.*, I, 583 :

> Et quem panis alit gradibus dispensus ab altis.

II, 948-949 :

> Quæ regio gradibus vacuis jejuna dira
> Sustinet...

952-953 :

> Indicio est annona, tuæ quæ publica plebi
> Roma, datur, tantæ que manus longa otia pascit.

(Migne, LX, p. 255-257).

6. *Digest.*, L, V, *de vac. et excus. munerum*, 3 ; *Cod. Theod.*, XIII, V, *de naviculariis*, 5 : « Navicularios omnes, per orbem terrarum, per omne ævum, ab omnibus oneribus et muneribus (cujuscunque fuerint loci vel dignitatis) securos vacuos immunesque præcipimus » (ann. 326); 7 (334).

7. *Cod. Theod.*, XIV, XXII, *de saccariis portus Romæ*.

d'eau à Rome et que des charretiers [8] conduisent alors aux greniers publics [9]. Tous les membres de ces corporations sont soumis à des obligations étroites, et enchaînés à leur condition comme les boulangers [10].

Les naviculaires ne doivent charger que du blé de bonne qualité et parfaitement sain [11]. Les préfets surveillent ces approvisionnements sous leur responsabilité [12] ; mais par une disposition *étrange*, pour ne rien dire de plus, Valentinien et Valens veulent que si, malgré ces soins, « une partie du blé se trouve gâté, en raison de son ancienneté, au point qu'on ne puisse le distribuer sans susciter de justes plaintes, on le mélange alors avec du grain nouveau en vue de dissimuler la portion avariée et d'éviter une perte au Trésor [13] ! »

Les allocations demeurent faites, comme anciennement, sur des estrades ; publiquement et non dans les boulangeries, par crainte des abus [14].

Il s'agit tantôt de blé offert au-dessous du cours ; tantôt de pains cuits. Valentinien substitue à la vente de vingt pains bis (*sordidi*), de deux onces et demie chacun, l'attribution gratuite de six pains blancs en forme de couronne, du poids de six onces, « in bucellis sex mundis sine pretio consequatur [15]. »

Honorius revient à l'antique usage (ann. 398) et vend à bas

8. *Cod. Theod.*, XIV, III, *de pistoribus et catabolensibus*, 9-10 (ann. 368).

9. Sur la situation de ces greniers, voir : *Cod. Theod.*, XIV, IV, *de suariis*, 9 ; Gothof., *Comm.*, t. V, p. 201 (Lipsiæ, M.DCC.XLI). Les préposés à la surveillance de ces greniers rendent compte annuellement de leur gestion (*Cod. Theod.*, XIV, XXIII, *de Patron. horreorum portuensium*, ann. 400). Il en est de même pour ceux qui reçoivent le pain à distribuer sur les estrades (*Cod. Theod.*, XII, VI, *de susceptoribus...*, 24 (ann. 397).

10. *Cod. Theod.*, XIV, III ; *Cod. Just.*, XI, XIV, *de privil. corp. Urb. Romæ*. XV, *de pistoribus*.

11. *Cod. Just.*, XI, XXII, *de can. frum. Urbis Romæ*, 1 (ann. 366).

12. *Cod. Just.*, I, XXVIII, *de off. præf. Urbis*, 1 ; X, XXVI, *de conditis in pub. horreis*, 2-3 (ann. 364-397).

13. « Si forte vetustate species ita corrupta est, ut per semet erogari, sine querella non possit : eidem ex nova portione misceatur, cujus adjectione corruptio velata damnum fisco non faciat » (*Cod. Just.*, X, XXVI 1 ; ann. 364).

14. « Universi panem gradilem de gradibus adipiscantur : neque cuiquam hæc aut deferatur gratia, aut imponatur injuria, ut de pistrino accipiat, non clam a pistoribus ministrari » (*Cod. Theod.*, XIV, XVII, *de ann. civicis*, 3-4 (ann. 368) ; *Cod. Just.*, XI, XXIV, *de ann. civil.*).

15. *Cod. Theod.*, XIV, XVII, *de ann. civic.*, 5 (ann. 369).

prix le pain que l'administration fait confectionner avec le blé déposé dans les magasins d'Ostie [16].

Sous Septime Sévère, les distributions comprennent 75.000 *modii* de froment par jour [17], après la prise de Rome par Alaric, il n'est question que de 14.000 *modii*, tellement la Cité a souffert des invasions et est déchue d'une splendeur qu'elle ne doit plus retrouver [18].

Les *annones* d'huile et de viande de porc ne disparaissent pas; ces dernières ont lieu cinq mois de l'année; une loi d'Honorius fixe les parts journalières au chiffre de 4.000 [19]. Constantin, à l'imitation de quelques-uns de ses prédécesseurs, y ajoute du vin [20]. On détermine chaque année, les quantités de denrées nécessaires pour tous ces services publics et il est interdit aux contribuables de demander des remises ou atténuations [21]; Honorius et Arcadius ne plaisantent pas sous ce rapport: « Nous ne souffrirons point, écrivent-ils à Messale, préfet du Prétoire, que personne nous demande remise de la contribution en nature destinée à la ville de Rome, « canone urbis Romæ », et que les rescrits obtenus précédemment à ce sujet puissent être reconnus comme valables. Ceux qui contreviendront à cet ordre seront taxés au double. Quant aux vicaires et autres magistrats convaincus d'usurpation à l'égard de ces approvisionnements, « usurpatione urbicarii canonis », qu'ils soient condamnés à la déportation et que le dernier supplice devienne la peine légitime des chefs des fonctionnaires, « primates officiorum capitali supplicio subjugari, perpetua autoritate sancimus » (*Cod. Just.*, XI, XXII, ann. 399).

16. *Cod. Theod.*, XIV, XIX, *de pretio panis ostiensis*. Voir, à ce sujet, la note 68 (p. 508-509) du tome III de l'ouvrage si souvent cité de H. Wallon, *Hist. de l'esclavage*.

17. Duruy, *Hist. des Romains*, *op. cit.*, t. V, p. 259, note 4.

18. *Cod. Theod.*, XIII, V, *de navicularriis*, 38; Gothof., *Comm.*, t. V, p. 102-103.

19. *Cod. Theod.*, XIV, IV, *de suariis*, 10 (ann. 419). Pour les distributions alimentaires au temps de Valentinien III, consulter H. Wallon, *Hist. de l'esclavage*, t. III, p. 509-510; le savant auteur rectifie certains chiffres erronés de Godefroy et de Naudet.

20. *Cod. Theod.*, XI, I, *de annona et tribut.*,

21. Toutes les provinces sont soumises à l'*annone*: l'Afrique fournit plus particulièrement le blé destiné à la ville de Rome; la Campanie et la Lucanie sont tributaires pour la viande de porc.

Des distributions analogues ont lieu à Constantinople [22] que Constantin veut faire l'égale de Rome [23]; elles présentent ce caractère particulier de n'être pas consacrées exclusivement aux nécessiteux. Dans sa hâte de voir achever la cité nouvelle, il assigne des portions frumentaires aux *immeubles*; attachées à la maison et vendues avec elle, « ædes sequantur annonæ [24]. »

Quant aux autres *annones*, elles doivent être délivrées moins à cause des dignités dont on est revêtu qu'en considération des mérites personnels. « Annones publicas non tam titulis dignitatum quam singulorum virorum meritis, attributas divi Constantini liberalitate satis claruit » (*Cod. Just.*, XI, XXIV [25]).

Les auteurs ne sont point d'accord sur l'étendue de ces allocations, qui se complètent par des ventes de pain à prix réduit [26].

Le froment ne doit pas être livré en nature, mais sous forme de pain cuit, « annona in pane cocto [27]. » Des mesures spéciales sont prises pour éviter les fraudes, réprimées d'ailleurs d'une façon absolument exagérée, car si l'intendant, l'esclave, d'un sénateur, se présente sans droit, il est soumis à la torture. Le

22. On n'y distribue point de viande de porc; il faut aussi noter les allocations attribuées :

A Alexandrie (*Cod. Theod.*. XVI, XXVI; *Cod. Just.*, XI, XXVII, *de frum. Alex.*);
A Carthage (*Cod. Theod.*, XIV, XXV, *de frum. Carthag.*) (ann. 315);
A Athènes (Julien, *1er panég. de Constance*, § 8) : « Constantin, empereur et souverain de l'univers, se fit un honneur d'être appelé le stratège d'Athènes.... Aussi voulant témoigner sa gratitude à cette ville il lui assura plusieurs myriades de *médimnes* de froment; ce qui valût à la cité une pleine abondance... »

23. Théodose entend également que Constantinople jouisse des privilèges concédés aux pays d'Italie et, de plus, des prérogatives accordées à Rome (*Cod. Just.* XI, XX, *de priv. Urb. Const.*, ann. 421).

24. *Cod. Theod.*, XIV, XVI, *de frum. Urb. Const.*, ; XVII, *de ann. civicis.*, 1-2, 13 (ann. 364-396). « Théodose et ses fils maintinrent le double principe de la nécessité d'avoir une maison pour obtenir une part des contributions gratuites, et de l'indivisibilité du bénéfice et de la maison; en sorte que pour recevoir les dons de la munificence publique, on devait être en état de s'en passer, et que le gouvernement refusait la subsistance gratuite à quiconque était trop pauvre pour posséder une maison. *L'institution de Constantin fut supprimée par un édit d'Héraclius en l'année 616* (Naudet, *Des secours pub. chez les Romains*, seconde partie, § 1er, p. 50; *Mém. de l'Inst. Acad. des Inscrip. et Belles-Lettres*, t. XIII).

25. Au *Cod. Théodosien* (XIV, XVII, *de ann. civicis.*, 7, ann. 372), on trouve mentionnées trois catégories d'annones : *populares; militares; palatinas*. Lire à ce sujet, les savantes dissertations de Godefroy, t. V, p. 276-277.

26. Duruy, *Hist. des Romains*, *op. cit.*, t. VII, p. 204, note 5; *Cod. Theod.*. XIV, XVI, *de frum. Urb. Const.*, 1-2 (ann. 409-416); *Cod. Just.*, XI, XXIII, *de frum. Urb. Const.*, 2 (ann. 434); XXIV, *de ann. civilibus*, 2 (ann. 392).

27. *Cod. Just.*, XI, XXIII, 1 : « Sed integer canon mancipibus consignetur, annona in pane cocto domibus exibenda... »

fait s'est-il passé à l'insu du maître, le fraudeur est placé au service du boulanger qu'il a trompé, « ipse sub vinculis pistrino quod fraudabat, inserviat ». Dans le cas où le maître est complice, sa maison est adjugée au fisc ; s'agit-il d'un indigent, il devient de force boulanger de l'État, « cogetur exibere operariam servitutem ». Quant aux scribes complices : la mort ! « In scribas quos constituerit vetitum perpetrasse vindex legum gladius exeratur [28]. »

Les titulaires d'une part sont à Rome et à Constantinople remplacés, en cas de mort ou de déplacement, par des familles de même condition [29].

C'est surtout l'Égypte qui est chargée de fournir aux besoins de la cité établie sur les rives du Bosphore [30].

Ainsi qu'on vient de le voir, les Empereurs, qu'entraîne la force des circonstances, ne répudient point « ces distributions de pain qui entretiennent à la fois l'oisiveté et la soumission des masses et les attachent au despotisme en les rendant incapables de toute activité libre » (A. de Broglie, *L'Église et l'Emp. romain*, *op. cit.*, 1re part., t. II, chap. VI, p. 180).

§ 2. — *Les médecins publics dans les provinces et les deux capitales.*

Sous les successeurs immédiats de Dioclétien, on compte des médecins esclaves, « medici domestici », soignant leurs maîtres ; des praticiens libres s'occupant de la clientèle de la ville et, disciples d'écoles rivales, se mettant difficilement d'accord sur

28. *Cod. Theod.*, XIV, XVII, *de ann. civicis*, 6 (ann. 370). — Naudet ajoute (*Des secours*, *op. cit.*, 2e partie, § 1er, p. 66) : « Voilà des châtiments bien terribles pour quelques morceaux de pain. En général, c'est une chose frappante que de voir combien, même dans toutes ces dispositions qui ont pour objet une pratique de bienfaisance, la législation des Césars est prodigue de menaces, de terreur, de confiscations et de supplices. »

29. *Cod. Theod.*, XIV, XVII, *de ann. civicis*, 7 (ann. 372).

30. La Thrace est exemptée de tout tribut par Anastase, en raison des incursions des barbares (*Cod. Just.*, X, XXVII, *ut nemini liceat*, 2), des mesures sont prises contre ceux qui s'opposent à la distribution des annones civiles (*Aut. coll.*, VI, XVII, nov. LXXXVIII, cap. 2).

la marche à suivre pour guérir les malades [31] ; enfin, des archiâtres municipaux, établis dans les cités, payés pour soigner les *citoyens* pauvres ; ces derniers restent soumis aux règles établies depuis deux siècles, notamment par Antonin le Pieux [32].

Les citadins oisifs choisissent encore les officines comme lieu de rendez-vous et de causerie [33]. Les charlatans, les empiriques, ceux qui jugent des maladies d'après le cours des astres et consultent les grimoires de la magie, restent légion.

Esculape a ses temples, toujours florissants, on y vient chercher la santé en interprétant les songes envoyés, par le dieu, durant la nuit, aux suppliants couchés sous les portiques. Julien ne fait que traduire les sentiments vivaces chez les païens lorsqu'il s'écrie : « Esculape guérit nos corps, les Muses avec Esculape, Apollon et Mercure, dieu de l'éloquence, instruisent nos âmes [34]. »

Les Empereurs chrétiens commencent par sévir sérieusement contre cette tourbe d'astrologues, de nécromans, *de mathématiciens.* « On doit, dit Constantin, infliger les peines les plus sévères à ceux qui, au moyen d'arts magiques, détruisent la santé des

31. On peut citer, à ce sujet, une curieuse lettre de Sidoine Apollinaire, elle appartient, il est vrai, au ve siècle, mais les querelles des médecins ne sont-elles pas de tous les temps ? Sidoine partant pour la campagne écrit à Agricola : « Nous fuyons aussi les conseils des médecins, aux longues consultations, aux opinions contradictoires et qui, peu habiles, quoique assez empressés, *tuent de la manière la plus obligeante un grand nombre de malades...* » « Simul que medicorum consilia vitamus, assidentum, dissidentum que, parum docti et satis seduli, languidos, multos officiosissime occidunt » (Lib. II. *Epist.*, XII, *op. cit.*, t. Ier, p. 181-182).
Saint Augustin (*Civ. Dei*, XXII, VIII, § 3 ; Migne, XLI, p. 761-763) nous fait assister aux controverses des principaux praticiens de Carthage et du *médecin-esclave* d'un ancien avocat de la Préfecture ; en définitive, c'est le diagnostic porté par le *medicus-domesticus* qui est le bon.

32. *Histoire de la Charité*, t. Ier, chap. VII, § 3, p. 154.

33. S. Hieron., *Epist.*, I, *ad Domnion*, § 5 : « Il n'est pas difficile de parler sans cesse sur les places publiques et dans les officines, « non est grande, mi Domnion, garrire per angulos et *medicorum tabernas* » (Migne, XXII, p. 515).

34. *Contre les chrétiens*, extr. du liv. VII de saint Cyrille d'Alexandrie (Migne, LXXVI, p. 859). — Sous ce même Julien, « un rhéteur célèbre, Acacius, prononça un jour un sermon sur Esculape dans un temple qui avait été pillé par les chrétiens et qu'on venait de rouvrir. Votre discours, lui écrivait Libanius, son ami (*Epist.*, 607), est d'un bout à l'autre comme le miel des muses, brillant par son élégance. Tantôt, en effet, vous prouvez la puissance du Dieu par les inscriptions que des convalescents lui ont consacrées, tantôt vous décrivez tragiquement les guerres des *athées* contre le temple, la ruine, l'incendie, les autels insultés, les suppliants punis et n'osant plus demander la guérison de leurs maux » (Boissier, *Fin du paganisme*, in-12, 1898, liv. I, chap. III, p. 117-118).

hommes. » Le même souverain se montre néanmoins miséricordieux envers ceux qui se bornent à rechercher des remèdes contre la maladie, pour préserver des pluies les raisins en pleine maturité, ou empêcher qu'ils ne soient égrenés par les vents et la grêle : « Nullis vero criminationibus implicanda sunt, remedia humanis quæsita corporibus, aut in agrestibus locis innocenter adhibita suffragia, ne maturis vindemiis metuerentur imbres, aut ventu grandinis que lapidatione quaterentur[35]. »

Honorius et Théodose ordonnent que les mathématiciens soient chassés de Rome et de toutes les autres villes, à moins qu'ils ne renoncent à leurs erreurs et brûlent, en présence de l'évêque, les livres dont ils se servent[36].

Une constitution de Léon II (LXV *de incantorum pœna*), complétant la réforme timide de Constantin, prononce la peine de mort contre quiconque ose recourir à des maléfices, alors même qu'il s'agirait d'espérer rétablir la santé ou protéger les récoltes contre les intempéries de la saison : « Sane vero si quis aliquo modo incantamentis usus esse deprehensus fuerit, sive id restituendæ conservandæ que valetudinis, sive avertendæ a rebus frugiferis calamitatis causa fecerit, is apostatarum pœnam subiens supremum supplicium sustineto[37]. »

Constance fait détruire nombre de temples, centres de débauche, et d'exploitation de la crédulité populaire ; en particulier celui d'Esculape, en Cilicie[38].

Par contre, les empereurs confirment les privilèges dont

35. *Cod. Just.*, IX, XVIII, *de maleficis et mathematicis*, 4 (ann. 321), 5-6 (ann. 357), 7 (ann. 358); Valentinien et Théodose, 8 (ann. 365) ; 9 (ann. 389). Boissier fait, à ce propos, la remarque suivante : « Constantin, après sa conversion, n'est jamais redevenu païen, on peut l'affirmer ; mais, converti ou non, il est toujours resté superstitieux » (*Fin du paganisme*, *op. cit.*, t. Ier, liv. 1er, chap. Ier, p. 29).

36. *Cod. Just.*, I, IV, *de Epist. audient.*, 10 (ann. 409), « *Mathematici*, terme employé dans le langage courant, d'où il est passé dans les textes juridiques, pour désigner les *astrologues*, considérés comme mathématiciens par excellence » (*Dict. ant. grecq. et rom.*, fascicule XXXII, p. 1633). Valens, au dire d'Ammien Marcellin (XXIX, II), fit périr, comme magicienne, une vieille femme inoffensive, « anum quamdam simplicem », qui prétendait avoir le secret de charmer, par le chant, les fièvres intermittentes, et que lui-même avait fait venir, à ce titre, pour donner des soins à sa fille.

37. « Quant à nous, écrit l'empereur, nous sommes persuadés que de semblables enchantements sont pernicieux... Nous savons, en effet, que ceux qui les opèrent invoquent, au lieu du Seigneur et Créateur, des démons malfaisants et cruels. »

38. Eusèbe, *Vie de Constantin*, III, LVII (Migne, XX, p. 1123-1124).

jouissent les médecins et surtout les *archiâtres municipaux* : exemption de tutelle, de fonctions publiques onéreuses[39] ; garanties spéciales devant les tribunaux ; protection contre les injures, etc. Ces exemptions s'étendent aux femmes et aux enfants de ces praticiens[40].

Les médecins admis aux Palais impériaux en qualité d'*archiâtres*, ceux élevés à des dignités égales ou supérieures à celles de comte, ne peuvent être inquiétés par les magistrats, ou décurions, après la cessation de leurs fonctions, du moment que leur retraite a un motif honorable[41].

Ces privilèges accordés aux archiâtres et à nombre d'autres personnes exerçant des professions libérales, ou même certains métiers, ont pour but de leur faciliter les moyens d'employer leurs loisirs : ils doivent se perfectionner dans leurs études, acquérir de nouveaux talents et former des élèves, notamment leurs fils[42].

Valentinien et Valens recommandent à ces médecins, puisqu'ils reçoivent des subventions de la commune, « scientes annonaria sibi commoda a populi commodis ministrari », de ne point refuser leurs soins aux pauvres, se bornant à soigner les riches, « honeste obsequi tenuioribus malint, quam turpiter, servire divitibus. » Il leur est permis d'accepter ce que leur offrent comme honoraires les malades une fois guéris, mais non ce que peuvent promettre, pour prix de leur salut, des patients en danger. « Quos etiam ea patimur accipire, quæ *sani* offerunt pro obsequiis ; non ea, quæ periclitantes pro salute promittunt. »

Ce qui prouve que les archiâtres publics continuent, en

39. « Fungi eos honoribus volentes permittimus ; invitos non cogimus » (*Cod. Theod.*, XIII, III, *de medicis et prof.*, 1, ann. 321).

40. « Medicos... immunes esse cum rebus quas in civitatibus suis possident, præcipimus. — Archiatri omnes.... a præstationibus quoque publicis, liberi, immunes que permaneant. Hujus autem indulgentiam sanctionis, ad filios quoque eorum statuimus pervenire. Uxores etiam et filios eorum ab omni fonctione et ab omnibus muneribus publicis, vacare præcipimus » (*Cod. Theod.*, XIII, III, *de med. et præf.*, 1, 2, 3, ann. 321-326-333.) Sur le point de savoir si tous ces privilèges s'appliquent aux médecins en général ou seulement aux *archiâtres municipaux*, consulter la thèse de Jules Jacquey, *Étude hist. et jurid. sur la condition des médecins et archiâtres dans le droit romain*, in-8, Paris, 1878.

41. *Cod. Just.*, X, LII, *de medicis*, 1 à 11 ; *Cod. Theod.*, VI, XVI, *de comit. et archiat. S. Palati* ; *Cod. Just.*, XII, XIII.

42. *Cod. Just.*, X, LXIV, *de excus. artif.*, 1, 2 (ann. 337-344).

dehors de leur service, à avoir, comme autrefois en Grèce, une clientèle privée [43].

Ces mêmes souverains dotent, en 368, Rome et Constantinople de médecins publics.

Rome en compte un par région, soit quatorze ; une fois installés, ils concourent à l'élection de ceux appelés à remplir les places vacantes. Il faut sept d'entre eux, au moins, pour former le jury d'examen. Leur choix doit être loyal, prudent ; exempt de toute influence extérieure, « non patrocinio Præpotentium, non gratia Judicantis. » L'archiâtre élu prend place à la suite de ses confrères [44]. Contrairement à l'usage adopté en ce qui concerne les médecins publics des provinces, ceux des deux capitales, « utraque Roma », ne reçoivent point de subventions égales. Ces salaires payés en nature (*annonæ*) sont distribués par les soins du préfet.

Symmaque mentionne dans ses lettres un cas particulier où l'Empereur, malgré ces prescriptions formelles, désigne un médecin, qu'il protège, pour occuper immédiatement le rang de celui auquel il succède [45].

Du IVe au VIIe siècle on trouve de nombreux praticiens parmi les fidèles ; ils perpétuent les traditions de leurs devanciers. Césaire, frère de Grégoire de Naziance, est appelé à la cour par Constance qui connaît son grand talent. Julien lui conserve quelque temps les mêmes fonctions, jusqu'au jour où ce méde-

43. *Cod. Theod.*, XIII, III, 8 ; *Cod. Just.*, X, LII. Au sujet de l'explication de ce terme *sani*, consulter un article du Dr H. Dechambre, *Gaz. hebd. de méd. et de chirurg.*, 2e série, t. XVI, n° 40, 3 octobre 1879. Dès le temps d'Ammien Marcellin, on redoute les *microbes*, et il se moque des précautions prises à ce sujet : « Rome, dit-il (XIV, VI), est le centre d'action de l'univers entier. Il est donc naturel que les maladies y sévissent plus qu'ailleurs, et que souvent toutes les ressources de l'art médical deviennent impuissantes, même pour les pallier. Or, voici le préservatif que l'on a imaginé : quant on a quelque ami atteint d'une affection grave, on s'épargne le spectacle de ses souffrances. Autre précaution qui ne laisse pas d'être efficace. Des esclaves sont-ils dépêchés pour s'enquérir de l'état du patient, ils ne peuvent rentrer chez leurs maîtres sans avoir fait aux bains une ablution complète. » « Non ante recipiant domum, quam lavacro purgaverint corpus. »

44. *Cod. Theod.*, XIII, III, *de med. et prof.*, 8 et 9 (ann. 368-370).

45. « A l'opposition soulevée par cette faveur, on répondit par le texte législatif qui ne permet pas de discuter une décision du souverain. » (Jacquey, *op. cit.*, 2e partie, chap. Ier, § 3, p. 102.)

cin, honoré de tous, se retire en Cappadoce plutôt que de céder aux sollicitations du prince, désireux de le faire apostasier.

L'article *medicus* inséré aux fascicules XXXII et XXXIII du *Dictionnaire des antiquités grecques et romaines*, se termine (p. 1700) par les appréciations suivantes :

« On n'exige pas seulement du médecin ce que nous appelons la correction professionnelle, mais le désintéressement, la bonté, la *charité*. Le rescrit impérial de 368 se fait simplement l'écho de la sagesse hellénique lorsqu'il prescrit aux médecins publics de mieux aimer soigner les pauvres que de servir bassement les riches, « obsequi tenuioribus quam turpiter servire divitibus. » *Il ne semble pas que le christianisme ait rien ajouté à la déontologie médicale du paganisme.* »

Ces conclusions nous paraissent renfermer une double erreur. Le serment d'Hippocrate ne s'élève point au-dessus de l'idée de justice, degré auquel s'arrête la philosophie païenne la plus pure. Le Dr Briau observe, à propos de ce serment, la lacune grave qu'il renferme. La *charité* en est exclue, ou plutôt elle est inconnue à cette époque. « Il n'est pas fait mention des pauvres, dit-il (*Ass. méd. chez les Rom.*, *op. cit.*, p. 83), on est confondu d'étonnement et de tristesse en constatant une omission aussi pénible dans un document authentique qu'on a le droit de considérer comme le Code moral de la profession médicale dans l'antiquité. »

Ce n'est nullement, en effet, à l'*hellénisme* que Valens et Valentinien empruntent leurs recommandations. Le praticien païen de la Grèce ou de Rome peut se montrer juste, dévoué, attentif en soignant ses concitoyens. Le praticien, disciple du Christ, doit aimer ses frères sans distinction de nationalité ; devenir le père des malheureux ; consacrer ses talents à leur service ; les aimer ; s'immoler pour eux.

C'est ce point capital, on ne saurait l'oublier, que la Religion nouvelle ajoute au chapitre des devoirs des médecins de tous les âges.

CHAPITRE IV

LA PRÉDICATION DE LA CHARITÉ ET LES AVANTAGES ACCORDÉS A L'ÉGLISE POUR FAIRE LE BIEN

Les grands évêques dont la parole remplit les IVe et Ve siècles professent à l'égard des obligations du riche envers le pauvre les mêmes sentiments que leurs prédécesseurs; cette remarque n'a rien qui puisse surprendre, car tous puisent leurs inspirations dans l'Evangile.

Chacun d'eux apparaît, néanmoins, avec son caractère propre. La hardiesse des peintures, la richesse du coloris dominent chez Basile et Jean Chrysostome, ces orientaux à l'imagination brillante ; alors qu'en Occident Ambroise et Augustin exposent des principes identiques avec un langage plus grave et une émotion plus contenue.

Le débordement universel du paupérisme, les scandales de la cour de Byzance, la permanence d'un luxe effréné au sein de familles chrétiennes, au moins de nom, expliquent d'ailleurs ce que l'on peut trouver parfois d'excessif dans la prédication du saint qui, sous Arcadius, occupe avec tant d'éclat le siège de Constantinople en méritant le surnom de *bouche d'or*.

Mais il ne suffit pas, pour assurer le soulagement des nécessiteux, de ressources fournies au jour le jour par les fidèles ; l'Eglise a besoin de fondations, de propriétés ; réserve sainte, destinée à pourvoir d'une manière régulière au service des infortunés qu'elle assiste. Sous ce rapport, l'intervention des Empereurs devient indispensable, et les privilèges qu'ils concèdent permettent d'étendre et de régulariser les secours.

§ Ier. — *La prédication de la charité.*

Il ne faut pas, disent les orateurs sacrés, trafiquer de la misère du peuple ; tyranniser les pauvres, accroître leur indigence par les usures ; tirer un gain illicite de l'argent prêté en vue de satisfaire aux plus pressantes détresses. On ne saurait alléguer comme excuse que les emprunteurs se réjouissent de ces prêts, car la dureté seule de ceux qui possèdent amène les nécessiteux à recourir à de pareils expédients.

L'usure est à la fois préjudiciable au pauvre dont elle accroît la misère, et au riche dont elle nourrit l'avarice [1].

Si, vous, puissants de la terre, s'écrie Jean Chrysostome, vous accaparez le blé ; si vous le faites renchérir ; si vous imaginez d'autres moyens odieux de trafic, quel espoir de salut vous reste-t-il [2] ?

Saint Basile nous peint les grands possesseurs du sol, avides, exigeant plus qu'on ne leur doit, entourés au dernier jour de tous ces opprimés qui se dressent devant eux pour leur reprocher leurs injustices [3].

Que sont, en effet, les riches selon les intentions du Créateur ? LES GRENIERS DES PAUVRES ; les ministres de Dieu ; les intendants placés par le Maître commun pour prendre soin de leurs compagnons de servitude. Dispensateurs de biens qui semblent leur appartenir, ils ne peuvent impunément les employer à d'autres usages. « Vous donnez, dit saint Jean Chrysostome aux élégantes de son temps, mille talents pour être vêtues d'or, et les membres du Christ n'ont pas de pain [4]. »

1. S. Jean Chrys., *Comm. sur saint Mathieu*, hom. LVI (Migne, LVIII, p. 555-558) ; *Comm. sur la IIe épître aux Corinth.*, hom. XVII, § 3 (Migne, LXI, p. 522) ; S. Hieron., *Comm. in Ezech.*, VI, cap. XVIII (Migne, XXII, p. 176-177).

2. Dans son homélie XXXIX, § 7, sur la Ire épît. aux Corinth., saint Jean Chrysostome marque au fer rouge ce type d'accapareur, qui, escomptant la famine, amasse des monceaux de grains et, à la cessation imprévue du fléau, se lamente sur le bénéfice qu'il n'a pu réaliser (Migne, LXI, p. 343).

3. S. Basile, *Hom. sur les riches*, § 6 (Migne, XXXI, p. 295) ; S. Jean Chrys., *Com. sur saint Mathieu*, hom. LXI, § 3 (Migne, LVIII, p. 591-592) ; S. August., *Epist.*, CCXLII (Migne, XXXIII, p. 1062).

4. S. August., *Serm.*, CCCLXXI, cap. IV (Migne, XXXIX, p. 1671) ; S. Basile, homélie sur ce texte de saint Luc : *Destruam horrea mea*, § 7 (Migne, XXXI, p.

L'homme jouissant des dons de la fortune, sans en user généreusement, trouve des accusateurs dans tous ceux auxquels il refuse le nécessaire. Par son inhumanité, une créature faite à l'image divine souffre, devient méconnaissable, tandis que la tête des mules conduisant la femme de ce riche propriétaire est chargée d'ornements étincelants ; aussi bien que les cuirs et les poutres formant la charpente de son toit. Ses lits eux-mêmes resplendissent de l'éclat de l'argent [5].

Ne pas faire l'aumône avec ses biens, tandis qu'on le peut, n'hésitent pas à dire les Pères, C'EST COMMETTRE UN VOL.

Les richesses appartiennent au souverain Maître. Un receveur public, au lieu de s'occuper de distribuer l'argent comme il en a reçu l'ordre, le fait-il servir à ses propres jouissances, on le livre au supplice. L'homme fortuné, lui aussi, est comptable de trésors qui doivent être distribués aux pauvres ; il a la charge de les répartir entre les indigents qui comme lui sont les serviteurs du Maître. Son patrimoine n'est pas à lui seul, il appartient également à ses frères [6].

Et d'ailleurs celui qui manque de tout donne au riche des leçons de vertu et d'humanité. Ces infirmes, ces vieillards debout à la porte des églises ont de l'analogie avec les vases pleins d'eau dans lesquels les fidèles purifient leurs mains ; cette eau enlève les impuretés du corps ; l'aumône efface les souillures spirituelles [7].

En vous racontant la parabole des vierges sages et des vierges folles, l'Écriture sainte n'entend pas parler d'huile et de feu,

275) : s. Jean Chrysostome, *Comm. sur saint Mathieu*, hom. LXXXIX, § 4 (Migne, LVIII, p. 707, 786 et 787).

5. « Je passe sous silence, ajoute l'orateur, des meubles plus vils encore. Si cela vous fait frissonner, abstenez-vous d'agir ainsi, et mes paroles ne tomberont pas sur vous ; renoncez à cette folie, car il y a dans cette passion une folie évidente (*Comm. sur l'épître aux Rom.*, hom. XI, § 6 ; *IIe hom. sur Lazare*, § 4 ; *Comm. sur saint Jean*, hom. XXVII, § 3 ; Migne, LX, p. 492 ; XLVIII, p. 987-988 ; LIX, p. 161-162).

6. « Si Dieu vous a destiné à posséder de grands biens, ce n'est pas pour que vous les consumiez dans la débauche, l'ivrognerie, la bonne chère, la somptuosité des vêtements, la mollesse, c'est pour que vous en fassiez la distribution aux pauvres (S. Jean Chrysost., *IIe hom. sur Lazare*, § 4 (Migne, LVIII, p. 987-988) ; *Comm. sur saint Mathieu*, hom. LXXVII, § 4 (Migne, LVIII, p. 708).

7. S. Jean Chrysost., *IIIe hom. sur la pénitence*, § 2 ; IIIe hom. sur ce texte : *parce que nous avons un même esprit de foi* (Migne, XLIX, p. 293 ; LI, p. 300-301).

mais de la virginité et de la bonté. Le feu est le symbole de la virginité, l'huile celui de l'aumône. Ce passage signifie que la virginité doit être accompagnée de charité, sans quoi le salut des vierges est incertain. Or, qui vend cette huile? qui; sinon les pauvres. Ils donnent plutôt qu'ils ne reçoivent.

L'aumône, continue saint Jean Chrysostome, est un gain et non une perte ; un prêt avantageux, non une dépense ; le chrétien reçoit plus qu'il ne donne ; il distribue du pain et obtient en échange la vie éternelle ; un simple habit se trouve transformé en un vêtement d'immortalité [8].

L'aumône, en effet, efface les péchés ; elle se tient à côté du miséricordieux comparaissant au tribunal du Juge suprême et plaide sa cause ; elle fait retentir mille et mille voix qui le bénissent. « Tout péché est au-dessous de l'aumône, remède souverain pour toute blessures. [9] »

A condition, bien entendu, que le but de celui qui donne est légitime. Arrière l'homme désireux, en nourrissant les pauvres, d'acquérir une sorte d'impunité, lui permettant de continuer à faire le mal; il augmente ses fautes loin de les diminuer [10].

La récompense des actes charitables est assurée ; Dieu lui-même engage sa parole et devient caution de l'emprunteur sans ressources [11].

De quelle manière doit-on faire l'aumône ? Avec joie; non point en vue d'échapper à l'importunité de l'indigent. Le laboureur en jetant la semence, loin de craindre une perte, voit au contraire, dans cet acte, le gage d'une abondante récolte. Et, néan-

8. S. Jean Chrys., *Contre les Amonéens*, hom. VIII, § 2 (Migne, XLVIII, p. 770); S. Hieron., *Epist.*, CXXX, *ad Demetriadem, de serv. virginitate*, § 14 : « Laudent te esurientium viscera non ructantium opulenta convivia » (Migne, XXII, p. 1118); S. Ambr., *de Nabuthe Jezraelita*, XII (Migne, XIV, 746-747) ; S. August., *in Psalm.*, XLVIII, *Serm.*, I, § 10; *in Psalm.*, CXXV, § 11 (Migne, XXXVI, p. 550 ; XXXVII, p. 1664).

9. S. Jean Chrys., *Hom. sur la pénitence*, § 3 (Migne, XLIX, p. 295-296) ; *Comm. sur les Actes des apôtres*, hom. XXII, § 3 ; XXV, § 3 (Migne, LX, p. 175-196).

10. S. August., *de Scrip. serm.*, XXXIX, § 4 « Nam si ideo das, ut liceat tibi semper impune peccare, non Christum pascis, sed judicem corrumpere conaris » (Migne, XXXVIII, p. 244).

11 « Dieu voyait le pauvre mis en danger par sa misère et le riche par son inhumanité, c'est pourquoi il se place entre les deux » (S. Jean Chrys., *VIIe hom. sur la pénitence*, § 7 ; hom. sur ce texte : *il faut qu'il y ait des hérésies*, § 5 ; Migne, XLIX, p. 335 ; LI, p. 260).

moins, son gage à lui est précaire, tandis que la personne charitable confie son argent à Jésus-Christ [12].

Il faut aussi, en donnant, éviter : d'une part, une prodigalité irréfléchie, de nature à susciter des plaintes légitimes au sein de la famille [13] ; de l'autre, toute matière à scandale [14].

Les Pères recommandent également de fuir, dans l'exercice de la charité, le vain orgueil et la recherche de l'approbation louangeuse des hommes [15].

L'aumône par excellence comprend le don de soi-même ; il convient d'avoir l'humilité qui aime à servir les pauvres ; compris de la sorte, ce commandement divin est à la portée de tous [16].

« Je suis pauvre, dites-vous, c'est d'après la pureté d'intention et non d'après les biens alloués que se mesure l'aumône. Donnez selon votre pouvoir ; donnez du pain ; si vous n'avez pas de pain, donnez une obole ; si vous n'avez pas une obole, donnez un verre d'eau seulement [17]. Si vous n'avez même pas cela, compatissez aux misères d'autrui et vous gagnerez la récompense [18]. » La bonne volonté suffit [19] ; « car il est certain que Jésus-Christ

12. S. Jean Chrys., *Hom. sur l'aumône*, § 1er (Migne, LI, p. 261) ; hom. sur ce texte : *il faut qu'il y ait des hérésies*, § 3 (Migne, LI, p. 256). « Si vous donnez du pain avec tristesse, vous perdrez et votre pain, et le mérite de votre action » (S. August., *In psalm.*, XLII, § 8 ; Migne, XXXVI, p. 482) ; S. Ambr., *de officiis ministrorum*, I, cap. XXX (Migne, XVI, p. 65 et seqq.).

13. S. August., *Epist.*, CCLXII (*Domin., religios. Ecdic.* ; Migne, XXXIII, p. 1079).

14. S. Jean Chrys., *Traité des cohabitations illicites*, § 7 : « Montrez-donc que vous agissez pour Dieu, secourez les femmes âgées, infirmes. Si vous ne voulez pas même les voir en imagination, si vous continuez à vous occuper de celles qui sont jeunes et belles, expliquant cette recherche honteuse par une excuse que l'on ne saurait accepter, mettant en avant le prétexte spécieux de la protection de ces vierges, vous pourrez bien tromper les hommes, mais il n'en sera pas de même de Dieu, ce juge que les présents ne peuvent corrompre » (Migne, XLVII, p. 504-505.)

15. S. August., *De serm. domini in monte*, lib. duo, lib. secundus, § 8 ; *Serm. de decem chordis*, cap. XII, 19 (Migne, XXXIV, p. 1273 ; XXXVIII, p. 89).

16. S. August., *Serm.*, CCLIX, § 5 (Migne, XXXVIII, p. 1200-1201).

17. « Le Seigneur a dit : un verre d'eau froide, pour que personne ne puisse prétexter n'avoir pas de bois pour chauffer l'eau » (S. August., *in Psalm.*, CXXV, § 12 ; Migne, XXXVII, p. 1665).

18. S. Jean Chrys., *Contre les Anoméens*, hom. VIII, § 2 ; *IIIe hom. sur l'aumône*, § 3 (Migne, XLVIII, p. 770 ; XLIX, p. 295-296) ; *Comm. sur l'Epît. de saint Paul aux Hébreux*, hom. I ; hom. XXXII (Migne, LXIII, p. 19-20 et p. 423).

19. « Même à celui qui n'a rien, la bonne volonté est comptée tout entière. Et les mendiants ne se donnent-ils pas mutuellement ?... Dieu ne les a pas privés d'un moyen propre à attester qu'ils font l'aumône. En voilà un qui ne peut marcher, celui

nous tient compte de tout quand il voit notre sincère désir de lui plaire[20]. »

Il est prescrit aussi de relever le pauvre par un doux regard, une parole sympathique avant de lui faire l'aumône[21] ; souvent un mot de bonté touche plus l'indigent que le bienfait lui-même[22].

Quelle harmonie complète existe dans toutes ces prescriptions entre les orateurs sacrés du ve siècle et les Pères de l'âge des persécutions ! C'est un égal amour de l'humanité souffrante qui les inspire.

Maintenant à qui faut-il donner ? Les réponses semblent ici contradictoires au premier abord ; cette contradiction n'est toutefois qu'apparente, parce que les passages cités ne s'appliquent nullement à des situations semblables.

Saint Jean Crysostome vit au milieu de populations accablées par des désastres sans nombre : tremblements de terre formidables ; invasions des Goths. Un jour, à Antioche, se rendant à l'église par une saison rigoureuse, il laisse de côté le sermon préparé et prononce son admirable homélie sur l'*aumône*[23].

« Je viens, dit-il, remplir une ambassade aussi convenable à mon ministère que digne de votre attention. Ce sont les pauvres de cette ville qui m'envoient vers vous ; le spectacle de leur misère parle à mon cœur. En traversant la place et les carrefours, empressé, selon ma coutume, de venir vous rompre le pain de la parole, j'ai vu une multitude d'infortunés étendus sur

qui marche prête ses pieds au boiteux ; celui qui voit prête ses yeux à l'aveugle ; celui qui est jeune et bien portant prête ses forces au malade, ou au vieillard, et le porte... » (S. August., *In Psalm.*, CXXV, § 12 ; Migne, XXXVII, p. 1665).

20. S. Hieron., *Epist.*, CXLV, *ad Exuperantium* (Migne, XXII, p. 1192). « Que le jeûne, dit saint Augustin, profite aux malheureux, « ita jejuna ut alio manducante prandisse te gaudeas, propter orationes, ut exaudiaris. » *In Psalm.*, XLII, § 8 (Migne, XXXVI, p. 482). Il est facile également : aux ouvriers de prélever chaque jour une petite portion de leur salaire en faveur des pauvres ; aux marchands de mettre de côté les prémices de l'objet vendu (S. Jean Crys., *Comm. sur la Ire épit. aux Corinth.*, hom. XLIII, § 4 (Migne, LXI, p. 372-373) ; S. August., *in Psalm.*, CXLVI, § 17 (Migne, XXXVII, p. 1911).

21. S. Jean Chrys., *Traité du sacerdoce*, liv. III, § 16 ; *Hom. sur les veuves*, § 14 et 15 (Migne, XLVIII, p. 654-656 ; LI, p. 334-335).

22. « Puisque nous le savons, ne soyons pas désagréables à ceux qui nous approchent ; si nous pouvons adoucir leur misère, faisons-le de bonne grâce et de bon cœur pour qu'ils reçoivent encore plus que nous ne donnons » (S. Jean Chrys., *Hom. sur la Genèse*, hom. XLI, § 7 ; Migne, LIII, p. 384-385).

23. Migne, LI, p. 261-272.

la terre; paralysés, estropiés, couverts d'ulcères et de plaies incurables. »

Sous l'empire de sa vive émotion, l'orateur presse les fidèles de donner, de donner encore, de donner sans compter. Il s'adresse à ceux qui examinent scrupuleusement les indigents ; s'informent de leur patrie, de leurs mœurs, de leur profession, demandant mille détails sur leur santé. Il est mal, conclut-il, de faire des reproches aux nécessiteux même dans la belle saison, quoique cela puisse alors se tolérer, mais pendant un froid rigoureux se montrer vis-à-vis d'eux un juge dur et cruel, leur reprocher de rester oisifs, n'est-ce pas le comble de l'inhumanité ?

Quel est encore, continue-t-il, le prétexte spécieux de nos riches impitoyables ? Il s'agit selon eux d'esclaves fugitifs, de vagabonds, d'étrangers qui abandonnent leur patrie et accourent à Antioche. « Eh quoi, mon frère, êtes-vous fâché qu'on regarde notre cité comme un port commun, qu'on la préfère à sa ville natale ? Voulez-vous lui ravir cette couronne ? Vous devez vous réjouir et triompher de ce que les infortunés accourent auprès de nous....[24]. »

On peut citer d'autres chapitres des homélies de l'éloquent évêque : Le pauvre n'a qu'une seule recommandation, son indigence ; fût-il le plus pervers de tous les hommes, s'il manque des aliments nécessaires nous devons apaiser sa faim[25].

Ne disons point : voilà un méchant, indigne de bienfaits ; voilà un être méprisable. Ne regardez pas au mérite de celui qui a besoin d'assistance et de secours, ne voyez que son état. Il est tant que vous voudrez, vil, abject, quoi qu'il en soit le Christ vous est aussi reconnaissant de votre don que s'il l'avait reçu lui-même[26].

Il y a des riches qui parviennent à ce degré de dureté de dire que ces pauvres méritent leur sort... Est-ce parce qu'ils veulent manger et ne pas mourir de faim ? Non, répond-on ; c'est à cause

24. Ces traductions sont en général empruntées aux œuvres de saint Jean Chrysostome publiées en français — Bar-le-Duc, onze volumes in-8 —, sous la direction de M. Jeannin.

25. *IIe hom. sur Lazare*, § 4 (Migne, XLVIII, p. 988).

26. *Hom. sur les veuves*, § 16 (Migne, LI, p. 336).

de leur paresse. Et vous, reprend Chrysostome, ne vivez-vous pas dans l'oisiveté et les délices ? Bien plus, ne faites-vous pas pire que d'être oisifs en vous livrant à la rapine, à la violence, à l'avarice [27] ?

En tenant un pareil langage[28] les intentions de Jean Chrysostome sont évidentes ; en face de calamités générales il déclare que le devoir est de secourir la misère, sans examen, sans retard.

Ce n'est point une règle pour tous les temps. Saint Augustin accorde bien que l'on donne quelque peu au mendiant, à condition de réserver la meilleure partie de ses libéralités pour les pauvres qui le méritent, notamment les pauvres honteux, ces véritables serviteurs de Dieu, sachant souffrir en silence [29].

Saint Jérôme rappelle qu'il est écrit au début du psaume XL : « Heureux celui qui est attentif aux besoins des indigents. » Cette attention est, en effet, nécessaire afin de pouvoir discerner les vrais pauvres ; on ne doit point mettre de ce nombre ceux qui, couverts de haillons, ne laissent pas, en même temps, de croupir dans le crime et le désordre, « non utique ille qui mendicitate, et squalore coopertus est, et tamen non recedit a vitiis. »

Je ne prétends nullement, continue le solitaire de Bethléem, empêcher de faire l'aumône aux juifs, aux gentils, à tous les autres malheureux, mais il faut toujours préférer les chrétiens aux infidèles et parmi les chrétiens savoir faire une grande différence entre un indigent aux mœurs pures, innocentes, et celui qui mène une vie corrompue et déréglée. « Et inter ipsos christianos sit multa diversitas utrum peccator an sanctus sit [30]. »

Quant à saint Ambroise, il trace les règles les plus précises :

27. *Comm. sur la 1re épit. aux Corinth.*, hom. XI, § 6 (Migne, LXI, p. 95) : « Je dis ceci, mes frères, non pour autoriser la paresse ; Dieu me garde de cette pensée ! Je souhaite avec ardeur que tout le monde travaille, car l'oisiveté est la mère et la maîtresse de tous les maux, mais je vous conjure en même temps de n'être pas durs, sans compassion et sans miséricorde... (*Comm. sur saint Mathieu*, hom. XXXV, § 4 ; Migne, LVIII, p. 410).

28. Lire encore : *Comm. sur l'épît. aux Romains*, hom. XXI, § 5 ; *Comm. sur l'épît. aux Hébreux*, hom. XI, § 4 (Migne, LX, p. 608 ; LXIII, p. 95-96).

29. « Da illi (mendico) sed multo magis illi. Ille enim petit et in voce petentis agnoscis cui des : ille autem quanto minus petit, tanto magis tibi vigilandum est ut praeoccupes petiturum » (*In Psalm.*, CIII ; *Serm.*, III, p. 10 ; Migne, XXXVII, p. 1366-1367).

30. *Epist.*, CXX, § 2, *ad Hedibiam* (Migne, XXII, p. 983).

Il est clair qu'il y a une mesure à garder en fait de libéralités, de crainte qu'elles ne dégénèrent en une prodigalité inutile. « Liquet igitur debere esse liberalitatis modum, ne fiat inutilis largitas. »

Cette mesure est nécessaire surtout de la part des prêtres, afin qu'ils ne paraissent point agir par esprit d'ostentation. « Sobrietas tenenda est, maxime sacerdotibus, ut non pro jactantia, sed pro justitia dispensent. »

Car nulle part plus qu'autour des prêtres n'est grande l'avidité des solliciteurs. Vous voyez venir des gens valides n'ayant aucun motif de misère que leur vagabondage et qui vous demandent d'épuiser pour eux le fonds des pauvres. On leur donne un peu, ils réclament davantage. La plupart simulent des dettes ; examinez bien si c'est vrai. D'autres disent que des brigands les ont dépouillés ; qu'ils en apportent des preuves.

Celui qui garde la véritable mesure n'est avare pour aucun et libéral envers tous. Seulement il ne prête pas uniquement l'oreille à la prière, c'est au moyen des yeux qu'il s'assure des besoins... On ne saurait empêcher que l'importunité des mendiants n'extorque de vous quelque chose : mettez pourtant un frein à leur impudence. « Neque vero fieri potest ut non extorqueat amplius importunitas vociferantium ; sed non semper impudentiæ locus sit. »

C'est à vous de découvrir le pauvre qui se tait ; c'est à vous de chercher celui qui rougit d'être découvert. « Videndus est ille qui te non videt ; requirendus ille qui erubescit videri [31]. »

Il est de mode dans certains milieux de citer des phrases isolées de saint Jean Chrysostome, de saint Basile, ou d'autres orateurs chrétiens de cette époque pour dire ensuite : voyez, ce sont des contempteurs de la propriété individuelle ; des adversaires de la richesse ; des démocrates poussant la foule à prendre de vive force ce qu'on lui refuse ; de véritables précurseurs de nos modernes socialistes.

Rien n'est moins exact qu'un pareil tableau. Les Pères de

31. *De offic. minist.*, II, xvi (Migne, XVI, p. 123-125) ; A. de Broglie, *L'Église et l'Emp. rom.*, *op. cit.*, 3e partie, t. II, chap. V, p. 14.

l'Eglise s'efforcent de prêcher aux pauvres la résignation, la patience, leur montrant la récompense future de leurs maux chrétiennement supportés. Ils combattent l'envie, la révolte, déclarant que le riche est comptable envers Dieu seul de l'emploi de ses biens. La conclusion de leurs discours les plus passionnés en faveur des opprimés renferme toujours un chaleureux appel à la charité « non une provocation à la spoliation [32]. »

J'ai averti les riches, s'écrie saint Augustin [33], maintenant c'est à vous pauvres de m'entendre. Donnez et gardez-vous bien de rien prendre. « Admonui divites : audite pauperes. Vos erogate : vos rapere nolite. »

Etouffez en vous la convoitise. Vous avez en commun avec le riche le monde entier ; mais vous n'avez pas en commun avec lui sa maison et son domaine. « Communem habetis cum divitibus mundum : non communem habetis cum divitibus domum [34]. »

Vous possédez en commun avec lui la lumière du jour pour éclairer et féconder vos travaux. Cherchez à gagner ce qui doit suffire à votre nourriture, gardez-vous bien de demander davantage. « Sufficientiam quærite, quod sufficit quærite plus nolite [35]. »

Ce sont là des préceptes que les sectaires se gardent soigneusement de reproduire. En 1894, leurs affirmations audacieuses se font jour à la tribune du Parlement français ; Mgr d'Hulst y répond et remet toutes choses au point :

« Je remarque, dit-il, dans les homélies de saint Jean Chrysostome, qu'il n'y en a pas une seule dont la péroraison, toujours éloquente, ne se compose d'une ardente philippique, non pas précisément contre les riches, le mot grec est πλεονέκτας, mais contre les

32. Mgr Baunard, *Hist. de saint Ambroise*, in-8, 1899, chap. XXIX, p. 441.

33. *In script.*, serm LXXXV, § 5 (Migne, XXXVIII, p. 522-523).

34. « Le christianisme ne reconnaît point de droits. Les riches n'en ont pas sur leurs richesses, ce qui pourrait nous faire croire que les pauvres en avaient. Mais les pauvres n'en ont pas davantage, et de la répartition des biens résultent pour les uns et pour les autres des devoirs » (R. Thamin, *Saint Ambroise et la morale chrétienne au IVe siècle*, in-8, 1895, chap. VI, § III, p. 285).

35. « Voilà le véritable langage des saints Pères. On peut sans crainte défier qui que ce soit d'en citer un seul qui ait dit au pauvre de prendre la part à laquelle il a droit sur le fonds commun. Ils auraient pourtant nécessairement donné ce conseil, s'ils avaient considéré que tous les hommes avaient un droit égal à posséder la même chose et que la propriété du riche était une usurpation, un vol » (Abbé Tollemer, *Des origines de la charité*, in-8 (3e édit.), chap. XII, § 4, p. 470).

avares et les égoïstes. Les vieilles éditions à manchettes, où les marges contiennent de place en place des indications résumant chaque développement, placent à la manchette du dernier paragraphe cette inscription : Κατα τους πλεονέκτας, « contre ceux qui ont trop. » Cela veut dire : ceux qui ont plus qu'ils ne devraient, parce que leur fortune est mal acquise, ou qu'ils ne font pas de leur superflu l'usage que la morale chrétienne commande. Toutes les énergies, ce que l'on pourrait presque appeler les violences de langage de certains Pères de l'Église, qui ont un tempérament de tribuns, mais de tribuns apostoliques, sont dirigées non pas contre la possession, mais contre l'abus des richesses, parce que jamais les interprètes de l'Évangile ne considèrent le riche comme maître de s'approprier la fortune par tous les moyens, même injustes, ou de jouir d'une fortune, même justement acquise, en ne s'inspirant que de l'égoïsme[36]. »

En résumé, les Pères veulent ramener l'égalité sociale par la charité religieuse.

§ 2. — *Des privilèges accordés à l'Église par les Empereurs.*

Les écrivains sacrés, de Constantin à Justinien, ne font, on vient de le voir, que suivre la ligne tracée par leurs devanciers ; la vérité est une et ne varie pas avec les époques. Il est facile de concevoir également que l'Eglise, une fois libre, chargée du soin de multitudes de pauvres, réclame des revenus assurés. Les offrandes des fidèles ne suffisent plus, d'autant que ces largesses ne peuvent que diminuer au moment des calamités publiques, alors que les besoins prennent au contraire une extension imprévue.

Cette fortune, tout en étant nécessaire, est considérée, en raison des embarras qu'elle amène, comme un mal par les évêques vraiment dignes de ce nom. Saint Jean Chrysostome[37] dit à ses

36. *Journ. off.*, Chamb. des députés, compte rendu de la séance du 21 juillet 1894. « Les richesses ne sont pas nuisibles par elles-mêmes, tout le crime est dans le cœur de ceux qui en usent mal. » Non enim ipsæ divitiæ per se noxiæ, sed mentes male utentium criminosæ » (Salv., *adv. Avarit.*, lib. I, VII ; Migne, LIII, p. 182).
37. *Comm. sur saint Mathieu*, hom. LXXX, v, § 3 et 4 (Migne, VIII, p. 761).

auditeurs : « Si l'Église possède des terres, des maisons, des chariots, des chevaux, des mulets, c'est à cause de votre avarice. C'est votre manque de générosité qui amène les ministres de Dieu à s'occuper du commerce des choses profanes. »

L'évêque d'Hippone pense de même ; il ne veut point surtout augmenter le patrimoine ecclésiastique au détriment des familles. Un père déshérite son fils en mourant et donne ses biens à l'Église, Augustin refuse : « Vous avez un fils, écrit-il, regardez Jésus-Christ comme un second fils ; vous en avez deux, que Jésus-Christ soit le troisième ; vous en avez dix, que Jésus-Christ occupe le onzième rang. Dans ces conditions, j'accepterai votre don [38]. »

Un évêque italien attribue tout son bien en usufruit à sa sœur, à charge par elle d'en laisser à sa mort le fonds à la communauté des chrétiens. Un frère de l'évêque conteste la validité de l'acte ; Ambroise, appelé à trancher le conflit, n'hésite pas à laisser l'entière nue propriété au réclamant. On lui fait remarquer que cette décision frustre l'Église : « Elle ne perd jamais, répond-il, quand la charité gagne ». « Nihil autem adimitur Ecclesiæ quod pietati acquiritur [39]. »

Nous savons que tout le monde ne pense pas comme ces saints. Il y a, dès cette époque, des scandales regrettables [40], imputables

38. *Serm.*, CCCLV, cap. III, IV, § 5 (Migne, XXXIX, p. 1571-1572). Saint Augustin ajoute que le vénérable Aurèle, évêque de Carthage, reçut la fortune d'un homme qui croyait ne jamais avoir d'enfants ; le jour où des enfants lui naquirent, l'évêque lui rendit tous ses biens.

39. S. Ambr., *Epist. ad Marcellum*, LXXXII ; § 9 (Migne, XVI, p. 1278).

40. « J'ai honte de le dire, écrit saint Jérôme (*Epist.*, LII, *ad Nepotianum*, § 6 ; Migne, XXII, p. 532), les prêtres des idoles, les cochers, les mimes, les personnes les plus viles peuvent recueillir des hérédités, seuls les clercs et les moines sont frappés de cette interdiction. Je ne me plains pas de la loi, je rougis seulement pour ceux qui l'ont rendue nécessaire ». Valentinien enlève, en effet, aux clercs et à tous ceux ayant fait vœu de continence, le droit de recevoir quoi que ce soit par donation ou testament des diaconesses et des vierges consacrées à Dieu, à moins qu'ils ne soient leurs héritiers *ab intestat*. Comme pénalité, dévolution au fisc des biens légués (*Cod. Theod.*, XVI, II, *de Episcop.*, 20, ann. 370). Une constitution de 372 étend ces dispositions aux évêques et aux vierges, « eod. tit. lex, 22. » Théodose interdit aux diaconesses de laisser leurs biens à l'Église, aux clercs et aux pauvres, mais il n'y a pas confiscation, la disposition est simplement réputée non écrite (*Cod. Theod.*, XVI, II, 27, ann. 390). Marcien lève, en 455, ces prohibitions (*Cod. Just.*, I, II, 13) que Théodose avait d'ailleurs atténuées en ce qui concerne les stipulations entre vifs (*Cod. Theod.*, XVI, II, 28, ann. 390). Consulter A. Rivet, *Le régime des biens de l'Église avant Justinien*, in-8, 1891, chap. VIII, p. 48, 51.

souvent à des prêtres, à des évêques hérétiques, aussi âpres au gain qu'humbles courtisans du pouvoir.

Quoi qu'il en soit ce domaine indispensable se constitue légalement, et les Empereurs, à partir de Constantin, en favorisent le développement normal et régulier.

L'édit de Milan (ann. 313), déjà cité, envoyé aux présidents des provinces, établit la liberté des cultes, « ut daremus christianis et omnibus liberam potestatem sequendi religionem quam quisque voluisset. » Il est stipulé ensuite que les chrétiens rentrent en possession immédiate, sans aucune restriction, des biens confisqués par le fisc, qu'il s'agisse de lieux de réunion ou de propriétés appartenant, avant les persécutions, non à chacun d'eux en particulier, mais à la corporation entière. « Et quoniam iidem christiani non in ea loca tantum, ad quæ convenire consueverunt, sed alia etiam habuisse noscuntur, *ad jus corporis corum*, id est, ecclesiarum, non hominum singulorum pertinentia[41]. »

Quelques années plus tard (321), autorisation est donnée à chacun de laisser telle part qu'il veut de sa fortune à l'Église catholique qui reçoit ainsi la qualité de personne morale[42] : « Habeat unusquisque licentiam sanctissimo catholico, venerabilique concilio, decedens bonorum, quod optavit relinquere. Non sint cassa judicia. Nihil est quod magis hominibus debetur ; quam ut supremæ voluntatis, postquam jam aliud velle non possunt, liber sit stylus, et licitum quod iterum non redit arbitrium » (*Cod. Just.*, I, II, 1).

La prescription pour réclamer les objets ainsi légués, portée d'abord à cent ans, est ramenée à quarante[43].

Les Églises peuvent, selon le droit commun, acquérir à titre onéreux.

D'une manière générale, les Conciles condamnent la vente des

41. Lact., *de mort. persecut.*, XLVIII (Migne, VII, p. 269-270).

42. Les donations doivent être insinuées au-dessus de 500 *solidi* (*Cod. Just.*, I, II, 19 (ann. 528); VIII, LIV, 36, § 3 (ann. 531).

43. *Cod. Just.*, I, II, 23 ; *Aut. col.*, nov. IX ; nov. CXI ; nov. CXXXI, cap. 6. A propos des établissements hospitaliers, nous aurons l'occasion de revenir sur les legs faits à des personnes qui peuvent être considérées comme incertaines : anges, saints, pauvres en général, etc.

biens ecclésiastiques [44], en dehors des objets de minime importance. Il ne faut pas que les évêques usent de ces biens comme de ceux qui leur appartiennent en propre. Ces prescriptions s'appliquent principalement aux immeubles et elles sont sanctionnées par les Empereurs [45]. Il est toutefois permis aux Églises de contracter entre elles des emphytéoses perpétuelles [46].

Des Constitutions de Constantin et de Constance accordent d'autres privilèges particuliers, qu'en 362 Julien l'Apostat s'empresse de retirer [47]. C'est pour peu de temps, et Valentinien énumère les *charges* viles, « munera sordida », dont l'Église est déclarée exempte [48], tout en restant soumise aux impôts ordinaires et à quelques levées extraordinaires, telles que celles affectées aux chemins, aux ports, aux déplacements de la cour impériale [49].

Les propriétés formant le patrimoine ecclésiastique ne peuvent être adjugées au trésor pour retard dans le paiement des tributs.

Comme complément de ces mesures, il est établi que les biens des évêques, prêtres et religieux n'ayant pas d'héritiers directs, mourant *ab intestat*. sont dévolus à leur église ou monastère ; réserve faite des droits qui peuvent appartenir aux patrons, aux maîtres, au fisc, à la curie [50].

Les édifices religieux enlevés aux hérétiques se trouvent attribués aux Églises fidèles à la foi de Nicée [51], ainsi que les proprié-

44. *Conc. Antioch.*, (341), can. XXIV-XXV (Mansi, II, p. 1327-1328) ; *Conc. Carth.*, IV (398), can. XXXI-XXXII (Mansi, III, p. 951) ; *Conc. Agath.*, (505), can. XLV (Mansi, VIII, p. 332).

45. *Cod. Just.*, I, II, 14 (ann. 470), applicable à Constantinople. *Aut. coll.*, IV, XXIII, nov. XLVI, *de Eccl. re. immob. alien.*, Voir, dans A. Rivet, *op. cit.*, chap. X, p. 65 à 70, tout ce qui concerne le décret dit *de Basile* (483) et les décisions du Concile tenu à Rome en 502 (pontificat du pape Symmaque).

46. *Aut. coll.*, V, IX, nov. LX, *Præf.* et cap. 1 ; IX, III, nov. CXX.

47. *Cod. Theod.*, X, III, *de locatione...*, 1 ; XI, XVI, *de extraord. sive sordidis muneribus*, 10.

48. *Cod. Theod.*, XI, XVI, *de extraord. sive sordidis muneribus*, 15 (ann. 382) ; *Cod. Just.*, I, II, *de sacros. eccles.*, 5 (ann. 412).

49. *Cod. Just.*, I, II, *de sacros. eccles.*, 7 (ann. 423), 11 (ann. 445) : « Cum ad felicissimam expeditionem numinis nostri !... »

50. *Cod. Theod.*, V, III, *de bon. decurion. et monach.*, 1 (ann. 434).

51. *Cod. Theod.*, XVI, V, *de hæreticis*, 43 (ann. 408) ; 52 (ann. 412) ; 54, § 2 (ann. 414) ; 57 (ann. 415) ; 65, § 1 et 6 (ann. 428) : « Remarquons. ajoute A. Rivet *op. cit.*, chap. V, p. 42, que la plupart du temps il s'agissait en réalité de biens

tés appartenant à des temples païens supprimés au nom de la morale publique outragée[52]. Le trésor abandonne enfin à leur profit certaines amendes[53].

Constantin, en vue de l'assistance des pauvres, assigne aux églises de l'Empire des rations de blé[54]; supprimées par Julien, ces allocations sont rétablies sous Jovien, mais réduites au tiers du chiffre primitif en raison des disettes qui affligent les provinces[55].

« Parce qu'il est du devoir de notre humanité, disent Valentinien et Marcien, de penser aux indigents et de faire en sorte que les malheureux ne manquent pas de nourriture, nous ordonnons que la fourniture de diverses denrées faites jusqu'ici aux très saintes Églises, aux dépens du public, sera continuée et que personne n'ose les diminuer. » « Salaria etiam quæ sacrosanctis ecclesiis in diversis speciebus de publico hactenus ministrata sunt, jubemus nunc quoque inconcussa et a nullo prorsus immunita præstari[56]. »

Dans la suite, le développement du patrimoine ecclésiastique et des établissements charitables rend ces libéralités inutiles.

Les orateurs chrétiens sollicitent les fidèles en faveur des pauvres, nous venons de le montrer; des libéralités sans nombre constituent une réserve sacrée destinée aux malades, aux infirmes, aux indigents. Nous examinerons maintenant en détail la manière dont les disciples du Christ, une fois admis à la liberté, savent venir en aide aux malheureux.

« Les éloges de la pauvreté que font de temps en temps les philosophes (écrit Thamin, *op. cit.*, chap. VI, § 2, p. 267) sont des dissertations d'école, presque des paradoxes... *Il y a un abîme entre la charité chrétienne et la bienfaisance païenne*,

qui, appartenant à l'Église, en avaient été détournés par des chrétiens passés à l'hérésie. »

52. S. Ambr., *Epist.*, XVIII, *ad Valentinianum* (Migne, XVI, p. 971 et seqq.).

53. *Cod. Just.*, I, IV, *de Episc. aud.*, 2 (ann. 369).

54. Eusèbe, *Vie de Constantin*, III, XXII (Migne, XX, p. 1083-1084).

55. Théodoret, *Hist. eccles.*, I, 10; IV, 4 (Migne, LXXXII, p. 938 et 1130).

56. *Cod. Just.*, I, II, 12, § 2 (ann. 454).

même lorsqu'elles accomplissent les mêmes actes et prononcent les mêmes paroles. »

Les chapitres suivants viennent à l'appui de ces affirmations et forment un saisissant tableau du progrès moral de l'humanité depuis le grand drame du Calvaire.

CHAPITRE V

LES SECOURS ATTRIBUÉS AUX MALHEUREUX

§ 1er. — *Le rachat des captifs.*

Nous avons souvent l'occasion, dans cette histoire, de parler des captifs. Le nombre de ces infortunés s'accroît sans cesse avec la fréquence des invasions[1]. « Enchaînés par le cou comme des chiens, accablés sous le poids de fardeaux, offerts en vente sur la route, les anciens maîtres du monde marchent, tout souillés de poussière, entre les chariots de l'ennemi[2]. »

Quelle situation cruelle est la leur ! Un jour ils vivent heureux, entourés de leur famille, au milieu de compatriotes ; le lendemain, entraînés par une bande armée, dans un pays lointain, sauvage, ils se voient réduits à de durs travaux ; soumis aux caprices de maîtres dont la langue même leur est inconnue.

Pour les femmes, les jeunes filles, quels dangers sans cesse renaissants ! Beaucoup se donnent la mort pour échapper à l'infamie[3].

1. Après les ravages des Goths en Thrace et en Illyrie, le nombre des captifs était considérable : « Quanti ubique venales erant toto captivi orbe, quos si revoces, unius provinciæ numerum explere non possint » (S. Ambr., *de off. minist.*, II, 15 ; Migne, XVI, p. 121).

2. Ed. Leblant, *Inscrip. chrét. de la Gaule, ant. au VIIIe siècle*, 2 vol. et atlas. 1865, t. II, n° 543, p. 287.

3. Les Pères luttent contre ces actes de désespoir. « Il est sans doute déplorable, écrit saint Augustin, de voir de saintes et chastes femmes réduites en captivité ; mais leur Dieu n'est pas captif et il ne les abandonne pas... Quand l'âme demeure pure et ne donne point son assentiment à l'impureté, le corps est exempt de tout acte criminel. La violence que cette victime a soufferte n'imprime nullement en elle la honte de la corruption mais bien la blessure du martyre. « Omnis quo illa violentia non pro corruptionis turpitudine sed pro passionis vulnere deputabitur » (*Epist.*, CXI, *ad Victorian.*, § 7 et 9 ; Migne, XXXIII, p. 425-427).

Aussi les communautés chrétiennes, les âmes pieuses[4] mettent-elles tout en œuvre afin de secourir ces victimes de la force brutale. Les captifs se trouvent rachetés par milliers et les vases sacrés, les ornements, brisés s'il le faut, fournissent le prix de ces rançons. Aux reproches qui lui sont adressés à ce sujet, le grand évêque de Milan répond : « Faut-il perdre les âmes pour garder un peu d'or ? » Et, lors de la lutte contre Symmaque à propos de l'autel de la Victoire, il déclare, s'adressant aux idolâtres : « Chez nous, les biens de l'Église forment le trésor des pauvres. Possessio Ecclesiæ sumptus est egenorum. Combien vos temples rachètent-ils de captifs? Combien d'aumônes distribuent-ils aux indigents ? Combien de subsides envoient-ils aux proscrits ? Numerent quos redemerint templa captivos ; quæ contulerint alimenta pauperibus ; quibus exsulibus vivendi subsidia ministraverint[5]. »

Saint Augustin ; Deogratias, évêque de Carthage ; cent autres agissent de même. Saint Grégoire le Grand nous montre (est-ce une légende ?) Paulin de Nôle, ses ressources une fois épuisées, se livrant aux Vandales à la place du fils unique d'une pauvre veuve, et les barbares touchés de ce sacrifice lui accordant, plus tard, la délivrance de tous les captifs originaires de son diocèse[6].

On aime à suivre par la pensée ces ambassades pacifiques qui vont dans le camp des vainqueurs, apporter les trésors des fidèles et reviennent entourés de *frères* sauvés de la servitude, de la honte, de la mort[7].

4. Telle est la « nobilis Eugenia » de Marseille dont l'épitaphe porte : *Captivos opibus vinclis laxavit iniquis.* « Rien mieux peut-être que les inscriptions, ajoute Ed. Leblant, ne nous a gardé la mémoire d'un incomparable malheur qui vint s'abattre sur l'Empire aux jours de l'invasion barbare. Rien ne nous dit avec une plus simple éloquence les efforts de la charité devant cette immense infortune. Alors que, devenus esclaves, des malheureux quittaient leur patrie, leur foyer; tout sacrifier pour les sauver devint presque une vertu vulgaire... » (*Inscrip. chrét.*, *op. cit.*, p. 285).

5. *De off. minist.*, II, XXXVIII ; *Epist.*, XVIII ; *Relationi Symmachi respondet Ambrosius*, § 16 (Migne, XVI, p. 139-141 — p. 977).

6. *Dialogorum*, lib. III, cap. I, t. II, p. 278 et seqq. (*Sanct. Gregor.*, *Papae*, I, *opera omnia*, 4 vol. in-fol., Parisiis, MDCCV). Les historiens qui contestent l'authenticité du récit, concèdent, avec G. Boissier, que l'évêque de Nole « était bien capable de faire ce que la légende lui attribue » (*Fin du paganisme*, *op. cit.*, t. II, chap. II, p. 102-103).

7. La charité chrétienne ne fait ici aucune acception de nationalité; Acacius,

Les Empereurs secondent ce mouvement par leurs constitutions ; ils font revivre les lois de leurs prédécesseurs païens en ce qu'elles ont de favorable aux captifs[8] et décident que les legs au profit de ces infortunés ne peuvent être annulés comme s'appliquant à des personnes incertaines. A défaut d'exécuteur testamentaire désigné, il appartient aux évêques de répartir ces libéralités, à charge de faire connaître, dans le délai d'un an, le montant des sommes employées et le nom des prisonniers rachetés[9]. La vente des vases sacrés, nous venons de le dire, est autorisée en vue de cette œuvre excellente entre toutes ; ne doit-on pas préférer les âmes aux ornements les plus précieux. « Quoniam non absurdum est, animas hominum quibuscunque vasis, vel vestimentis præferri ». Même autorisation pour l'aliénation des immeubles[10].

Les captifs conservent leur personnalité ; ils peuvent tester[11]. Leurs enfants succèdent régulièrement ; toutefois ceux qui ont négligé de racheter des parents alors qu'ils le peuvent, se trouvent exhérédés pour cause d'ingratitude[12]. Contrairement à la législation antérieure, la captivité de l'un des conjoints ne dissout plus le mariage[13].

Obligés de tenir compte des exigences de l'époque, les législateurs concèdent que le prix de la rançon doit être restitué, à ceux qui, l'ayant avancé, le réclament. Sans cela, l'individu

évêque d'Amida, lors d'une guerre, sauve 7.000 prisonniers perses, en vendant pour les racheter les ornements de son église. Cet acte de générosité amène une trêve des hostilités (Doellinger, *Orig. du christ.*, t. II, chap. VI, p. 116).

8. *Cod. Just.*, VIII, LI, *de postliminio reversis*, 1 à 18. Les prisonniers non rachetés, dit Dioclétien (12), mais repris par la valeur de nos soldats, recouvrent sur-le-champ l'*état* qu'ils avaient perdu par l'effet de la captivité. Il convient que les soldats qui les ont délivrés soient plutôt leurs protecteurs que leurs maîtres. « Receptos enim eos, non captos judicare debemus ; et militem nostrum defensorem eorum decet esse, non dominum. »

9. *Cod. Just.*, I, III ; *de Episcop.*, 28-49 ; *Aut. coll.*, IX, XIV, nov. CXXXI, cap. 11.

10. *Cod. Just.*, I, II ; *de Eccles.*, 21 : « Sanctissimas vero ecclesias (omnes seu œconomos) civitatum præcipimus alienare res immobiles pro captivorum redemptione » (*Aut. coll.*, IX, III, nov. CXX, cap. 9).

11. *Imper. Leo. August.*, *Const.*, XL : « Ut captivi testamenti pactionem habeant. »

12. Dispositions réciproques à l'égard des parents qui négligent de racheter leurs enfants (*Aut. coll.*, VIII, XVI, nov. CXV, cap. 4 ; *Imper. Leo. August.*, *Const.*, XXXVI).

13. *Aut. coll.*, IV, I. nov. XXII, cap. 7 : « Attamen humanius talia contemplantes, donec quidem est manifestum superesse aut virum, aut uxorem, manere insoluta matrimonia sinimus. »

libéré reste cinq ans à leur service, sans perdre sa liberté, s'il est de naissance ingénue [14].

Pour compenser ce que cette décision a de pénible, ils accordent, sur les fonds du Trésor public, des subsides aux enfants de citoyens emmenés chez les barbares [15], et se montrent pleins de sollicitude pour les prisonniers revenant dans leurs foyers ; que personne, disent Honorius et Théodose, ne leur nuise ; qu'on n'exige point d'eux le paiement des habits et des vivres fournis par humanité, et que partout où ils passent les chrétiens les accueillent fraternellement. « Et ut facilis executio proveniat, christianos proximorum locorum volumus hujus rei sollicitudinem gerere [16]. »

Ces prescriptions se rattachent à l'exercice de l'hospitalité, si en honneur dans le monde chrétien, et que d'ailleurs les orateurs sacrés ne manquent jamais de rappeler. Après avoir énuméré les mérites de cette vertu, saint Jean Chrysostome ajoute : « Faites vous mêmes une hôtellerie de votre maison ; établissez-y un lit, une table ; mettez-y de la lumière. N'est-il pas absurde que quand des soldats arrivent vous ayez pour eux des demeures toutes prêtes ; que vous y consacriez un grand soin ; leur fournissant tout ce dont ils ont besoin parce qu'ils vous protègent pendant la guerre et que d'un autre côté vous ne réserviez point un endroit où puissent demeurer les étrangers, où le Christ vienne reposer [17]. »

Le poète Fortunat sait, à ce propos, trouver d'heureux traits pour peindre, dans une épitaphe, les actes de miséricorde envers les inconnus.

Sollicitus quemcumque novum conspexit in Urbe,
Hunc meruit veniens exui habere patrem,

14. « Ne quando enim damni consideratio in tali necessitate positis negari faciat emptionem » (*Cod. Just.*, VIII, LI, *de postlim. rever.*, 20).

15. « Si etenim rationi consonum est, ut captivorum liberi e publico subsidium sentiant » (*Imp. Leo. August. Const.*, XXXVI).

16. *Cod. Theod.*, V, v, *de postlim.*, 2 (ann. 409) ; *Cod. Just.*, I, IV, *de Episcop. aud.*, 11.

17. *Hom. sur la Genèse*, hom. XLI, § 4 (Migne, LIII, p. 379-380) ; *Comm. sur les Actes des Apôtres*, hom. XLV, § 4 (Migne, LX, p. 319-320).

Pascere se credens Christum sub paupere forma,
Ante omnes apud hunc sumpsit egenus opem,
Nec solum refovens sed dona latendo ministrans
Amplius inde placet quod sine teste dedit [18].

§ 2. — *Du nombre et de la situation des pauvres dans les grandes cités de l'Empire.*

En dehors des invasions, les causes multiples énumérées déjà : abus du fisc, multiplicité des affranchissements, désordres intérieurs, accroissent le paupérisme ; il faut y joindre les persécutions ariennes [19]. De nombreuses famines désolent les provinces. A Rome, à la fin du ɪvᵉ siècle, on veut expulser les étrangers pauvres, en exceptant les comédiens, les mimes, les danseuses attachés aux théâtres et jugés nécessaires aux plaisirs du Peuple ! Saint Ambroise réussit à empêcher cette cruauté et cette infamie [20]. Durant le fléau, saint Basile, de Césarée, convoque chaque matin les miséreux de tout âge, de tout sexe, et leur distribue, de ses propres mains, des soupes composées de légumes, d'herbes cuites et de sel, à la confection desquelles il veille lui-même [21].

Les cités importantes où les habitants des campagnes se réfugient de préférence au moindre péril, regorgent d'indigents. On les voit couchés sur le sol, à moitié nus, privés de l'usage de leurs membres, aveugles [22]. Exposés aux rigueurs du froid, ils crient la nuit, errants, tels des animaux affamés; puis un peu de mauvaise paille forme leur lit [23].

18. Le Blant, *Inscrip. chrét.*, *op. cit.*, t. II, nᵒ 645, p. 521. Sa sollicitude est toujours en éveil; à peine a-t-il aperçu dans la ville quelque inconnu dépouillé de tout, que celui-ci a mérité aussitôt de l'avoir pour père. C'est le Christ lui-même qu'il a la conviction de nourrir en la personne des pauvres. Aussi auprès de nul autre l'indigent n'a jamais trouvé plus d'aide. Il ne se contente pas de faire la charité, il la fait en se cachant, et ses aumônes ont d'autant plus de prix qu'elles n'ont point de témoin.

19. Sous Constance, défense, à Alexandrie, aux ecclésiastiques fidèles à Athanase, de célébrer le service divin ou de distribuer les aumônes; défense aux pauvres de les recevoir (A. de Broglie, *L'Église et l'Emp. romain*, *op. cit.*, 2ᵉ partie, t. Iᵉʳ, chap. IV, p. 340).

20. Mgr Baunard, *Hist. de saint Ambroise*, *op. cit.*, chap. IX, p. 136-137).

21. A. de Broglie, *L'Église et l'Emp. romain*, *op. cit.*, 3ᵉ partie, t. Iᵉʳ, chap. Iᵉʳ, p. 88.

22. S. Jean Chrys., *Hom. sur l'aumône*, § 1ᵉʳ (Migne, LI, p. 261).

23. S. Jean Chrys., *Comm. sur la 1ʳᵉ épît. aux Corinthiens*, hom. XI, § 5 (Migne, LXI, p. 94); Vᵉ *discours sur la Genèse*, § 3 (Migne, LIV, p. 602-603).

Nombre de ces infortunés assiègent les bains publics ; le tremblement de leurs membres excite la pitié des baigneurs. D'autres, couverts de haillons, assis, ou appuyés sur un bâton, se tiennent, en ligne, à droite et à gauche, aux portes des églises ; parfois l'entrée de l'édifice est envahie [24].

Ces pauvres vont également dans les rues demander l'aumône de porte en porte [25] ; ils se réunissent aussi par troupes le long des routes ; chacun d'eux met alors à découvert la partie du corps dont il souffre et étale sa misère, afin d'accroître la compassion des voyageurs [26].

Certains nécessiteux recourent à maintes jongleries dans l'espoir de recueillir une pièce de monnaie. Saint Jean Chrysostome rend les chrétiens de son temps responsables de tous ces désordres. Voilà, dit-il [27], par suite de votre dureté, des misérables forcés de faire le métier de prestidigitateurs, de bouffons, de personnages ridicules. Vous les voyez avec des coupes, des vases de bois, des gobelets dans les doigts ; chantant des refrains honteux, exprimant de grossières passions, vociférant, hurlant ; autour d'eux la foule s'amasse ; les uns donnent un morceau de pain, les autres une obole... On les arrête longtemps, c'est un plaisir pour les hommes, pour les femmes ! Qu'y a-t-il de plus triste que ce spectacle? C'est peu de chose, reprenez-vous. On regarde cela comme peu de choses ! Alors que se trouvent introduits parmi nous de nombreuses occasions de péchés. Un chant obscène, une musique énivrante amollissent l'âme et cette mollesse engendre la corruption des mœurs.

« Je gémis lorsque je pense que le malheureux invoquant Dieu, lui demandant pour vous dans ses prières des biens innombrables, ne jouit d'aucune estime auprès de vous, et qu'au

24. S. Jean Chrys., *Consol. à Stagyre*, liv. III, § 13 (Migne, XLVII, p. 490-491) ; *Comm. sur la 1re épît. aux Corinth.*, hom. XXX, § 4 (Migne, LXI, p. 254-255) ; *3e hom. sur ce texte : parce que nous avons un même esprit de foi*, § 11 (Migne, LI, p. 299-300) ; Mgr Baunard, *Hist. de saint Ambroise*, *op. cit.*, chap. IV, p. 60.

25. S. Jean Chrys., *Comm. sur saint Jean*, hom. XXVII, § 3 (Migne, LIX, p. 161-162).

26. S. Grégoire de Nysse, *De l'amour des pauvres*, *Discours IIe* (Migne, XLVI, p. 471 et suivantes).

27. *Comm. sur la 1re épît. aux Thessal.*, hom. XI, § 3 (Migne, LXII, p. 465).

contraire celui qui remplace les prières par de vains amusements excite votre admiration. »

Toujours sur la brèche lorsqu'il s'agit d'éclairer son troupeau, l'intrépide évêque traite du même sujet en une autre circonstance : « Il y a, rappelle-t-il, des pauvres légers et superficiels qui ne savent pas supporter la faim et se résolvent à tout plutôt qu'à la subir. Souvent, après avoir cherché à exciter votre pitié par leurs paroles et leurs gestes, voyant qu'ils n'y gagnent rien, ils quittent le rôle de suppliants et se mettent à imiter, à surpasser même les baladins, en mangeant des cuirs, de vieilles chaussures, en s'enfonçant des clous aigus dans la tête ; en se plongeant dans l'eau glacée. Certains exagèrent encore l'absurdité et la cruauté envers eux-mêmes, afin d'offrir un spectacle d'une plus étrange horreur. Et vous assistez à tout cela riant et admirant [28] ! »

Valentinien et Théodose cherchent à remédier à ces abus. « Qu'on observe, écrivent-ils au préfet de la ville de Rome, ceux qui mendient publiquement ; qu'on s'informe de l'état de leur santé et de leur âge », « exploretur in singulis, et integritas corporum, et robur annorum. » Que les valides, capables de travailler, convaincus de mendier par paresse, soient, s'ils sont reconnus esclaves, adjugés en cette qualité au dénonciateur. Leur origine est-elle ingénue, celui qui les dénonce se les verra livrer de même, mais à titre de colon seulement, « colonatu perpetuo fulciatur » (*Cod. Just.*, XI, XXV, *de mendicantibus validis*).

« Cette loi, sage dans son principe, violente dans sa sanction pénale »[29], reste probablement assez inefficace, et Justinien la modifie en ce qui concerne Constantinople : « Si, ordonne-t-il[30], les mendiants valides, natifs de cette ville, ne mènent pas une vie décente, « vitæ autem eis decens non est occasio », le questeur ne permettra point qu'ils restent un fardeau inutile sur cette

28. *Comm. sur la 1re épît. aux Corinthiens*, § 5 (Migne, LXI, p. 176-177).

29. Naudet, *Des secours pub. chez les Romains*, *op. cit.*, 2e partie, § 2, p. 83.

30. Ces mesures ne s'appliquent ni aux infirmes, ni aux malades : « Nous voulons, dit l'Empereur, qu'ils ne soient point molestés et qu'ils continuent à recevoir les soins des personnes pieuses, « læsos autem aut læsas corpore, aut canicie graves, hos sine molestia esse jubemus in hac nostra civitate, aut pie agere volentibus adscribendos » (*Aut. coll.*, VI, IX, nov. LXXX, cap. 5).

terre, « hos non frustra esse terræ onus permittere », il les livrera aux directeurs des boulangeries, des jardins, des ateliers publics, de manière à les obliger au travail et les forcer à gagner leur nourriture, échangeant ainsi une vie oisive contre une existence meilleure, « in quibus valent simul quidem laborare ; simul autem ali ; et segnem ita ad meliorem mutare vitam. »

Ceux qui se refusent au labeur prescrit sont chassés de cette ville royale, « hos sectari hac regia civitate. »

Les écrits des contemporains prouvent que le nombre des pauvres est élevé, même en temps ordinaire, sans qu'il soi possible d'arriver à des évaluations exactes. Saint Chrysostome s'exprime en ces termes : A quel chiffre se monte la population mêlée de notre cité (Constantinople) ? Combien y supposez-vous de chrétiens? Voulez-vous cent mille ; le reste composé de gentils et de juifs ? D'autre part, quel est le total des indigents ? Je ne pense pas qu'il dépasse cinquante mille [31].

Serrant de plus près la question, il arrive aux conclusions suivantes pour l'Église d'Antioche (*Comm. sur saint Mathieu*, hom. LXVI, § 3; Migne, LVIII, p. 629-630).

« Je rougis de vous avoir parlé si souvent de l'aumône et de n'en point retirer tout le fruit que je pouvais en attendre. Quelques-uns d'entre vous sèment à la vérité, mais d'une manière si resserrée, que je tremble quand je songe à la moisson. Pour constater à quel point vous êtes peu généreux, considérez quel est dans cette ville le plus grand nombre ou des riches ou des pauvres, et combien il existe de citoyens qui ne sont ni entièrement misérables, ni absolument fortunés, tenant le milieu entre ces extrémités. Je crois que les personnes fort riches forment la *dixième* partie de la population, et les indigents un autre *dixième*. Le reste n'est ni fort à l'aise, ni nécessiteux.

« Partageons par la pensée ce nombre de citoyens complètement dénués de ressources, et vous verrez le juste sujet de confusion que vous aurez. Le chiffre des riches est assez petit, mais celui des gens pouvant se suffire est très grand, alors que les malheureux ne constituent qu'une portion restreinte des habi-

31. *Hom. sur les Actes des Apôtres*, hom. XI, § 3 (Migne, LX, p. 96-98).

tants. Il s'ensuit que les fidèles, capables de faire l'aumône, sont assez nombreux pour nourrir ceux qui manquent de tout. Et cependant il y a tous les jours, parmi vous, beaucoup de vos frères s'endormant le soir avant d'avoir pu apaiser leur faim ! Non, je le répète, parce que nous sommes dans l'impuissance de les secourir, mais à cause de notre inhumanité. Car si les riches et ceux qui possèdent un bien médiocre avaient soin de partager entre eux tous les indigents, à peine cinquante personnes, ou peut-être même un cent, en auraient une à soulager. »

Le problème de l'extinction du paupérisme ne paraît donc pas insurmontable au vaillant Pasteur ; malheureusement, la continuité des bouleversements sociaux entrave l'action des cœurs charitables et perpétue la misère que l'Église s'efforce d'atténuer dans la mesure du possible.

§ 3. — *Des formes diverses de l'assistance aux nécessiteux non hospitalisés.*

Les chrétiens, après les persécutions, développent leurs œuvres de secours à domicile. Les Pères insistent ici sur les règles générales qu'il convient de suivre en pareille matière et enseignent toujours la douceur et la prudence dans l'exercice de la bienfaisance.

« Commençons, dit saint Jean Chrysostome[32], par ce qui paraît le plus facile, le soin des veuves. Il semble que ce soit une chose fort simple et que celui qui s'en occupe a tout fait quand il a distribué une certaine somme d'argent ; il n'en est rien cependant ; une grande circonspection est encore ici nécessaire, surtout lorsqu'il s'agit de les inscrire aux rôles de l'Église. Les immatriculer au hasard, comme elles se présentent, entraîne les inconvénients les plus graves. On a vu des veuves ruiner des maisons, troubler des ménages, se déshonorer par le vol, la fréquentation des tavernes, et d'autres honteux désordres. Nourrir de telles femmes avec les revenus de la Communauté c'est

32. *Traité du sacerdoce*, liv. III, § 16 (Migne, XLVIII, p. 654-65

attirer sur soi la vengeance de Dieu, le blâme sévère des honnêtes gens et refroidir la charité...

« Un autre souci se présente, souci cuisant ; il faut prendre des mesures pour que les choses nécessaires à l'entretien de ces veuves ne manquent point et coulent comme d'une source intarissable. De plus, le caractère de la pauvreté involontaire est d'être insatiable, elle se plaint sans cesse, se montre ingrate.... Il convient que les dispensateurs de l'aumône aient le courage de tout supporter ; clameurs importunes, plaintes indiscrètes, rien ne doit exciter leur colère... En s'irritant contre les pauvres, à cause de la multiplicité de leurs demandes ils s'exposent à devenir l'ennemi de ceux qu'ils veulent secourir au lieu de rester dans leur fonction de consolateurs. »

Il faut ensuite concilier, avec l'économie indispensable, une juste pondération dans la répartition des subsides. L'Église ne doit rester ni riche, ni entièrement pauvre[33].

Au point de vue de la douceur inaltérable dont ne saurait se départir quiconque s'occupe des malheureux, saint Jérôme raconte ironiquement le trait suivant : « J'ai vu dernièrement, écrit-il[34], dans la basilique de Saint-Pierre une des plus nobles matrones romaines — je tairai son nom pour qu'on ne prenne pas cette histoire pour une satire — qui, précédée d'une troupe de serviteurs, donnait de sa main, par ostentation de charité, une pièce de monnaie à chaque indigent. Une vieille femme chargée d'années, couverte de mauvaises hardes, après avoir déjà reçu son aumône, courut se placer un peu plus loin afin d'en obtenir une autre. La dame la reconnaissant, pour la punir d'un si grand crime, la gratifia, au lieu d'argent, d'un soufflet qui lui mit la figure en sang. « Præ cucurrit ut alterum nummum acciperet ; ad quam cum ordine pervenisset, pugnus porrigitur pro denario, et tanti criminis reus sanguis effunditur. »

33. « Il n'est rien de plus inhumain que de ménager, par une timide prévoyance, l'argent reçu pour les pauvres, ou même (ce qui est fort coupable) d'en détourner quelque partie, tandis qu'on laisse mourir de besoins une infinité de malheureux... Si vous voulez conserver cet argent avec tant de précautions, laissez alors à celui qui en fait don le soin de le distribuer lui-même » (S. Hieron., *Epist.*, LII, § 16, *ad Nepotian.*, Migne, XXII, p. 539).

34. S. Hieron., *Epist.*, XXII, § 32, *ad Eustochium, de virginitate* (Migne, XXII, p. 418).

Il est recommandé aussi de secourir tous les infortunés, du moment qu'ils le méritent, sans distinction de culte et de nationalité.

« Socrate mentionne qu'Atticus, Evesque de Constantinople, estoit si charitable envers les pauvres, qu'il envoyoit des sommes considérables aux villes voisines pour assister les indigens. Les règles qu'il donne au prestre Calliope de l'Église de Nicée, en luy envoyant trois cens écus d'or à distribuer, sont encore plus admirables que son aumône. Car il l'avertit de donner non pas à ces gueux qui font un trafic et un métier de la mendicité, et qui mendient toute leur vie, mais à ceux que la honte empesche de mendier. Il l'avertit, en second lieu, d'assister indifféremment toutes sortes de nécessiteux, sans avoir égard à la diversité de sectes; puisqu'il suffit d'estre homme et d'estre misérable pour mériter cette assistance. Je n'ay pas voulu, conclut Thomassin, omettre ces circonstances parce qu'elles montrent admirablement l'étendue infinie de la charité des bons Evesques qui se croient alors obligez d'assister du bien de leurs Églises tous les pauvres et les misérables de toute la terre, sans faire aucun discernement des nations ou des religions [35]. »

Cette vérité se trouve d'ailleurs confirmée par Julien l'Apostat recommandant aux prêtres des idoles le soin des pauvres et des étrangers; « il serait honteux, ajoute-t-il, quand les Juifs n'ont pas de mendiants, *lorsque les impies galiléens nourrissent ensemble et les leurs et les nôtres*, que ceux-ci fussent dépourvus des secours que nous leur devons [36]. »

Après ces remarques générales entrons dans le vif du sujet. Au nombre des modes d'assistance usités sous Constantin figurent encore les *agapes*; elles ne tardent pas néanmoins à dégénérer : vanité chez les riches [37], débauche chez les

35. *Anc. et nouv. discip. de l'Église*, *op. cit.*, 1re partie, liv. IV, chap. VI, § xv, t. Ier, p. 390.

36. *Œuvres* (édit. Talbot, *op. cit.*), lettre XLIX, à Arsacius, p. 414.

37. S. Hieron., *Epist.*, XXII, *ad Eustoch.*, § 32 : « Si certaines femmes tendent la main à l'indigence, elles sonnent la trompette; si elles appellent aux *agapes*, un crieur l'annonce, « cum manum egenti porrexerint buccinant; cum ad *agapen* vocaverint, præco conducitur » (Migne, XXII, p. 418). Il s'agit ici de repas offerts par les personnes riches et dont parle le concile de Gangres, réprouvant

pauvres. Aussi les Conciles les interdisent-ils ; l'usage peut en être considéré comme aboli au ve siècle[38].

Les veuves, les orphelins continuent à être inscrits sur les matricules des paroisses et à recevoir les aumônes que versent généreusement les fidèles. Nombre de chrétiens, à l'exemple de Népotien, l'ami, le compagnon des Princes, l'ancien officier, associent les déshérités aux événements marquants de leur vie. Népotien leur donne en effet tous ses biens lors de son ordination sacerdotale[39].

Julien reproche aux habitants d'Antioche les largesses que les femmes de la ville font aux indigents[40].

Les enfants secondent leurs parents dans ces œuvres ; telle la fille de Paula, Eustochia, qui se réjouit de voir employer de cette manière les richesses maternelles[41].

Le gendre de cette héroïque Paula, Pammachius, ayant perdu son épouse Paulina, distribue aux indigents l'héritage de celle qu'il pleure. Voilà, écrit saint Jérôme, les fils que Paulina nous donne après sa mort et qu'elle avait toujours désirés de son vivant ; elle met au monde, en un moment, autant de descendants qu'il y a de pauvres dans Rome. « Quoniam quot Romæ sunt pauperes, tot filios repente genuisti. » C'est elle qui soutient, en quelque sorte, de ses propres mains ces aveugles, ces hydropiques, ces infirmes, ces sourds-muets[42]. C'est au milieu de la foule des infortunés que Pammachius, l'ornement de la gens Furia, ce patricien qui compte tant de consuls parmi ses ancêtres, s'avance en public.

Il y a des maris qui soulagent leur douleur en répandant des fleurs sur le tombeau d'une femme aimée ; notre Pammachius

ceux qui refusent d'y assister en signe de mépris (Mansi, II, p. 1102). Disposition insérée au corps du droit canon (*Decret.*, I. *Pars. Distinctio*, XLII.)

38. *Conc. Laodicensem* (ive siècle), can. XXVIII : « Quod non oportet in locis dominicis, vel in ecclesiis eas quæ dicuntur agapas facere et in domo Dei comedere et accubitus sternere » (Mansi, II, p. 569) ; *Conc. Carth.*, III (ann. 397 ?), can. XXX (Mansi, III, p. 885).

39. S. Hieron., *Epist.*, LX, *ad Heliod.*, *Epitaphium Nepotiani*, § 11 (Migne, XXII, p. 596).

40. *Misopogon*, § 23 (édit. Talbot, *op. cit.*, p. 314).

41. S. Hieron., *Epist.*, CVIII, *ad Eustoch.*, § 15 (Migne, XXII, p. 892).

42. S. Hieron., *Epist.*, LXVI, *ad Pammach.*, § 5 (Migne, XXII, p. 641).

arrose cette sainte poussière et ces vénérables dépouilles du baume de la charité, « sanctam favillam, ossa que veneranda, eleemosynæ balsamis rigat. »

En dehors de ces allocations exceptionnelles les malheureux admis aux secours réguliers des Églises [43] reçoivent, selon l'usage, vêtements [44], vivres, subsides en argent

Les *diaconies* [45] se constituent au grand jour et à Rome on joint l'usage des bains, aux autres secours [46].

Les diacres, les diaconesses [47] remplissent dans ces *dispensaires* leur antique office, et les Empereurs n'interviennent que pour régler, d'accord avec l'autorité ecclésiastique [48], l'âge auquel ces femmes dévouées peuvent seconder les membres du

43. L'Église d'Antioche, au temps de saint Jean Chrysostome, secourt 3.000 pauvres *sur les revenus d'un seul legs*, sans compter l'assistance des prisonniers, des malades, des étrangers, sans compter également de nombreux nécessiteux qui se présentent chaque jour et auxquels on accorde la nourriture, des vêtements, etc. (*Comm. sur saint Mathieu*, hom. LXVI, § 3 ; Migne, LVIII, p. 629-630).

44. S. August., *Epist.*, CXXII (Migne, XXXIII, p. 471).

45. « DIACONIÆ. Dicuntur loca in quibus per Diaconos regionarios, pauperes, viduae, pupilli, senes, propriae regionis alebantur. Publicæ quodammodo pauperum hospitales domus, quæ oratoria et sacella adjuncta habebant in quibus a Diacono egenis necessaria subministrabantur » (Du Cange). L'abbé Tollemer, *Des orig. de la charité cathol.*, *op. cit.*, 2e partie, chap. XIII, § IV, p. 549-565, considère que le *ptochotrophium* ou *ptôcheion* : « Domus pauperum hospitio deputata in qua pauperes et infirmi homines pascuntur » — lieu où les pauvres sont nourris — est le nom donné en Orient aux établissements appelés *diaconies* en Occident. « Ces deux définitions, écrit-il, p. 551, sont équivalentes. Elles se réduisent à dire que les diaconies étaient des maisons où les pauvres, surtout les mendiants, trouvaient chaque jour leur nourriture toute préparée ; qu'ils allaient l'y prendre à de certaines heures, conservant leur liberté le reste de la journée. »

46. « Constituit (Hadrianus) ut per unamquamque ebdomadam, quinta feria die, cum psallentio a diacona usque ad balneum pergerent, et ibidem dispensationem per ordinem pauperibus consolari atque elemosina fieri. On pourvoyait à la propreté des pauvres en même temps qu'à leurs autres nécessités » (*Liber pontificalis*, edidit Duchesne, 1886, t. I, XCVII, *Hadrianus* (772-795) ; p. 506, et note 110, à la page 522).

47. *Dict. de la Bible*, art. *Diaconesse*, p. 1401-1402.

48. « Les divers services auxquels on appliquait les diaconesses étaient d'une nature et d'une condition telles que des femmes âgées semblaient plus aptes à les remplir. Ils n'entraînaient aucune fatigue corporelle. Préparer les femmes et les jeunes filles au baptême, les aider à surmonter tous les obstacles et à éviter tous les scandales, élever les orphelins, remplir les commissions des apôtres ou des évêques auprès de telle ou telle femme de la communauté, tel était le cercle de leur activité. On ne leur confiait que des fonctions de ce genre. Bref elles représentaient, dans la grande famille que formait l'Église dans chaque ville, l'élément féminin et maternel » (Dœllinger, *Le christianisme et l'Eglise*, liv. III, chap. III, p. 430-431).

clergé dans les soins à donner aux personnes de leur sexe. Elles ne doivent être ni trop jeunes, ni trop vieilles, disent les Novelles, et demeurer à l'abri de toute suspicion, pour servir aux saints baptêmes et remplir les autres fonctions secrètes qui font partie de leur ministère, « et adorandis ministrare baptismatibus, et aliis adesse secretis, quæ in venerabilibus ministeriis per eas rite aguntur [49]. »

Une discipline sévère est imposée aux diaconesses et, à Constantinople, Jean Chrysostome n'hésite point à exclure toutes celles qui donnent le mauvais exemple [50].

Saint Jérôme parlant de Népotien trace les devoirs du prêtre de la loi nouvelle vis-à-vis de ses semblables dans le besoin : Soulager les pauvres, visiter les malades, les retirer chez lui, adoucir leurs maux par de tendres paroles, se réjouir avec ceux qui sont dans la joie, pleurer avec ceux qui pleurent, servir de guide aux aveugles (cæcorum baculum), nourrir les affamés, relever l'espérance des découragés [51].

Cette assistance universelle ne néglige point les prisonniers ; toute une série de lois améliorent la procédure. En vue d'entraver le mauvais vouloir des geôliers à l'égard de ceux dont ils ont

49. Cet âge varie, suivant les époques, de 60 à 40 ans (*Cod. Theod.*, XVI, II, 27 ; *Cod. Just.*, I, III, 9 ; *Aut. coll.*, I, VI, nov. VI, cap. 6. — Les lois ne permettent pas d'ordonner les femmes qui ont contracté de secondes noces ou mené une vie scandaleuse. — Voir aussi le IVe concile général tenu à Calcédoine en 451, can. XV (Mansi, VII, p. 362).

50. *Aut. coll.*, IX, XI, nov. CXXIII, cap. 13 et 30. « Nous défendons rigoureusement qu'une diaconesse habite avec un homme qui puisse donner lieu au soupçon d'une vie déshonnête. A noter la nov. III, chap. Ier, relative à Constantinople et limitant pour l'Église principale de cette ville le nombre des prêtres à 60 ; des diacres à 100, des diaconesses à 40. Il est rare, en effet, ajoute l'Empereur, que ce qui est trop nombreux soit bon, « Quia enim pene nihil immensum bonum est ». Dans cette même ville on voit les moines se faire souvent les distributeurs de subsides gratuits dont de curieuses tessères à légendes charitables conservent le souvenir et indiquent le fonctionnement. Conférer abbé Marin, *Moines de Constantinople*, in-8, 1897, liv. I, chap. V, p. 70-71.

51. *Epist.*, LX, *ad Heliodorum*, § 10 (Migne, XX, p. 595). A rapprocher ces conseils de Salvien aux riches de son temps (*Contre l'avarice*, liv. IV) : « Si vous consultez réellement vos propres intérêts, si vous voulez avoir la vie éternelle, si vous désirez compter des jours heureux, laissez vos biens à d'honnêtes indigents, laissez aux boiteux, laissez aux aveugles, laissez aux malades ; que vos richesses alimentent les malheureux, que votre opulence fasse la vie des pauvres ; le rafraîchissement que vous leur donnez sera votre récompense ; ils mangeront du vôtre et vous serez rassasiés ; ils boiront du vôtre et vous éteindrez l'ardeur brûlante de votre soif ; leur vêtement vous couvrira ; leur bien-être vous délectera. « Si

la garde, on les oblige à indiquer chaque mois au juge le nom et la qualité des détenus [52].

Le jour de Pâques, les prisons sont vides et ne renferment plus que les grands criminels que le souci de la sécurité publique empêche de relâcher [53].

Défense aux riches de conserver des cachots particuliers où ils enferment les *tenuiores* dont ils croient avoir à se plaindre [54].

Néanmoins, à la fin du IVe siècle, les prisons publiques elles-mêmes laissent encore bien à désirer, et les fidèles peuvent, dans ces lieux de douleur, donner libre cours à leur ingénieuse pitié.

Saint Chrysostome prêchant à Antioche s'exprime ainsi : « Est-il rien de plus facile que d'aller voir les prisonniers? Qu'y a-t-il de plus aisé et de plus doux? Quand vous les verrez les uns dans les fers, les autres sordides, avec de grands cheveux épars, couverts de haillons ; d'autres exténués de faim, accourir à vos pieds comme des chiens, d'autres ayant le dos tout déchiré ; d'autres que l'on ramène de la place liés et garottés. Passant le jour à mendier sans pouvoir gagner même le pain qui leur est nécessaire pour subsister, et le soir contraints par leurs gardiens à des offices si pénibles et si cruels! Lorsque vous verrez tout ce triste spectacle, eussiez-vous le cœur plus dur que les cailloux, vous quitterez ces lieux pleins de sentiments d'humanité... Alors même du reste que nous n'avons pas les moyens de porter à manger aux prisonniers et de soulager leur détresse, nous pouvons au moins les consoler par nos paroles, fortifier leur âme abattue, les assister en mille choses, soit en parlant pour eux à ceux qui les font mettre en prison, soit en rendant les gardiens plus doux, plus compatissants... Peut-être, direz-vous, il n'y a là ni honnêtes hommes, ni gens de bien, ce sont tous des meurtriers, des assassins; des sacrilèges, qui ont été fouiller dans les sépulcres ; des voleurs; des adultères, des impudiques ; des individus coupables de nombreux crimes : Ah! ce que vous répon-

enim illi de tuo edent, tu saturaberis; si illi de tuo biberint, tu sitis tuæ æstum ardorem quo restingues; te illorum vestitus vestiet; te illorum apricitas delectabit. »

52. *Cod. Theod.*, IX, III, et *Cod. Just.*, IX, IV, *de custodia reorum.*

53. *Cod. Just.*, I, IV, *de Episc. aud.*, 3; *Valent. et Theod.*, (ann. 385).

54. *Cod. Theod.*, IX, XI, I, *Theod. et Arcad.*, (ann. 388); IX, V, *de priv. carcer.*, 1 (Zeno, ann. 486).

dez montre la nécessité de visiter ces malheureux. Le Seigneur ne nous commande pas d'assister les bons et de punir les méchants, mais d'avoir de la compassion généralement pour tous et de répandre sur tous nos charités [55].... »

Une pareille situation ne peut manquer d'attirer l'attention des Empereurs, et une constitution de l'an 409 ordonne ce qui suit : « Que les juges fassent amener devant eux, le dimanche, les prisonniers et qu'ils les interrogent sur la manière dont ils sont traités de peur que des geôliers indignes ne les gouvernent avec cruauté ; que ces juges fassent fournir à ceux qui manquent de vivres, deux ou trois mesures de pain par jour, ou autant que les gardiens le jugeront utile ; cette aumône sera prise sur les biens affectés à l'usage des pauvres, « quorum sumptibus proficiant alimoniæ pauperum. » On doit conduire les détenus aux bains, sous bonne garde.

Les infractions à ces dispositions entraînent des amendes, et les évêques appartenant à la religion chrétienne ont la charge de veiller à ce que les juges ne s'écartent point de ces commandements [56].

Il existe encore une autre manière de venir en aide aux pauvres, c'est de réhabiliter le travail si méprisé [57]. Les disciples du Christ ne manquent point de recourir à ce levier puissant dans la lutte contre la misère : « Ceux que les textes nous montrent en Orient, écrit Paul Allard, parmi les chrétiens fervents, ce ne sont pas les prolétaires oisifs, participant aux distributions de vivres faites par l'État ou les cités, ce sont les vrais ouvriers, les travailleurs manuels [58]. »

55. Et puis, ajoute le saint, ne peut-il pas y avoir, parmi les prisonniers, des innocents comme Joseph dans les cachots du Pharaon ? (*Comm. sur saint Jean*, hom. LX, § 4 et 5 : Migne, LIX, p. 333-334).

56. *Cod. Just.*, I IV, *de Epis. aud.*, 9. C'est pour confirmer ce droit des évêques que *Justinien* promulgue en 529 la constitution mentionnée ci-dessus. Plus tard, l'empereur complète ces dispositions en enfermant dans des monastères, au lieu de les envoyer aux prisons communes, les femmes accusées de crimes. « Ne mulieres in carceribus includantur » (*Aut. coll.*, IX, XVII, nov. CXXXIV, cap. 9 et 10).

57. *Cod. Theod.*, XII, I, *de connub. decur.*, 6 (ann. 319) : « Ad sordida descendere connubia servularum. » *Cod. Just*, XII, I, *de dignit.*, 6 : « Omnique officiorum fæce »

58. *Julien l'Apostat*, t. Ier, liv. Ier, chap. II, § 6, p. 107.

Les petits métiers reviennent progressivement aux mains de personnes libres. Les évêques, à la suite des apôtres, ne cessent de sanctifier le labeur le plus humble. Il suffit de citer saint Jean Chrysostome : « De quoi faut-il rougir ? dit-il ; du péché seul, de ce qui offense Dieu, de ce qui est défendu, mais il faut se glorifier du travail. En travaillant nous chassons de nos cœurs les mauvaises pensées ; nous pouvons venir en aide aux indigents, nous cessons de frapper avec importunité à la porte d'autrui et nous accomplissons cette parole du Seigneur : il vaut mieux donner que recevoir... Si nous possédons des membres c'est pour satisfaire à nos propres besoins et fournir ensuite ce qui est nécessaire aux infirmes [59]. »

Le quatrième concile de Carthage [60] (ann. 436, can. LI-LIII) ordonne aux clercs qui en ont la force d'exercer une profession et de gagner leur vie, quelque instruits qu'ils soient dans la parole de Dieu et cela sans préjudicier à leurs fonctions. « Clericus quantumlibet verbo Dei eruditus artificio victum quærat. »

Les moines habitant des solitudes égyptiennes donnent l'exemple. Au milieu des populations abâtardies par le joug impérial, ils représentent la liberté et la dignité, l'activité et le labeur. Ce sont avant tout des hommes libres qui, après s'être dépouillés de leurs biens patrimoniaux, vivent moins de subsides que du produit de leur industrie et ennoblissent les plus durs travaux de la terre.

Près d'Arsinoé, l'abbé Sérapion gouverne dix mille religieux qui, au temps de la moisson, se répandent dans les campagnes pour scier les blés et gagner de quoi vivre et faire des aumônes. Chaque monastère est une véritable école de charité [61].

Tel est, du IVe au VIe siècle, l'ensemble des efforts accomplis en vue du soulagement à domicile des classes déshéritées. Ainsi que le dit Villemain (*Tableau de l'éloq. chrétien.*, *op. cit.*, p. 281), « de nombreuses basiliques sont ouvertes au peuple ; les mai-

59. Sur ce texte : *Saluez Priscille et Aquila*, hom. I, § 5 (Migne, LI, p. 194-196).
60. Mansi, III, p. 955.
61. Montalembert, *Les moines d'Occident*, t. Ier, liv. III, p. 279 ; liv. II, p. 71-74 ; A. de Broglie, *L'Eglise et l'Emp. romain*, *op. cit.*, 2e partie, t. Ier, chap. II, p. 106.

sons de beaucoup de riches patriciens, au lieu de cette fastueuse clientèle qui remplissait autrefois leurs portiques, reçoivent les indigents et les infirmes, ceux qu'à une autre époque on envoyait mourir dans les îles désertes. Après le salaire des suffrages vendus dans les comices, après le pain distribué par les Empereurs, au milieu des jeux du cirque, il y a maintenant le libre partage que, par l'aumône, la richesse fait au malheur. »

CHAPITRE VI

LES ÉTABLISSEMENTS HOSPITALIERS

§ 1er. — *De la nature et de l'organisation des établissements hospitaliers.*

Les asiles d'Orient et d'Italie, affectés aux pauvres, aux infirmes, aux malades, se forment insensiblement par suite de la transformation naturelle des œuvres préexistantes en présence de besoins nouveaux.

Au cours des premiers siècles de l'ère chrétienne, les évêques accueillent les voyageurs, les nécessiteux, tous ceux sollicitant aide et assistance. C'est dans leur propre demeure qu'ils distribuent les secours, soit par eux-mêmes, soit par l'intermédiaire des diacres. Ces derniers, que secondent les diaconesses, vont à leur tour porter à domicile les aumônes, les consolations de toute nature.

Les riches après avoir donné la nourriture aux malheureux, leur assurent, grâce à leurs *valetudinaria* privés, des soins médicaux temporaires lorsque cela est indispensable.

Il ne peut être question de fondations stables, apparentes ; on vit au jour le jour ; sans cesse à la veille d'être jeté en prison, proscrit, livré aux bêtes du cirque : « christianos ad leonem. »

Une fois la liberté reconnue à l'Église, le nombre des solliciteurs augmente, en raison du mouvement ascensionnel des conversions ; la demeure épiscopale est trop étroite, le *valetudinarium* du palais patricien ne suffit plus. On utilise, en premier lieu, les dépendances immédiates des maisons dont il vient d'être parlé ; elles deviennent insuffisantes à leur tour ; les fidèles se trouvent débordés par le flot croissant des misères à soulager. Or, maintenant, la confiance règne; les communautés ont le droit de posséder des biens immobiliers et il est possible de songer à des institutions publiques, durables, jouissant d'une existence légale.

C'est seulement alors, à partir de l'an 325, environ, que s'élèvent des bâtiments consacrés à différentes catégories d'infortunes, indépendants de la demeure des évêques ou des particuliers. Ces établissements reçoivent des noms, empruntés à leur destination et tirés du grec, parce que ce mouvement commence en Orient.

La législation leur concède une vie propre, mais ils ne représentent point pour cela une idée inconnue aux âges précédents; il s'agit simplement d'un mode d'exercice de la bienfaisance imposé par les circonstances : ce sont de simples prolongements des salles où la charité s'exerce aux époques antérieures [1].

Cette transformation est lente, progressive, variable selon les localités, et elle ne frappe les historiens que quand il s'agit d'asiles considérables ou d'œuvres dues à l'initiative de personnages universellement connus [2].

Parfois aussi des institutions pour ainsi dire ignorées à l'origine, devenues plus importantes, attirent l'attention et font revivre le nom *présumé* du premier fondateur. C'est ainsi que la tradition rapporte à Hélène, mère de Constantin, et à Eubule, l'un des douze sénateurs romains amenés par cet Empereur sur les bords du Bosphore, l'organisation d'établissements existant à Constantinople [3].

1. Lorsque la nécessité ne s'en fait pas sentir, les évêques occidentaux, saint Augustin par exemple, ne créent point de suite des asiles séparés de leur demeure et continuent à recevoir à leur table frugale des hôtes dont le nombre est plus restreint que dans les cités de l'Orient.

2. « Le monde entier, écrit saint Jérôme, en 399, apprend qu'un *Xenodochium* est établi sur le port romain (par Pammachius). L'Égyptien et le Parthe le savent au printemps. La Bretagne connaît la nouvelle dès l'été » (*Epist.*, LXXVII, *ad Oceanum*, § 10; Migne, XXII, p. 697).

3. Du Cange, *Historia byzantina*, II. *Constantinopolis christiana*, in-fol., Lutetiæ parisiorum, CIↃ-IↃC-LXXX, lib. IV, IX, II ; p. 163 : « XENODOCHIUM EUBULI. Ita appellatum ab Eubulio illius conditore quem duodecim senatoribus quos Româ Byzantium adduxit Constantinus. » — IX, XXII, p. 166 : « GEROCOMIUM, sanctam Helenam exstruxisse tradunt origines Constantin., ineditæ. » On peut citer également le *Xenodochium sampsonis* (ou *samsonis*), incendié lors d'une émeute et reconstruit avec magnificence par Justinien (*Constantin., christ., op. cit.*, IX, IX, p. 164 ; *Aut. coll.*, V, XIV, nov. LIX, cap. 3).

C'est surtout en Orient, nous le répétons, en raison du développement rapide de la doctrine chrétienne, que les évêques ouvrent ces asiles qui deviennent un appendice ordinaire des Églises [4]. Une calamité imprévue peut également donner naissance à des installations momentanées, transformées plus tard en établissements définitifs. A Édesse, lors d'une famine, accompagnée, selon l'habitude, d'une contagion redoutable, Ephrem convoque la population affolée, demande aux riches de l'or, installe environ trois cents lits sous les élégants portiques de la cité ; trouve des auxiliaires parmi les pauvres encore valides et triomphe du fléau [5].

Jacques, évêque de Nisibe, Basile, Jean Chrysostome, suppriment les dépenses inutiles, vivent de peu, afin de réunir les ressources indispensables pour élever et soutenir ces maisons des pauvres ; ils ont de nombreux imitateurs [6].

Les monastères naissants affectent une partie de leurs bâtiments au service des étrangers et ne tardent pas à posséder tout ce qu'exige l'exercice de la charité envers les pauvres, les veuves et les orphelins [7].

Dans les lieux de pèlerinage, s'élèvent des hôtelleries gratuites

4. Théodoret, *Hist. eccles.*, V, XVIII (Migne, LXXXII, p. 1238). Saint Épiphane (mort en 403) parle comme d'une fondation ancienne d'un asile de Sébaste affecté au soulagement des pauvres, ξενοδοχεῖον, ou, comme on dit dans le Pont πτωχοτροφεῖον (*Discours contre les hérésies*, liv. III, LV (LXXV); *contre Ærius*, § 1er; Migne, XLII, p. 503-504). Il arrive que des évêques transforment leur maison en établissement hospitalier et se retirent ailleurs. Le *Xenodochium Theophili*, à Constantinople, occupe au contraire un édifice consacré antérieurement à Vénus, « eo loco ubi antea erat lupanar » (*Constant. christ.*, *op. cit.*, lib. IV, IX, XI, p. 164-165).

5. « Atque argento ab illis accepto circiter lectulos trecentos in publicis porticibus constituit; et non eorum solum, quos fames in morbum conjecerat, curam suscepit, verum etiam peregrinos, et eos qui egestate rerum ad vitam necessariarum coacti, ex agris eo venerant, benigne tractavit » (*Act. sanct. Bolland.*, IV, p. 77-78 ; *Vita S Ephr.*, § 7, *ex Sozomeno* ; *Hist. eccl.*, lib. III, cap. XV).

6. Saint Jacques, mort en 350. — « Sa table fut toujours pauvre, ses habits grossiers; il n'eut jamais pour lit qu'un sac jeté à terre; ses plus chères occupations étaient de consoler les affligés, secourir les malheureux, les orphelins, rétablir la paix dans les familles » (*Act. sanct. Bolland.*, XXXI, p. 28 et seqq.).

7. Abbé Marin, *Les moines de Constantinople* (330-898), *op. cit.*, liv. Ier, chap. IV, p. 57 ; Montalembert, *Les moines d'Occident*, *op. cit.*, liv. IX, t. Ier, p. 74-75. — Naucrate, frère de saint Basile, entraîné vers la solitude, se retire sur une colline près de la rivière d'Iris et y établit *un asile pour quelques vieillards* qu'il nourrit en partie du produit de sa chasse (Paul Allard, *Hist. de saint Basile*, in-8, 1899, I, chap. III, p. 20).

à l'usage des indigents; elles portent le nom de πανδοχεῖον; quelques-unes sont encore debout à l'heure actuelle [8].

L'établissement, ou plutôt le groupe d'établissements, fondé aux portes de Césarée par saint Basile, obtient rapidement une renommée méritée.

Sortez de la cité, dit saint Grégoire de Naziance, regardez cette ville nouvelle ; c'est le trésor où les riches viennent placer à l'abri des vers et des voleurs le fruit de leurs épargnes ; ils y portent leur superflu, même leur nécessaire. Je ne connais rien de supérieur à cet asile de miséricorde, il surpasse ces fameuses merveilles aujourd'hui tombées en ruines. « Rien n'est admirable comme cette voie raccourcie du salut, cette rampe douce par laquelle on monte au ciel [9]. »

Au siècle suivant, la fondation porte encore le nom de *Basiliade* (Βασιλειάδος) en l'honneur du saint évêque [10].

Saint Jérôme, à son tour, vient nous entretenir des hauts faits de la charité italienne; il écrit à Pammachius : « J'apprends que tu as élevé un *Xenodochium* au port romain et planté l'arbre d'Abraham sur la terre ausonnienne. Tu as bâti une Bethléem (maison de pain) où le pauvre, après avoir souffert longtemps la faim, reçoit sans aucun retard de quoi subvenir à ses besoins. « Domum panis ædificas et diuturnam famem repentina saturitate compensas [11]. »

8. *Pandocheion* à Deïr Sem'an. « Celui que représente notre planche est de dimensions modestes; il ne diffère pas sensiblement des autres maisons, si ce n'est par le curieux arrangement du portique inférieur, avec son double rang de supports et ses chapiteaux composés de l'extrémité sculptée des poutres de pierre. L'inscription gravée sur le linteau de la porte est ainsi conçue : *Christ — Michel — Gabriel! — Cette hôtellerie a été achevée le 22 Panémus*, 527 — *Christ soit secourable. Siméon fils de... a fait.* » La date correspond au 22 juillet 479 de notre ère (Cte de Vogüé, *Syrie centrale*, *Archiv. civ. et relig. du Ier au VIIIe siècle*, in-4, 1865-1877, t. Ier, *région du Nord*, planche CXIV, p. 128). Voir aussi *L'Habitation byzantine*, par L. de Beylie, in-4, Paris, 1902, p. 44-45, où l'auteur a essayé une restitution complète du Pandocheion; p. 60 il représente un hôpital construit à Damas au VIIIe siècle, sous le calife El-Oualid, par des Coptes.

9. *Oraison funèbre de saint Basile*, prononcée en 381, discours XLIII, § LXIII (Migne, XXXVI, p. 578-579).

10. Sozomène, *Hist. ecclés.*, VI, 34 [*in fine*] (Migne, LXVII, p. 1398).

11. *Epist.*, LXVI, *de morte Paulinæ*, § 11 (Migne, XXII, p. 645). — M. de Rossi *croit* que l'on a retrouvé les fondations de cet édifice remontant à l'année 398, et qui aurait été fort important : « Ecco que il Principe Torlonia ha rinvenuto in Porto le vestigia d'un magnifico edificio, il quale, a mio avviso, é precisamente lo

C'est encore le solitaire de la Judée, les yeux toujours tournés vers l'Italie, qui nous révèle l'héroïsme de Fabiola. Cette patricienne étonne Rome par l'ardeur de sa pénitence, et la première, *dans cette région*, fonde un hôpital (*Villa languentium*), pour y rassembler les malades, et soulager les malheureux accablés par les plus cruelles infirmités [12].

A Alexandrie, le Patriarche saint Jean l'Aumônier institue des refuges destinés aux étrangers, aux indigents [13]. A Constantinople, Empereurs et particuliers rivalisent de zèle et multiplient les fondations. Les règnes de Théodose II, Justin, Justinien en voient surgir un grand nombre ; plusieurs doivent leur origine aux libéralités de *Theodora* [14].

Il en est de même dans tous les grands centres de l'Orient, et ces établissements subsistent autant que l'Empire byzantin.

Nous venons de dire que ces asiles empruntent leur dénomination aux genres divers de misères qu'ils sont appelés à soulager ; il n'existe cependant pas de règle absolue à ce sujet ; malades, infirmes, pauvres peuvent quelquefois se trouver réunis dans la même maison [15]. Néanmoins, il est possible, d'une manière générale, de classer ces demeures hospitalières en s'attachant au but principal pour lequel elles sont créées.

Nous trouvons en premier lieu le XENODOCHIUM, asile affecté aux voyageurs; aux étrangers sans ressources. Ils arrivent porteurs de *lettres de paix*, délivrées, après enquête par l'évêque de

Xenodochio di Pammachio » (*Bulletino di arch. christ.*, ann. IV, 1866, p. 50 et 99). Voir aussi, p. 100 du même recueil : « *Rapporto* del sig. R. Lanciani sulle recenti scoperte nell' edificio *riputato* lo Xenodochio di Pammachio in Porto. »

12. « Et prima omnium νοσοκόμεῖον, instituit, in quo ægrotantes colligeret de plateis, et consumpta languoribus atque inedia miserorum membra foveret » (*Epist.*, LXXVII, *ad Oceanum de morte Fabiolæ*, Migne, XXII, p. 694).

13. *Baronii annales* (édit. Barri-Ducis, 1867, ann. 610, § 7 et 8, t. XI, p. 90-92).

14. Ch. Diehl, *Justinien et la civilisation byzantine au VIe siècle*, gr. in-8 (Paris, 1901, liv. III, chap. III, p. 528-531). — Du Cange (*Constantin. christ.*, *loco citato*) énumère plus de 30 établissements ; il ne faut pas oublier, parmi les fondateurs, sainte Pulchérie, la sœur de Théodose II : « Multa publica hospitum et pauperum condidit domicilia » (*Act. sanct.*, XLIII, *S. Pulch.*, *vita*, § 179, p. 539).

15. Thomassin, *Anc. et nouv. discip.*, *op. cit.*, 1re part., liv. Ier, chap. LIV, t. Ier, p. 172. — Une loi de Justinien (*cod.*, I, III, 49) montre des asiles dénommés Xenones ou Xenodochia, susceptibles de s'occuper de *malades* : « Per Xenodochium in ægrotantes fieri patrimonii distributionem... Quis enim pauperior est hominibus, qui et inopia tanti sunt, et in *Xenonem* repositi et suis corporibus laborantes, necessarium victum sibi non possunt afferre ?... »

leur résidence. Les lettres *de recommandation* ne sont remises qu'à des personnes de distinction dont on loue la piété et la vertu [16].

Saint Jérôme envoie son frère, Paulinien, vendre les restes de leur patrimoine commun, échappé en Pannonie, à la fureur des barbares, pour entretenir le monastère et l'*hôtellerie* qu'il a fondés à Bethléem ; « de telle sorte que Joseph et Marie, revenant dans cette bourgade, puissent y trouver une retraite ». « Nos in ista provincia ædificato monasterio, et *diversorio* propter exstructo ne forte et modo Joseph cum Maria in Bethleem veniens, non inveniat hospitium [17]. »

Les canons, dits arabiques, ajoutés au Concile de Nicée à une époque fort ancienne, exigent qu'il y ait dans toutes les villes des établissements de cette nature [18].

Julien l'Apostat cherche à imiter, sur ce point, la charité chrétienne et écrit au grand prêtre Arsace, souverain Pontife de Galatie : « Établis de nombreux hospices, afin que les étrangers y jouissent de notre humanité et non seulement ceux de notre religion, mais tous ceux qui auront besoin de secours. Quant aux fonds nécessaires j'y ai pourvu [19]. »

« Le *Xenon*, dit Franz de Champagny, est la maison mère de toutes les maisons de charité, la tige de toutes les fondations pieuses ; il abrite à la fois et les hôtes et les infirmes et les indigents ; saint Jean Chrysostome l'appelle le commun domicile de l'Église [20]. »

A côté du Xenodochium, ne tarde pas à se dresser l'asile des-

16. *Concil. chalced.* (ann. 451), can. XI : « Omnes pauperes, et indigentes auxilio, cum proficiscuntur, sub probatione epistoliis vel ecclesiasticis a pacificis, tantummodo commendari decrevimus, et non commendatitiis literis » (Mansi, VII, p. 376). Au sujet de ces lettres de recommandation, nous suivons le sens qui paraît le plus exact, car il y a divergence entre les commentateurs (*Dict. des concil.*, éd. Migne, t. Ier, p. 420).

17. *Epist.*, LXVI, *ad Pammach.*, § 14 (ann. 397) (Migne, XXII, p. 647).

18. Can. LXXV : « Separentur peregrinis, pauperibus et ægrotis domicilia in omnibus civitatibus quæ Xenodochia et hospitia dici solent » (Mansi, II p. 1006).

19. *Œuvres* (éd. Talbot), *op. cit.*, p. 413-414. Lettre écrite en l'an 362 ou 363.

20. *La charité chrétienne*, *op. cit.*, 2e partie, chap. III, § IV, p. 316. — S. Jean Chrys., *Hom. sur les Actes des apôtres*, hom. XLV, § 4 (Migne, LX, p. 319-320).

tiné aux malades, le NOSOCOMIUM; il reçoit aussi les personnes atteintes d'infirmités incurables, les lépreux notamment [21].

Saint Grégoire de Naziance décrit, en ces termes, les malheureux accueillis dans les fondations de Basile: « Nos yeux ne voient plus ce déchirant spectacle de misérables êtres, qui vivants n'ont déjà plus l'usage de la vie et dont plusieurs membres sont comme morts. Infortunés chassés des villes, des maisons, des marchés, des fontaines, si difformes que leurs amis ne peuvent les reconnaître aux traits du visage. Pauvres créatures inspirant, en raison de l'horreur du mal qui les ronge, plus de dégoût que de pitié. N'osant point paraître aux repas publics, aux assemblées, se lamentant avec un accent lugubre lorsqu'il leur reste encore le moyen d'émettre quelques sons humains. »

Fabiola va rechercher les clients de son asile sur les places publiques: « Décrirai-je, dit saint Jérôme, les diverses plaies de ces affligés; nez mutilés; yeux crevés; pieds à demi brûlés; mains livides; ventre gonflé par l'hydropisie; cuisses desséchées; jambes enflées; chairs putrides où les vers grouillent.

...Non quand j'aurais cent langues et cent bouches, quand ma voix serait de fer, je ne parviendrais pas à nommer toutes les maladies auxquelles Fabiola assure des soins. »

> Non mihi si linguæ centum sint, ora que centum.
> Ferrea vox....
> Omnia morborum percurrere nomina possim [22].

Passons-nous à Antioche, saint Jean Chrysostome nous convie à visiter les salles du *nosocomium* et du refuge situés aux portes de la ville, il nous montre ces hommes couverts d'une lèpre hideuse, ces femmes dévorées par des cancers. « Ces deux affections sont à la fois longues et incurables, ajoute-t-il, et dès que quelqu'un en est atteint, ses concitoyens l'éloignent et lui défendent de fréquenter les bains, le forum, et tout lieu public dans l'intérieur de la Cité. Cette séquestration devient d'autant plus affreuse que cet indigent ne peut s'assurer que le pain ne lui manquera pas [23]. »

21. La maison porte alors quelquefois le nom de *Lobotrophium*.
22. Saint Grégoire de Naziance et saint Jérôme, discours et lettres déjà cités.
23. *Consolation à Stagyre*, liv. III, § 13 (Migne, XLVII, p. 490-491). Ce traité a

S'adressant à ces clercs qui recherchent, sous de vains prétextes, la société des femmes jeunes et belles, le courageux évêque leur trace les devoirs réels qui leur incombent.

« Puisque vous aimez à prendre soin des femmes, parce qu'elles sont en général plus faibles, vous avez de nombreuses occasions de les soulager, sans être blâmés et même avec l'espoir fondé d'une magnifique récompense. Il y a des femmes accablées de vieillesse ; éprouvées de mille manières.

« Il faut leur procurer une demeure, des remèdes, des vêtements, une bonne nourriture et bien d'autres choses. Ne seraient-elles que dix malades, vous avez de quoi exercer votre zèle ; or notre ville en est remplie ; on les compte par milliers. Les voilà celles qui ont besoin de secours ; voilà une aumône bien placée ; c'est le cas de faire preuve d'humanité ; d'accomplir une charité utile à ceux qui en sont témoins, à ceux qui la reçoivent et à ceux qui la font. »

Le Patriarche d'Alexandrie, Jean l'Aumônier, fonde sept maisons, réparties dans les diverses régions de la cité, et affectées aux femmes pauvres sur le point de devenir mères. Ces malheureuses y trouvent des lits garnis, des aliments et tout ce qui est nécessaire à leur état [24].

Au milieu de cette énumération de misères corporelles faite par les historiens et les orateurs, on ne voit pas figurer les fous. Le législateur romain s'occupe cependant des *furiosi*, de leur capacité civile, etc. Ils doivent, en général, être soignés au domicile de leurs parents ; en cas d'impossibilité absolue, des quartiers particuliers des prisons les reçoivent (*in carcere*). Il est donc présumable que les établissements ouverts par la charité possèdent des sections où ces êtres privés de raison obtiennent les soins indispensables. Mais aucun texte précis, à notre connaissance du moins, ne fournit de détails à ce sujet [25].

été écrit à Antioche vers l'an 378. Voir un tableau pareil chez Grégoire de Nysse, *De l'amour des pauvres*, discours II (Migne, XLVI, p. 479). — La lèpre est de tout temps endémique en Orient.

24. *Traité des cohabitations illicites*, § 7, écrit, selon l'opinion la plus probable, à Constantinople au début de l'épiscopat si fécond de saint Jean Chrysostome (Migne, XLVII, p. 504-505). Baronii, *Annales* (édit. Barri-Ducis, ann. 610), *op. cit.*, § 7 et 8, t. XI, p. 91.

25. *Hist. de la charité*, t. Ier, ch. VIII, § 2, note 38 de la page 151 ; G. Ganneron

A côté des adultes indigents il y a les enfants à la mamelle, d'autant plus nombreux que les chrétiens peuvent maintenant recueillir sans danger les abandonnés, il y a les orphelins dont s'occupent les Constitutions apostoliques. Selon les cas, le BREPHOTROPHIUM ou l'ORPHANOTROPHIUM assure leur existence.

Le premier admet les nouveau-nés, soit exposés, soit appartenant à des parents très pauvres, ils y sont allaités ; le second sert à nourrir et à élever les enfants d'un certain âge ayant perdu leurs soutiens naturels [26].

L'abbé Tollemer se demande si cette distinction ne provient pas de ce que les familles répugnent à voir les orphelins de condition libre confondus avec les enfants trouvés [27]. La question d'âge nous paraît seule en jeu ; les nécessités n'étant pas les mêmes on crée des établissements séparés : 1° d'allaitement ; 2° d'éducation ; selon les prescriptions de l'Église, les pupilles sont exercés à l'apprentissage de métiers leur permettant de gagner plus tard leur vie par le travail.

Saint Grégoire de Naziance [28] mentionne en effet que la *Basiliade* renferme des écoles industrielles. A Constantinople, une institution des plus importantes est destinée à ces infortunés ; ils suivent des cours de grammaire, de sciences, indépendamment de l'enseignement pratique. « A certains jours fériés, l'Empereur fait la tournée des hospices ; d'autres fois les orphelins, introduits en sa présence, par le grand *orphanotrophe* et portant des candélabres, viennent chanter des hymnes. L'Empereür leur remet un léger présent et leur fait servir un repas [29]. »

(Thèse), *De la condition du furiosus*, in-8, 1881, ch. V, sect. I, p. 113 à 119 ; R. Lagrange (Thèse), *De l'assist. pub. à Rome*, in-8, 1891, ch. VIII, *Des aliénés*. A noter une loi de l'an. 530 (*Cod. Just.*, I, IV, 27) concernant le curateur testamentaire nommé par le père d'enfants aliénés. Ce curateur doit, devant le Président et *en présence de l'Évêque*, prêter serment d'accomplir sa mission avec probité.

26. « *Brephotrophium:* Ædes in qua infantes, recentos que partus expositi, aut egentibus parentibus nati alebantur. *Orphanotrophium:* Hospitale vel alius locus venerabilis in quo orphani conversantur et pascuntur. » Naudet (*Secours pub.*, *op. cit.*, chap. IV, p. 81) regarde les *Brephotrophia* comme des maternités.

27. *Des orig. de la charité cath.*, *op. cit.*, 2e partie, chap. XIII, § III, p. 547.

28. *Oraison funèbre* déjà citée. Saint Basile, dans ses *Règles*, permet que les enfants élevés par les monastères se placent le jour au dehors, du moment qu'ils assistent aux repas communs et rentrent la nuit auprès de leurs maîtres. *Règles*, interrogation XV, § 3, *in fine* (Migne, XXXI, p. 955-958).

29. G. Schlumberger, *Sigillographie de l'Emp. byzantin*, in-4, 1884, 3e division, p. 378.

Les vieillards ne sont pas oubliés dans cette floraison charitable, le GERONTOCOMIUM [30] s'ouvre pour eux, l'antiquité païenne connaît des lieux de repos, destinés aux *citoyens* âgés, ayant rendu des services à la Patrie ; ici l'indigence est un titre suffisant pour être assisté.

On peut appliquer à tous ces asiles la pensée formulée au IXe siècle par Théodore Studite : « Vous qui passez sur le chemin, amis, entrez sans honte, car cette demeure est la maison de Dieu. »

Lorsque l'établissement est assez considérable, on y annexe une chapelle et un monastère de moines ou de religieuses, spécialement chargés de soigner les vieillards ou les malades [31].

Des serviteurs nommés par l'évêque et engagés dans les liens de sorte de confréries, sans être *clercs* [32], desservent fréquemment ces refuges. Les Codes mentionnent les infirmiers attachés aux hôpitaux d'Alexandrie, les *parabolani*, réunis peut-être à la suite d'épidémies. Honorius et Théodose réduisent leur nombre à 600 : « Parabolanos qui ad curanda debilium ægra corpora deputantur, sescentos constitui præcipimus. » Ils doivent être choisis parmi ceux ayant déjà exercé cette profession et acquis de l'expérience, « de iis qui antea fuerant et qui pro consuetudini curandi gerunt experientiam [33]. »

Ces six cents *parabolani* restent sous la direction et la surveillance épiscopale : « Ita ut hi sescenti viri reverentissimi sacerdotis præceptis ac dispositionibus obsecundent et sub ejus cura consistant. » L'assiduité à leurs fonctions est considérée comme un impérieux devoir, il leur est donc défendu de fréquenter les spectacles publics ; de paraître dans le lieu des séances de la curie et même devant les tribunaux, à moins qu'il n'existe des circonstances particulières exigeant leur présence près des

30. Ou *Gerocomium* et encore *gerotrophium* : « Locus ubi aluntur senes », dit Du Cange.

31. Schlumberger, *Sigillog.*, *op. cit.*, p. 378.

32. Paul Allard, *Julien l'Apostat*, *op. cit.*, t. Ier, liv. II, § III, p. 143 : « Ces turbulents serviteurs n'étaient pas des clercs, bien que nourris et entretenus par l'Église. »

33. *Cod. Theod*, XVI, II, 42-43 ; *Cod. Just.*, I, III, *de Episcop.*, 17 (ann. 416) ; 18 (ann. 418), *Parabolani* ou *Parabolanin*.

juges : « Nisi forte singuli ab causas proprias et necessitates judicem adierint. »

En dehors de ces servants des pauvres, laïques ou religieux, nombre de femmes de la plus haute naissance aiment à assister elles-mêmes les malades, les infirmes. Fabiola charge sur ses épaules des pauvres atteints d'affections horribles, elle lave, de ses mains, des plaies purulentes dont tout le monde peut à peine supporter l'aspect ; elle donne avec mille précautions des aliments et des breuvages à ces cadavres vivants : « Præbebat cibos propria manu et spirans cadaver sorbitiunculis irrigabat [34]. »

Sainte Monique, devenue veuve, panse les infirmes et reste de longues heures au chevet de ceux qui souffrent ; elle ensevelit les morts [35].

L'impératrice Placille, femme de Théodose ; sainte Pulchérie, cette fleur si pure épanouie sur le trône d'Orient, agissent de même [36].

« N'est-ce pas, écrit Villemain, un admirable spectacle que les héritières des noms les plus glorieux de Rome idolâtre, les filles des Scipion, des Marcellus, des Camille se consacrant aux œuvres de charité et sacrifiant leurs trésors, leur beauté, leur jeunesse pour secourir des malades et des pauvres, comme si, par une digne expiation, la Providence ait voulu faire sortir les plus humbles consolatrices de l'humanité du milieu de ces familles dont la gloire avait opprimé le monde [37]. »

§ 2. — *L'administration des établissements hospitaliers.*

Au point de vue des privilèges, les établissements hospitaliers, quelle que soit leur origine, sont considérés, d'une manière géné-

34. « Je sais, ajoute saint Jérôme (*loco citato*), des personnes riches et chrétiennes à qui leur délicatesse ne permet pas d'exercer par elles-mêmes ce pieux ministère ; elles sont charitables de leur argent, non de leurs mains. Je ne les condamne pas et n'entends point traiter d'infidélité cette manière de faire ; mais si je pardonne cette faiblesse, je comble de louanges la généreuse et parfaite charité. Un grand amour surmonte tous les dégoûts, « Magna fides ista contemnit. »

35. *Act. sanct.*, XIV, p. 478 et seqq.

36. Theodoret, *Hist. de l'Église*, liv. V, XVIII (Migne, LXXXII, p. 1238). Lorsque l'on cherchait à la détourner de semblables soins, que l'Empereur, disait-elle, distribue de l'or ; moi je veux faire tout ceci en l'honneur de Celui dont il tient l'empire. Pour sainte Pulchérie, *Act. sanct.*, XLIII, p. 503 et seqq.

37. Villemain, *Tableau de l'éloquence chrét.*, *op. cit.*, p. 331.

rale, comme biens de l'Église, tout en ayant une existence propre, constatée et reconnue par les Codes et les Novelles [38].

Quelques auteurs, dont l'opinion paraît fort probable, pensent que l'intervention de l'évêque, seul, en dehors même de tout acte du pouvoir central, suffit pour assurer la personnalité civile aux fondations de cette nature [39]. Il est en effet défendu d'élever une église, un monastère, un oratoire, sans l'autorisation épiscopale [40], et ce sont ces règles que l'on étend aux fondations destinées aux pauvres [41].

Ces asiles sont exempts des charges viles et des impôts extraordinaires [42] ; ils jouissent de diverses faveurs, comme biens ecclésiastiques : prescription spéciale en ce qui concerne les actions réelles et personnelles ; remises de charges frappant les libéralités faites par les curiaux, etc. [43].

Les indigents, ainsi que cela a lieu pour les captifs, une fois légataires, ne sont point considérés comme des personnes incertaines, incapables d'hériter. L'hérédité appartient à la maison hospitalière du lieu où le testateur a son domicile ; s'il existe plu-

38. Em. Brousse, *L'assistance publique et privée chez les Romains*, in-8, 1872, section VIII, p. 145-146.

39. Toutes ces questions se trouvent traitées de la manière la plus complète dans la Thèse déjà citée de Roger Lagrange, alors auditeur au Conseil d'État, *De l'assistance publique à Rome et des enfants assistés en France*, in-8, 1891, chap. X ; *Étab. du Bas-Empire*, p. 125 à 145. Nous nous reporterons souvent aux données si exactes que renferme ce chapitre.

40. *Aut. coll.*, IV, XXII, nov. LXVII, cap. 1 ; *Aut. coll.*, IX, XIV, nov. CXXXI, cap. 7 (ann. 545). Si quelqu'un veut bâtir un vénérable oratoire ou un monastère, nous défendons qu'il soit commencé avant que le très saint évêque de la localité ait fait les prières prescrites et ait planté sur le lieu désigné une vénérable croix, « et venerabilem fixerit crucem ».

41. « Cependant, ajoute R. Lagrange (p. 131), il n'existe en définitive aucun texte d'où cela résulte clairement. Le Code et les Novelles de Justinien nous représentent d'ailleurs les établissements de bienfaisance du Bas-Empire comme ayant la capacité nécessaire pour accomplir les divers actes juridiques, et il ne peut y avoir doute que sur le point de savoir quelle était la source de cette personnalité. »

42. Il est fait exception pour les contributions afférentes à l'entretien des routes et ponts (*Aut. coll.*, IX, XIV, nov. CXXXI, cap. 5).

43. *Cod. Just.*, I, II, *de Eccles.*, 19 ; I, III, *de Episc.*, 35 ; VIII, LIV, *de donation.*, 36, § 3 ; I, II, *de Eccles.*, 22 : « Sancimus res ad venerabiles ecclesias, vel Xenones, vel monasteria, vel orphanotrophia, vel gerontocomia, vel ptochotrophia, vel brephotrophia, vel si quid aliud tale consortium descendentes ex qualicunque curiali liberalitate, sive inter vivos, sive mortis causa, sive in ultimis voluntatibus habita lucrativorum inscriptionibus liberas immunes que esse. »

sieurs établissements, on choisit le moins fortuné : « Tunc ei Xenom vel ptochotrophio qui pauperior esse dignoscitur. » Dans le cas où la localité ne renferme aucun édifice affecté aux pauvres, l'évêque reste chargé de distribuer l'émolument des legs entre les nécessiteux [44]. Le tout sans qu'il soit fait la retenue de la *Quarte-Falcidie* [45].

Les personnes auxquelles incombe le soin de fonder un asile charitable ont un an pour s'acquitter de leurs obligations. « Xenodochium autem aut ptochium, aut aliam venerabilem domum, intra unum fieri annum. » Si les constructions à élever entraînent des délais, qu'elles louent, en attendant, un immeuble approprié. Il appartient d'ailleurs aux évêques de surveiller l'accomplissement de ces libéralités [46].

Ayant la capacité d'acquérir librement, à titre gratuit ou onéreux, ces établissements sont exhortés à accroître leurs possessions, tout en repoussant les donations de biens stériles ou d'un entretien ruineux [47]. Ils ne peuvent, en principe, aliéner que les biens meubles, des décisions nombreuses restreignent la vente des immeubles dans l'intérêt des générations à venir [48].

Cette prohibition comprend : bâtiments ; terres ; jardins ; esclaves ruraux ; « *annones civiles* ». Justinien applique, sous ce rapport,

44. *Cod. Just*,, I, III, *de Episc.*, 49 ; I, II, *de Eccles.*, 26. Si Jésus-Christ est désigné comme héritier, l'Église de la localité reçoit le legs et doit l'employer en aumônes, « ut ipsa competant sanctissimis ecclesiis ad hoc quidem et ad pauperum alimoniam conferant ».

45. « L'héritier devait avoir, en vertu de son institution (jure hereditario), le quart net de l'hérédité ou de la fraction de l'hérédité pour laquelle il était institué. Sinon, si les legs dont un héritier était grevé dépassaient les trois quarts de ce pourquoi il était institué, ils étaient tous réduits, de plein droit, au moment du décès, proportionnellement à leur importance » (P. F. Girard, *Manuel de droit romain*, *op. cit.*, liv. III, V, tit. III, § Ier, p. 911-912).

46. *Cod. Just.*, I, III, *de Episcop.*, 46 ; *Aut. coll.*. IX, XIV, nov. CXXXI, cap. 10 et 12.

47. *Cod. Just.*, I, III, 42, § 6 et 7 ; *Aut. coll.*, I. VII, nov. VIII, cap. 12 : « Sicut autem damnosas alienationes prohibemus, sic etiam damnosas possessiones interdicimus. »

48. Il est à remarquer combien cette conception diffère de celle des législateurs modernes, qui, par une crainte exagérée de la *main-morte*, voudraient détruire le patrimoine immobilier des hôpitaux et hospices. Ils ont réussi à atteindre ce but dans certains pays, et en France combien de fois cette vente funeste du domaine des Commissions hospitalières n'a-t-elle pas été proposée !

une seule et même législation aux édifices consacrés au culte et à ceux ouverts au malheur [49].

Les établissements charitables peuvent toutefois effectuer des échanges d'immeubles, entre eux et avec les Églises et les Maisons Impériales, pourvu qu'il y ait : indemnité réciproque ; consentement des administrateurs ; approbation de l'évêque. « Ceux qui feront de tels échanges, écrit Justinien, auront à craindre le jugement du Dieu tout-puissant, s'ils prévariquent, si quelque collusion a lieu de leur part et s'ils agissent à l'avantage de l'une ou de l'autre des parties [50]. »

Il peut y avoir vente licite pour échapper à de lourds impôts, acquitter des dettes écrasantes, surtout lorsqu'il s'agit d'asiles pauvres situés en province.

Enfin des emphytéoses, temporaires ou perpétuelles, sont permises sous des conditions déterminées [51].

Lorsque ces établissements se voient autorisés à contracter un emprunt en vue de payer les tributs ou pour toute autre nécessité urgente ; ils peuvent donner en gage un bien immobilier, « liceat ejus ordinatoribus immobilem rem aut supponere aut dare in speciale pignus » ; mais alors l'intérêt ne doit pas dépasser trois pour cent, « non autem majoribus quam quarta parte centesimæ. » Il faut, de plus, que les sommes prêtées tournent à l'avantage évident de l'asile [52].

Des règles spéciales s'appliquent aux *annalia legata* ; les administrateurs ne doivent point consentir à ce que *les rentes perpétuelles* ainsi léguées soient transformées en une créance remboursable [53].

49. *Aut. coll.*, II, I, nov, VII, cap. 2 (ann. 535). Il a été parlé plus haut des *annones civiles*.

50. *Aut. coll.*, X, X, nov. LV, Præf. ; *Aut. coll.*, X, IX, nov. LIV, cap. 2 (ann. 537).

51. *Aut. coll.*, II, I, nov. VII (ann. 535) ; V, I, nov. XLVI, cap. 3 (ann. 537) ; V, IX, nov. LV, cap. 1 (ann. 537) ; IX, III, nov. CXX (ann. 544) ; IX, XIII, nov. CXXIX (ann. 551). Ces dispositions concernent parfois la seule ville de Constantinople ; il arrive au contraire que cette cité est exclue du bénéfice des mesures adoptées. Plus tard, Justinien généralise toute la législation sur cette matière. Roger Lagrange, *op. cit.*, p. 135 à 139, examine en détail la procédure suivie dans les divers cas qui peuvent se présenter ; il suffit ici de signaler le principe adopté par les Empereurs.

52. *Aut. coll.*, IX, III, nov. CXX, cap. 4 ; cap. 6, § 2 et 3 (ann. 544).

53. *Cod. Just.*, I, III, *de Episcop.*, 46, § 9 ; 57 ; R. Lagrange, *op. cit.*, p. 138-139

Toutes ces maisons hospitalières étant considérées comme biens d'Église, les préposés à leur administration se trouvent placés sous la juridiction épiscopale, selon la tradition des Saints Pères, dit le huitième canon du concile de Chalcédoine : « Clerici ptochotrophiorum, monasteriorum et templorum martyrum, sub potestate Episcoporum, qui sunt in unaquaque civitate, ex sanctorem Patrum traditione, permaneant [54]. »

Les évêques désignent généralement les titulaires de ces places; de même qu'ils instituent des économes pour le maniement des affaires temporelles qui leur incombent [55].

La simonie est sévèrement interdite [56].

Les fondateurs peuvent cependant nommer les personnes appelées à diriger l'établissement qu'ils créent, ou laisser ce choix à des héritiers ; mais les évêques doivent alors s'assurer que ces agents remplissent exactement leur mission. En cas d'incapacité constatée ils ont le droit de les remplacer [57].

Dans le langage usuel et la terminologie juridique ces directeurs empruntent le nom des asiles qu'ils gouvernent et deviennent : ἡ ξενοδοχον (Xenodochus) ; ἡ νοσοχόμον (Nosocomus) ; ἡ πτωχοτρόφον (Ptochotrophus) ; ἡ ὀρφανοτρόφον (Orphanotrophus) ; ἡ βρεφοτροφον (Brephotrophus) [58].

Des moines peuvent être investis de ces fonctions. A Constantinople celui qui paraît présider à l'ensemble des établissements charitables, le grand *orphanotrophe*, fait le plus souvent partie de cette milice sacrée. Des personnages, haut placés, acceptent parfois également cette dignité [59].

Les directeurs, économes, intendants, veillent à la prospérité

« Autre mesure applicable aux legs charitables : Nous voulons, dit Justinien, que les legs pour des causes pies soient entièrement délivrés à ceux à qui ils sont faits dans les six mois à dater de l'insinuation des testaments. »

54. *Conc. Chalced.*, VIII (Mansi, VII, p. 362); *Corp. Jur. can.*, c. 10, CXVIII, *quæstio* 2.

55. Thomassin, *Anc. et nouv. discip. de l'Église*, *op. cit.*, 1re part., liv. I, chap. LIV, t. Ier, p. 174.

56. *Cod. Just.*, I, III, *de Episcop.*, 42, § 9.

57. *Aut. coll.*, IX, XIV, nov. CXXXI, cap. 10 (ann. 545).

58. *Cod. Just.*, I, III, *de Episcop.*, 42, § 9.

59. G. Schlumberger, *Monuments numismatiques et sphragistiques du Moyen Age byzantin* (*Rev. arch.*, nouvelle série, t. XI, oct. 1880, p. 193 à 212) ; Ch. Diehl, *Justinien*, *op. cit.*, liv. III, chap. III, p. 528 à 531.

financière des asiles, au bon ordre intérieur. Saint Basile recommande de chasser les administrés dont la vie est scandaleuse et qui malgré les avertissements fraternels persistent à ne point conformer leurs mœurs aux préceptes de la loi divine [60].

Ainsi que cela est prescrit pour les évêques, les intendants des demeures affectées à l'infortune ne peuvent, durant leur gestion, disposer de leurs biens propres, à moins de prouver qu'ils les possédaient avant leur nomination ou qu'ils en ont hérité de parents et encore *ab intestat* [61].

Ces hospices, surtout ceux situés dans les villes, jouissent de gros revenus ; un contrôle est indispensable et la reddition des comptes a lieu en présence de l'évêque ; on exige du comptable la restitution de tout ce qu'il est reconnu devoir légitimement. Ses héritiers sont soumis aux mêmes obligations.

En cas de contestation, l'affaire est portée devant le Métropolitain ou le Patriarche, selon le degré hiérarchique du premier juge [62].

Les directeurs des établissements d'assistance sont exempts des charges extraordinaires du moment qu'ils professent la foi de Nicée, « orthodoxæ fidei », car, disent les empereurs Léon et Anthémius, nous jugeons qu'il est indigne de notre siècle d'assujettir ces pieuses personnes, « beatissimis viris », aux impositions dont nous exemptons beaucoup d'autres catégories de citoyens, « quas plerisque personis diversa ratione remittimus [63] ».

Les *orphanotrophes*, à Constantinophe en particulier, jouissent de droits spéciaux [64]. La législation les considère comme les

60. Saint Basile, *Règles*, interrogation CLV (Migne, XXXI, p. 1183-1184).

61. *Cod. Just.*, I, III, *de Episcop.*, 42, § 6 ; *Aut. coll.*, I, XIV, nov. CXXXI, cap. 13 : « Nous ordonnons que tout ce qui est décrété relativement aux biens dévolus aux très saints évêques pendant leur épiscopat soit applicable aux très révérends directeurs des hospices d'orphelins, des maisons des pauvres, des hôpitaux, des hôtelleries de passants, des refuges de vieillards », « et omnibus aliis rectoribus venerabilium domuum ».

62. *Aut. coll.*, IX, XVI, nov. CXXIII, cap. 23 (ann. 546). Dans son ouvrage déjà cité sur les *moines de Constantinople*, M. l'abbé Marin donne (p. 69), d'après la correspondance de saint Théodose Studite, d'intéressants détails relatifs à la sollicitude que le saint abbé portait aux maisons hospitalières, n'hésitant pas, lorsque cela était nécessaire, à adresser de sévères reproches aux directeurs.

63. *Cod. Just.*, I, III, *de Episcop.*, 33, § 7 (ann. 472).

64. *Cod. Just.*, I, III, 32 (ann. 472) ; *Aut. coll.*, I, XIV, nov. CXXXI, cap. 15 (ann. 545).

tuteurs des enfants recueillis en bas âge et les curateurs des adolescents, « qui quidem pupillorum sunt quasi tutores, adolescentium vero quasi curatores ». Ils peuvent être ainsi admis à se présenter en justice à titre de demandeurs, ou de défendeurs, dans les affaires intéressant leurs pupilles, sans fournir caution.

Les biens appartenant aux pupilles sont remis à ces *orphanotrophes* en présence de notaires ou du maître du cens, s'il s'agit de Constantinople, « in hac quidem inclita urbe apud virum perfectissimum magistrum census ». En province, cette tradition a lieu devant les présidents ou les défenseurs des cités.

Lorsqu'ils jugent utile d'aliéner une partie de ces dépôts soit pour payer des dettes, soit pour toute autre cause urgente, ils le peuvent après avoir fait procéder à une estimation.

« Il convient, ajoutent les Empereurs, que ces *orphanotrophes* exercent leur pieux et religieux office sans être tenus de rendre compte ; car il est dur et même injuste que ceux qui, par une crainte salutaire de Dieu, consacrent leurs soins paternels à élever et nourrir les orphelins privés de parents et souvent de ressources, soient victimes d'audacieuses machinations : « Ut minime ratiociniis tutelaribus seu curationibus obnoxii sint, grave enim atque iniquum est, callidis quorumdam (si ita contigerit) machinationibus eos vexari, qui propter timorem Dei, a parentibus at que substantiis destitutos minores sustentare ac velut affectione paterna educare festinant. »

Il est toujours regrettable de voir des hommes de dévouement exposés a des attaques injustifiées ; toutefois, la décision des empereurs Léon et Anthémius, insérée au *Code Justinien*, dépasse la mesure ; il convient de réprimer les calomniateurs et non de laisser sans contrôle des administrateurs parmi lesquels peuvent se glisser des sujets indignes, et cela surtout lorsqu'il s'agit de pupilles incapables de défendre leurs propres intérêts.

Cette réflexion une fois faite, tous les textes qui viennent d'être cités montrent le désir des Souverains de développer la juridiction des évêques en ces matières touchant au sort des malades, des faibles, des pauvres. En Orient, l'accord est complet sur ce point ; Justinien le fortifie encore et le consacre par ses lois.

A cette même époque, l'Occident est livré aux luttes les plus sanglantes ; des peuples, naguère inconnus, occupent d'une façon définitive les terres de l'Empire ; il existe tout un monde barbare à conquérir à la Foi. L'Église ne reste pas inférieure à cette tâche ; après de nombreux efforts elle fait prévaloir les droits imprescriptibles de la charité.

La troisième partie du présent volume est consacrée à l'exposé sommaire de ce nouveau triomphe de la Religion.

TROISIÈME PARTIE

LES PEUPLES QUI, EN OCCIDENT, REMPLACENT L'EMPIRE ROMAIN

V^{e}-IXe SIÈCLES

CHAPITRE PREMIER

L'ACTION DE L'ÉGLISE SUR LES MŒURS ET LES LOIS

§ Ier. — *Les papes, les évêques et les moines.*

A dater du ve siècle, après les victoires d'Alaric, de Genséric, de tant d'autres chefs barbares, l'autorité effective sur l'Italie et les vastes régions de l'Occident échappe, sauf à de rares intervalles, aux Césars de Byzance, et ces contrées se trouvent livrées à la force brutale.

Heureusement, ainsi que le constate Guizot (*Hist. de la civil. en Europe*, 2e leçon), en présence du flot montant de la barbarie, l'Église possède une force supérieure reposant sur les convictions et les sentiments moraux.

La Papauté est debout entre les conquérants et les Empereurs ; les Papes, saint Grégoire Ier en tête, prennent sur eux de pourvoir aux besoins publics, lorsque l'inaction des Lieutenants de l'Empire d'Orient devient trop évidente (Montalembert, *Les moines d'Occident*, t. II, liv. V, chap. II, p. 110-111).

Ce grand Pape se plaint amèrement à l'empereur Maurice de l'abandon de l'Italie ; pour garder Pérouse on laisse Rome à découvert, et il voit, de ses yeux, des Romains, la corde au cou, comme des meutes de chiens, conduits en France pour être vendus au marché. « Ita ut oculis meis cernerent Romanos more canum in collis funibus ligatos, qui ad Franciam, ducebantur venales [1]. »

1. S. Greg. Papæ I, *Opera omnia*, 4 vol. in-fol. Parisiis, MDCCV. Epist. lib. V, epist., XL, *ad Mauricium Augustum*, t. II, p. 767.

Quels sont ces hommes de Dieu qui gardiens de la Ville Éternelle en demeurent les maîtres [2] ? Nous les voyons pleins de charité envers les pauvres, « hic fuit amator pauperum » ; protecteurs du clergé, « clerum ampliavit » ; compatissants, « fuit autem sanctus, benignus super omnes homines » ; généreux, « largus » ; empreints de douceur, « mitissimus » ; sachant écarter de Rome les affres de la famine, « hic liberavit a periculo famis civitatem Romanam » [3]. Leur histoire se résume dans la vie de Grégoire ; avant de se faire moine, il abandonne aux pauvres tous ses biens et sert lui-même les mendiants hébergés dans l'hôpital construit par lui à la porte de sa maison paternelle changée en monastère [4].

Rien n'échappe au regard d'aigle de ce Pontife doué d'une âme ardente, enveloppée d'un corps chétif, épuisé par les austérités et la maladie. Les désastres se multiplient ; aux portes de Rome : les villes sont détruites, les places fortes renversées, les campagnes dépeuplées, les églises en ruines. « Urbes erutas, eversa castra, depopulatos agros, suffossas ecclesias videmus [5]. »

Rien n'abat son courage : d'un esprit tranquille, il trace les règles de la charité, sœur de l'humilité [6] ; qui aime son prochain en Dieu et son ennemi pour Dieu [7]. Il recommande l'hospitalité ; la bonne humeur dans les œuvres d'assistance que l'on doit considérer comme des œuvres de justice ; car en les accomplissant nous rendons plutôt aux pauvres leurs biens que nous ne leur donnons des nôtres : « Nam cum quælibet necessaria indigentibus ministramus, sua illis reddimus, non nostra largimur ; justitiæ debitum potius solvimus, quam misericordiæ opera implemus [8]. »

2. Montalembert, *Les moines d'Occid.*, *op. cit.*, liv. V, chap. II, t. II, p. 118-119.
3. *Lib. Pontificalis. Texte introd. et comm.*, par l'abbé Duchesne, 2 vol. in-4. 1886-1892, t. Ier, LI ; *Gelasius*, (492-496) ; LXXIII, *Severinus* (640) ; LXXV, *Theodorus* (642-649) ; LXXXII, *Leo II* (682-683) ; LXXXIII, *Benedictus II* (684-688).
4. Montalembert, *Les moines d'Occident*, *op. cit.*, liv. V, chap. Ier, t. II, p. 97.
5. S. Greg., *Opera*, *In Ezechielem*, lib. I, hom. IX, § 9 ; *op. cit.*, t. Ier, p. 1253.
6. S. Greg., *Opera*, *Moralium*, lib. XXI, in caput XXXI, B. Job, *op. cit.*, t. Ier, p. 692.
7. S. Gregor., *Opera*, *In Evang.*, hom. XXVII, *op. cit.*, t. I, p. 1560.
8. S. Gregor., *Opera*, *In Evangelia*, lib. II, hom. XXIII, t. I, p. 1538 ; *Reg. pastoralis*, *tert. pars.*, cap. XX ; cap. XXI, t. II, p. 64-66.

Il flétrit l'avare semblable à l'hydropique pour lequel la boisson accroît la soif [9] et condamne le riche cherchant dans l'aumône une excuse, pour de nouveaux péchés : « Frustra pretium tribuit [10]. » Le pauvre lui-même est-il coupable, on doit l'avertir et non le mépriser [11].

Ce moine intrépide, élevé sur la chaire de Pierre, lutte contre les grands de ce monde en faveur des faibles, des petits, opprimés par la violence, l'iniquité des juges ou victimes du fisc [12]; pauvres habitants de la Corse, de la Sicile pouvant à peine s'acquitter en vendant leurs enfants [13].

Nombreuses sont ses lettres à Childebert II, à Clotaire, à Brunehaut, afin de : hâter la correction des mœurs ; réprimer les progrès de la simonie ; déraciner l'idolâtrie. Grégoire s'occupe des orphelins [14], des vierges désireuses de se consacrer au Seigneur [15], en même temps qu'il donne au moine Augustin la mission d'aller convertir les Anglo-Saxons [16].

Ce grand homme meurt le 12 mars 604, après treize années de pontificat.

Mais les Papes ne sont pas seuls ; que d'évêques en Occident savent prendre aussi la défense du droit et se montrent dignes de leurs frères d'Orient. Que de fois les acclamations du peuple vont à un prêtre jouissant d'une bonne réputation auprès de tous ceux qui le connaissent ; instruit dans les saintes écri-

9. S. Greg., *Opera*, *Moral.*, lib. XIV, in cap. XVIII, B. Job, § 14 : « Omnis avarus ex potu sitim multiplicat », *op. cit.*, t. I, p. 441.

10. S. Greg., *Opera*, *Moral.*, lib. XII, in cap. XV, B. Job. § 57, t. I, p. 413. *Concil. Cloveshovense* (ann. 747), can. XXVI (Mansi, XII, p. 403) ; *Concil. Cabilonense* (ann. 813), can. XXXVI (Mansi, XIV, p. 101).

11. S. Greg., *Opera*, *In Evangelia*, lib. II, hom. XI, § 10, t. I, p. 1659.

12. S. Greg., *Opera*, Epist. lib. I, epist., XIII ; epist., LXII ; lib. VI, epist., XXXVIII ; lib. IX, epist., CXXVI ; lib. X, epist., XXXVI ; *op. cit.*, t. II, p. 499, 551, 822, 1034, 1065.

13. S. Greg., *Opera*, Epist., lib. V, epist., XLI : « Corsica vero insula tanta nimietate exigentium, et gravamine premitur exactionum, ut ipsi qui in illa sunt, eadem quæ exiguntur complere vix filios suos vendendo sufficiant », *op. cit.*, t. II, p. 768-769.

14. S. Greg., *Opera*, Epist. lib. III, epist., XXI : t. II, p. 638.

15. S. Greg., *Opera*, Epist. lib. III, epist., XL : t. II, p. 653.

16. S. Greg., *Opera*, Epist. lib. VI, epist., LI, LII, LIII, etc., *op. cit.*, t. II, p. 829-836. En ce qui concerne la Sardaigne, lib. IX, epist., LXV, t. II, p. 981.

tures ; dont la vie est pleine d'honnêteté et de sagesse ; unissant l'équité à la chasteté, la mansuétude à l'humilité; large dans ses aumônes; prompt à secourir les veuves [17].

Sidoine Apollinaire nous montre Patiens, évêque de Lyon : saint, courageux; sévère quand il convient; toujours compatissant; donnant par ses abondantes largesses et son humanité envers les pauvres, la plus haute idée de ses vertus [18].

Saint Grégoire veut que ces qualités soient vraies, profondes ; l'évêque doit rester conséquent avec les doctrines qu'il prêche. « La prière est vaine si la conduite est mauvaise. » Aux temps où nous sommes, ajoute le Pontife, ne confions le pouvoir qu'à ceux sachant se préoccuper, non seulement des âmes, mais aussi de la défense des intérêts temporels des peuples [19].

Il faut, en un mot, des hommes qui puissent, en présence de l'iniquité triomphante, s'écrier fièrement, comme saint Hilaire de Poitiers s'adressant à un empereur arien : « Je suis évêque. » EPISCOPUS SUM [20].

Tous, évidemment, sont loin de répondre à cet idéal ; au milieu d'une époque aussi troublée, dans des régions où règnent des Chilpéric, des Frédégonde, les passions mauvaises font leur œuvre et amènent sur le siège épiscopal de mainte cité, des sujets indignes, violents, grossiers, courtisans des rois.

Néanmoins, si l'Orient se glorifie des Athanase, des Jean Chrysostome, des Basile, des Grégoire de Nysse et de Naziance pour ne citer qu'eux, on peut ici avec Godefroy Kurth (*Les orig. de la civil. moderne*, t. II, p. 106) saluer : « Ce noble et auguste aréopage que composent les Germain de Paris, les Césaire d'Arles, les Remi de Reims, les Nicet de Trèves, les Sulpice de Langres, les Grégoire de Tours, les Avitus de Vienne, les Nizier

17. Acclamations du Peuple suisse demandant saint Gall pour évêque (*Act. sanct. Bolland., de S. Gallo, confessore*, § 103, LV, p. 876).

18. C. Soll. Appolin., lib. II, Epist., X ; *Hesperio*, op. *cit.*, t. I, p, 172-173.

19. S. Greg. *Opera*, Epist. lib. XI, epist., LI ; lib. X, epist., LXII, t. II, p. 1138 et 1086 : « Non solum de salute animarum, verum etiam de extrinseca subjectorum utilitate et cautela sciat esse sollicitus. »

20. *De S. Hilario Episcop. Pictor. in Gallia. Act. sanct. Bolland*, II, p. 64 et sqq. Quelle activité montre le corps épiscopal, il y a dix-huit conciles particuliers tenus dans la seule ville de Tolède en trois siècles.

de Lyon, les Didier de Cahors, les Léger d'Autun, les Éloi de Noyon, les Ouen de Rouen, les Remacle de Tongres, les Arnoul de Metz, les Cumbert de Cologne. »

Pour civiliser les sociétés barbares il est nécessaire, ajoute cet éminent auteur, que de tels hommes s'appuient sur un clergé en majorité digne d'eux, et l'on doit « reconnaître la valeur d'une armée qui fait une si belle conquête. »

L'évêque protecteur des faibles, des orphelins, des veuves[21], visite chaque année son diocèse afin de défendre les opprimés, employant même l'autorité de la puissance royale pour réprimer les excès de ceux que ne fléchissent pas ses prières et ses remontrances[22]. En effet, les petits ne peuvent rester en butte aux injustices des grands, c'est la tradition des conciles[23].

Il n'est donc pas surprenant de rencontrer partout des pasteurs intrépides s'opposant aux entreprises injustes du fisc ; organisation oppressive empruntée à Rome et perfectionnée encore, si cela est possible, entre les mains des Wisigoths, ou des rois mérovingiens. « La propriété est alors abandonnée sans pitié à l'arbitraire royal[24] », et Bathilde, devenue régente, s'empresse d'adoucir le sort des contribuables, car, disent les historiens, « plusieurs aiment mieux laisser mourir leurs enfants que de les nourrir, parce qu'ils voient les exactions fiscales croître avec leur nombre[25]. »

21. « Circa pauperes opulentus, circa orphanos pater ; circa viduas maritus, oppressorum sublevator, mœrentium consolator, non sibi sed omnibus vivens, fideliter promissa complebat... » (*Act. sanct. Bolland.*, *Vita A. Bernardi* (*vel Barnardi*), Episc. Viennensis, sect. 9, III, p. 159).

22. *Concil. Arelatense* VI (ann. 813), can. XVII (Mansi, XIV, p. 61) : « Le soulagement des pauvres et des oppressez estoit encore une raison de grands poids, pour exiger des Evesques ces fréquentes visites de leurs diocèses. Car ils se rendoient coupables et devenoient eux-mesmes en quelque façon complices de toutes ces oppressions, si ayant et l'obligation et le pouvoir d'y remédier, ils ne le faisoient pas » (Thomassin, *op. cit.*, P. III, l. II, chap. LXVIII, § 4, t. II, p. 364).

23. *Concil. Aschaïmense* (763 ?), can. X : « De viduis et orphanis admoneri oportet, ut sive calumnias potentium efficientur » (Mansi, XII, p. 669).

24. Fahlbeck, *La Royauté et le droit royal Francs*, in-8, 1883, chap. III, et chap. IV, p. 134 et 171 : « Parmi les traditions romaines, le gouvernement des Mérovingiens n'en connut pas de plus précieuses que celles de la fiscalité. Il ne laissa perdre ni un nom d'impôt, ni un moyen de recouvrement » (Ozanam, *La civ. chrét. chez les Francs*, étud. germ., *op. cit.*, t. IV, chap. VIII, p. 353 ; G. Kurth, *Les orig. de la civil.*, *op. cit.*, chap. IX, t. II, p. 87).

25. Dom Pitra, *Vie de saint Léger*, *op. cit.*, chap. VIII, p. 134.

Cette intervention constante et souvent efficace de l'épiscopat donne lieu à ces légendes populaires montrant les chaînes de prisonniers brisées par la seule prière des évêques et des saints. Lorsque ces légendes nous parlent de la délivrance miraculeuse des détenus, il est question le plus habituellement de captivité pour dettes envers le trésor.

Il suffit de citer un de ces gracieux récits : Un jour, saint Germain, évêque de Paris, passe par Avallon venant d'Autun, il apprend avec douleur que les prisons sont remplies de débiteurs du fisc. Touché de compassion, il prie le comte Nicaise de donner à ces malheureux la liberté sous caution. Le comte refuse. Alors le vénéré Pontife, sans même attendre la fin du repas, va se prosterner la face contre terre, à la porte des cachots où gémissent tant d'infortunés, et demande à Dieu de lui concéder la grâce qu'il ne peut obtenir de la dureté des hommes. Ses larmes touchent la miséricorde divine ; un ange vient ouvrir la porte et rompre les fers des captifs.

Le roi, informé de ce fait, accorde aux débiteurs la remise entière de leurs dettes[26].

La présence d'un évêque, en une localité déterminée, suppose que la civilisation n'est pas complètement éteinte sous les flots de l'invasion. Il y a au ve siècle, et postérieurement, des contrées ramenées à la barbarie ; d'autres n'ont jamais reçu les lumières de l'Évangile. Il faut, pour atteindre ces âmes encore païennes, des missionnaires sachant vaincre tous les obstacles et pousser le dévouement jusqu'au martyre.

L'Empire des Francs a ses évêques, l'apostolat des moines convient à la Germanie et aux peuples anglo-saxons. Le but à atteindre est difficile sans être au-dessus de leurs forces disciplinées.

« Les origines du christianisme, écrit H. Beaune [27], forment l'épisode le plus héroïque de l'humanité. Partout l'Église applique

26. *Act. sanct. Bolland.*, XIX ; *Vita S. Germ.*, cap. III, § 19, p. 772 : « L'invasion franque améliora la condition des décurions, en les déchargeant de la solidarité en matière d'impôts, dont le recouvrement fut désormais confié aux Comtes » (H. Beaune, *Introd. à l'étud. hist. du droit coutum. français*, liv. II, chap. II, sect. Ire, § Ier, p. 149).

27. *Op. cit.*, liv. II, chap. II, sect. Ire, § 4, p. 163-164.

à la barbarie des mesures qui la corrigent et qui ne prétendent rien moins qu'à la dompter. »

Saint Benoît trouve encore des traces de paganisme sur le mont Cassin, où il s'établit avec ses frères ; il répand ses bienfaits, guérit les malades, les lépreux, les possédés. Totila, vainqueur des Romains, maître de l'Italie, lui demande sa bénédiction, et c'est à sa règle empreinte d'une sagesse si profonde que nombre de monastères doivent bientôt leur prospérité.

A la vue de jeunes esclaves vendus sur le marché de Rome, le pape saint Grégoire s'éprend d'un violent désir de convertir les *Angles*. Il envoie, nous venons de le dire, Augustin à la tête de missionnaires appartenant à la grande famille bénédictine. La conquête pacifique de l'Ile devient le fruit de leurs laborieux efforts. De cette île même, au VIIIe siècle, part à son tour saint Boniface, il parcourt les différentes régions de la Germanie, multiplie les conversions et meurt, en 755, massacré par ceux qu'il veut sauver. Avant lui, les moines irlandais évangélisent les Alamans, les Lombards, et font reculer l'idolâtrie.

Tous ces pionniers de l'idée chrétienne, quelle que soit leur nationalité, profitent de l'ascendant dû à leurs vertus et aux services qu'ils rendent pour protéger les faibles. Chilpéric, guéri par Arèdius, lui livre les rôles des contributions qui pèsent si lourdement sur le pauvre peuple. Cet apôtre du Limousin fait allumer un grand brasier et brûle les funestes registres en présence d'une foule nombreuse [28].

Ce n'est qu'un trait cité entre mille, à titre d'exemple.

En raison de ces dévouements de tous les jours, papes, évêques, missionnaires et moines, marchant sous une bannière commune, parviennent à faire pénétrer dans les lois des principes de douceur relative, et d'équité envers les faibles.

28. Montalembert, *Les moines d'Occident*, *op. cit.*, liv. VII, chap. V, t. II, p. 326.

§ 2. — *L'autorité civile venant en aide à l'action de l'Église.*

Les lois des peuples barbares établis en Occident : Wisigoths, Francs, Burgundes, etc., proviennent de la rédaction d'anciennes coutumes modifiées successivement selon les progrès de la vie sociale.

Il est utile de remarquer que presque partout la population conquise continue à jouir de ses lois antérieures [29]. La fusion se fait ensuite d'autant plus rapidement que les deux races trouvent dans l'Église un intermédiaire qui inculque aux vainqueurs et aux vaincus les principes tutélaires dérivant de la doctrine nouvelle. Les conciles n'édictent point de lois civiles, c'est évident, ils posent les règles morales que les représentants du pouvoir séculier se chargent de codifier et de faire exécuter.

Des textes successifs du Code d'un même peuple [30] permettent de saisir ces transformations. *La loi salique* est le véritable Code pénal des Francs saliens, on en connaît au moins cinq rédactions, depuis Clovis, encore païen, jusqu'à Charlemagne, auquel on doit la *lex emendata* [31].

L'influence de l'Église se fait sentir également dans la rédac-

29. Pardessus, *Loi salique*, in-4, 1843, Dissertation seconde, p. 437 et suivantes. « A l'époque barbare, chacun vit sous sa loi particulière. Le Salien et le Romain, installés l'un à côté de l'autre, vivent l'un sous le régime de la loi salique, l'autre sous celui de la loi romaine. C'est la *personnalité des lois.* » Paul Viollet, *Précis d'hist. du droit français*, Ier fascicule (1884), 4e partie, chap. Ier, § 2, p. 79.

30. Un fait commun à tous les Codes germaniques est l'admission de la composition ou *Wergeld*, à titre de rachat du droit de vengeance (Thonissen, *L'organisat. judiciaire, le droit pénal et la procéd. pénale de la loi salique*, in-4, Bruxelles, 1881, chap. II, § Ier, p. 70 ; Fustel de Coulanges, *Hist. des Inst. polit. de l'ancienne France*, in-8, 1877, liv. IV, chap. VI, § 2, p. 543 et suivantes).

31. Les textes postérieurs à la conversion de Clovis sont précédés d'un prologue enthousiaste dont voici quelques fragments : « Gens Francorum inclita, auctore Deo condita, fortis in arma, firma in pacis fœdere, profunda in consilio, corporea nobilis, incolumna candore, forma egregia, audax, velox et aspera ad chatholica fide conversa et inmunis ab herese... Vivat qui Francos diligit Christus, eorum regnum custodiat... » (Pardessus, *op. cit.*, deuxième prologue, 344-345).

tion d'autres lois parvenues jusqu'à nous : lois des Bavarois, des Wisigoths[32], des Lombards, des Anglo-Saxons[33].

Mais à aucune époque, peut-être, l'union entre les évêques et la royauté n'est plus intime que sous Charles le Grand, CAROLUS MAGNUS, qui, dès l'an 769, s'intitule : « Charles, par la grâce de Dieu, souverain du royaume des Francs, défenseur et auxiliaire dévoué de la sainte mère l'Église dans tous ses besoins. » « Devotus sanctæ Ecclesiæ defensor atque adjutor in omnibus[34]. » Il veut que les veuves, les orphelins, les petits vivent en paix sous la protection divine et la garde de l'empereur : « Sub Dei defensione et nostro mondeburdo[35]. »

Il veille à ce que le clergé garde une exacte discipline ; à ce que les évêques ne négligent pas leurs circonscriptions ; les comtes doivent rendre une justice égale pour tous ; ne jamais opprimer les humbles. Des envoyés spéciaux, « missi dominici », sont chargés de proscrire les abus, de faire régner partout le bon ordre et l'équité[36].

Les recommandations de ces *Missi dominici* adressées, au nom du souverain, à tous les citoyens, sans se préoccuper du rang qu'ils occupent dans la hiérarchie sociale, sont empruntées aux Pères de l'Église[37].

Devenue forte et respectée, la législation peut se montrer plus

32. « On sait assez que ces Conciles constituèrent la force et la gloire de l'Espagne gothique, et que de leur sein sortit, épurée par l'esprit sacerdotal, cette législation des Wisigoths que la science moderne a noblement vengée, et qu'elle a placée au premier rang des lois de l'antique chrétienté » (Montalembert, *Les moines d'Occid.*, *op. cit.*, liv. VI, t. II, p. 232).

33. « Les lois (anglo-saxonnes) n'ont subi d'autre influence que celle du christianisme, souvent même impuissant à réagir contre la rudesse de la race saxonne ou danoise » (H. Beaune, *op. cit.*, liv. I, chap. III, p. 107).

34. Karoli Magni, *capitulare primum*, ann. 769 : vel paullo post ; *Monum. germ. histor.*, *Capitularia Regum Francorum*. edid. A. Boretius, in-4, 1881, n° 19, p. 44.

35. *Capitulare Baiwaricum* circa ann. 810 ? ; Boretius, *Capit.*, *op. cit.*, n° 69, p. 158.

36. *Capitularia*, edidit Boretius, *op. cit.*, capit. primum, § 3-8, n° 19, p. 45 ; *Capitul.*, *missorum generale* (ann. 802), § 14, n° 33, p. 94 ; *Capitul.*, *missorum in Theodonis villa datum, secundum generale*, § 2 et 16, n° 44, p. 122 et 125. On pourrait citer nombre d'autres capitulaires dans lesquels Charlemagne indique, sous mille formes différentes, son ardente volonté de voir la paix et la concorde régner partout. « Les missi dominici disparaissent vers 888, à l'époque où les rois cessent de faire des capitulaires » (H. Beaune, *op. cit.*, liv. II, chap. III, § 3, p. 208).

37. *Capitularia*, edid. Boretius, *op. cit.*, *Missi cujusdam admonitio* (801-812), n° 121, t. I, p. 238 et sqq.

humaine, la confiscation cesse d'être ajoutée à la peine de mort; les intérêts de la clémence se concilient avec ceux de la justice. Le travail refleurit et la prospérité publique s'accroît[38].

« Sous quelque point de vue que vous considériez le règne de Charlemagne, écrit Guizot, vous y trouverez toujours le même caractère, la lutte contre l'état barbare, l'esprit de civilisation; c'est là ce qui éclate dans son empressement à instituer des écoles; dans son goût pour les savants, sa faveur pour l'influence ecclésiastique, pour tout ce qui lui paraît propre à agir soit sur la société entière, soit sur l'homme individuel[39]. »

§ 3. — *Les résultats obtenus.*

I

LA FAMILLE

La femme germaine, on le sait, est entourée d'un certain respect. Salvien loue en plusieurs endroits la pureté comparative des mœurs des envahisseurs de l'Empire[40]; et nous voyons la loi salique, même dans ses premières rédactions, condamner toute atteinte à la pudeur féminine (chap. XX-XXV).

Chez les Francs, comme chez les nations du Nord, la femme reste d'ailleurs toujours en tutelle, les anciennes formules en font foi; cette tutelle, loin d'être la négation de ses droits, les consacre en les protégeant[41]. Charlemagne y ajoute l'intervention du pouvoir royal en faveur de la femme privée de défense, sans

38. Conférer G. Kurth, *Les orig. de la civil.*, *op. cit.*, t. II, chap. XIII, et notamment les pages 244 à 248.

39. Guizot, *Civil. en Europe*, *op. cit.*, 3e leçon, p. 89.

40. De Gubern. Dei, *passim*, et notamment liv. VI et VII. Il faut se tenir en garde contre les affirmations du prêtre gaulois, trop souvent disposé à exagérer les vertus naturelles des peuples barbares pour faire honte à ses concitoyens de leur dépravation raffinée.

41. Gide, *Etud. sur la cond. priv. de la femme*, 2e édit., *op. cit.*, liv. IV, chap. Ier, p. 339; Fustel de Coulanges, *Rech. sur quelq. points d'histoire*, in-8, 1885, II, chap. III, § 4, p. 228.

mari, ni parents. Les fonctionnaires remplacent les tuteurs incapables ou infidèles à leur mission [42].

Le *Wergeld*, en cas de meurtre d'une femme, se trouve constamment plus élevé que celui de l'homme; il peut monter au triple. Des auteurs voient dans ce fait, une idée généreuse de protection; pour d'autres, cette préoccupation est secondaire, la femme nubile, pouvant enfanter, constitue alors une valeur perdue dont on demande à être indemnisé largement [43].

Quoi qu'il en soit, la polygamie est fréquente chez les grands; les rois mérovingiens en fournissent de tristes exemples, et saint Colomban est exilé par ordre de Brunehaut, à laquelle il reproche d'encourager les débauches de son petit-fils Thierry II [44].

Les conciles ne cessent de condamner les unions incestueuses, les divorces, et s'efforcent de protéger les jeunes filles contre la violence des passions humaines [45].

L'Église, en Occident comme en Orient, prend aussi la défense du petit enfant, même avant sa naissance [46]. L'avortement, l'infanticide, condamnés au nom de l'Évangile, le sont ensuite par les lois civiles des Wisogoths, des Francs, des Bavarois, des Anglo-Saxons [47].

« Dans le crépuscule des temps barbares, observe Laboulaye, il semble que le père a sur les siens une autorité absolue; il est impossible de méconnaître qu'une fois le christianisme levé, toutes ces atrocités disparaissent devant cette grande lumière [48]. »

42. Gide, *op. cit.*, liv. IV, chap. I, p. 352; H. Beaune, *Introd. à l'étud. hist. du droit cout., op. cit.*, liv. II, chap. II, sect. II, § 6, p. 181. Conférer : *Pippini Ital. reg. capit.* (ann. 782-786), § 5; *Allocutio missi cujusd. divionensis*, ann. 857, § 2; Boretius, *op. cit.*, n° 91, t. I, p. 192; n° 267, t. II, p. 292.

43. Ch. Gally, *La famille à l'époq. mérov.*, in-8, 1901, chap. II, sect. V, p. 170. — Paul Viollet, *Hist. du droit, op. cit.*, fasc. Ier, 2e partie, chap. Ier, § 2, p. 244.

44. Montalembert, *Les moines d'Occid., op. cit.*, t. II, liv. IX, chap. II, p. 482.

45. Voir les belles pages écrites à ce sujet par G. Kurth, *Les orig. de la civilis., op. cit.*, t. II, chap. X, p. 106-110.

46. *Les manuels de Pénitence, d'Occident*, publiés par Wasserschleben : « Die Bussordnungen der abendlandischen Kirche », in-8, Halle, 1851, montrent par leur insistance à revenir sur ces crimes combien la lutte fut longue et difficile.

47. Consulter dans notre *Histoire des enfants abandonnés* les tableaux résumant les principaux textes relatifs au *wergeld* de l'enfant (chap. II, p. 90-92).

48. *Recher. sur la cond. civ. des femmes depuis les Romains jusqu'à nos jours*, in-8, 1843, liv. II, chap. II, sect. Ire, p. 81.

II

L'ESCLAVAGE

Quel est maintenant le sort des esclaves ?

Dans les pauvres forêts de la Germanie, les hommes privés de liberté peuvent au moins compter sur des traitements assez doux. Une transformation profonde se produit, lorsque ces farouches guerriers, devenus possesseurs de terres conquises par leur épée, empruntent au monde romain une partie de ses vices.

Le texte des lois barbares nous montre les esclaves soumis, chez les Francs, les Alamans, les Frisons, les Anglo-Saxons, les Wisigoths, à la condition la plus dure [49].

Ils sont des *choses* et non des *personnes*, le maître seul a le droit d'exiger réparation des délits dont son serviteur est victime ; il dispose librement de son travail ; même de sa vie ; il l'abandonne à son gré s'il devient malade [50]. « La loi, écrit G. Kurth (*op. cit.*, II, p. 113), reste muette et immobile devant ses pires excès ; elle lui livre l'esclave corps et âme. »

Le mariage avec les ingénus est interdit aux individus en servitude. La moindre faute peut entraîner pour eux des châtiments épouvantables : coups de fouet et de bâton ; tortures ; mutilation.

Quand la législation fixe un wergeld pour le meurtre de l'esclave d'autrui, ce n'est nullement pour le protéger, c'est en vue d'indemniser le possesseur, et ce *wergeld* est d'autant plus important que la victime a plus d'habileté et de talents [51].

Les esclaves du fisc peuvent être arrachés à la terre, et envoyés au loin, malgré leurs protestations et leur douleur [52].

49. « Quant à l'esclavage chez les Francs, il ne ressemble plus à l'esclavage des derniers temps de l'empire romain ; il a rétrogradé, et il a pris un caractère de dureté et de cruauté que l'on ne trouve que dans les premières sociétés, où l'état de guerre est pour ainsi dire un état normal, et où tout esclave est un ennemi vaincu » (Yanoski, *De l'abol. de l'esclav. ancien*, in-8, 1850, chap. Ier, p. 8).

50. S. Greg. Turon., *de miraculis sancti Martini*, II, LIX (Migne, LXXI, p. 967).

51. Thonissen, *op. cit.*, liv. prélim., chap. II, § X, p. 99-100 ; Pardessus, *Loi salique*, *op. cit.*, 7e dissertation, p. 517 et suivantes ; Yanoski, *op. cit.*, p. 9 et suivantes.

52. La fille du roi Chilpéric II va se marier en Espagne... Le Roi, de retour à

Le nombre de ces malheureux est considérable :

Captifs emmenés à la suite des invasions ou des guerres locales. Otages vendus comme esclaves publics en cas de rupture des traités[53].

Bétail humain né dans les domaines du maître ou acheté sur les marchés[54] qui existent jusqu'aux temps de Sidoine Apollinaire[55] et de saint Grégoire le Grand.

Condamnés par la loi pénale ne pouvant racheter leur liberté en payant une amende.

Infortunés que la misère, la famine forcent à se vendre eux-mêmes[56].

Heureusement, répétons-le, que l'Église, en face de ce triomphe de la force, reste fidèle à ses enseignements traditionnels[57] : « Son intervention est active, puissante et bienfaisante. Le spectacle de cette intervention, en ce qui concerne l'esclavage, est à coup sûr l'un des plus beaux que l'histoire puisse offrir à nos yeux » (Yanoski, *op. cit.*, p. 33).

Les évêques réunis en Conciles font entendre sans se lasser les revendications du droit méconnu. Ils dirigent les armes spirituelles contre les oppresseurs et s'efforcent d'atteindre les consciences en les éclairant.

Défense d'attenter à la liberté d'une personne ingénue[58].

Excommunication contre le maître qui tue son esclave, de sa propre autorité, sans recourir au juge : « Si quis servum proprium sine conscientia judicis occiderit excommunicatione

Paris, fait enlever des maisons du fisc un grand nombre de familles pour être placées sur des chariots. Beaucoup pleurant et ne voulant pas partir il ordonne qu'on les mette en prison afin de pouvoir ensuite les envoyer plus facilement avec sa fille... On sépare le fils du père, la mère de la fille... (S. Greg. Turon., *Hist. Francor.*, *op, cit.*, VI, XLV ; Migne, LXXI, p. 410-411).

53. S. Greg. Turon., *Hist. Francor.*, *op. cit.*, III, XV (Migne, LXXI, p. 253).

54. Dans les actes on garantit la qualité de l'objet vendu : « Non furo, non fugitivo, neque cadivo, sed mente et omni corpore sano » (Marculfi, *Form.*, lib. II, n° 22 ; *Monum. germ. histor. Formulæ edid.*, Zeumer, Hannoveræ, 1886, p. 90).

55. C. Sid. Apoll., *Epist.* lib. VI ; *epist.* IV, *op. cit.*, t. II, p. 112.

56. Charles le Chauve (864) déclare que ces désespérés pourront toujours se racheter en payant une prime d'un cinquième à l'acquéreur : « Si quinque solidis emit sex recipiat » (*Capitularia*, edid. Boretius. t. II, p. 326).

57. On trouve dans des inscriptions chrétiennes de Rome et de Lyon ces belles formules : « Mancipiis benigna. » « Famulisque benignus » (Le Blant, *Inscrip. chrét.*, *op. cit.*, n° 450, t. II, p. 123).

58. *Concil. Lugdunense* II (ann. 567), can. III (Mansi, IX, p. 785).

biennii effusionem sanguinis expiabit. » Interdiction de mutiler ses esclaves[59].

Tout serviteur qui vient chercher un asile dans une Église ne doit pas être livré. Quiconque a de cette manière perdu un esclave ne saurait enlever, à titre de compensation, l'esclave d'un clerc : « Eos qui ad Ecclesiam confugerint tradi non oportere, sed loci reverentia et intercessione defendi. » Le réfugié peut être rendu lorsque le maître promet de ne pas le maltraiter[60].

Si, de plus, le fugitif a commis un crime, il n'est garanti que contre les peines corporelles, c'est-à-dire la mort ou les coups. L'anneau de la grande porte d'une église est une sauvegarde pour tout homme poursuivi qui réussit à y passer un bras[61].

D'une manière générale, le droit d'asile sauve le coupable, non de la justice, mais de la vengeance ; il a pour effet de laisser à la colère le temps de se calmer.

Défense de vendre un esclave à un juif ou à des païens ; le serviteur chrétien au pouvoir d'un juif peut toujours être racheté, il est libre de droit si son maître veut le faire circoncire[62].

Interdiction de livrer des esclaves pour être conduits au delà des frontières du royaume des Francs[63].

59. *Concil. Epaonense* (ann. 517), can. XXIV (Mansi, VIII, p. 563) ; *Concil. Emeritense* (ann. 666). can. XV (Mansi, XI, p. 83-84).

60. *Concil. Arausicanum* (ann. 441), can. V et VI ; *Concil. Aurelianense* I (ann 511), can. III ; *Concil. Epaonense* (ann. 517), can. XXXIX (Mansi, VI, p. 437 ; VIII, p. 353 et 564). Intercession en faveur des fugitifs (Einhardi, *Epist.*, VII, *ad Copponem comitem*, t. II, p. 13).

61. Conférer Héfélé, *Hist. des conciles*, t. III, p. 290-291. Eug. Bimbenet, *Les conciles d'Orléans considérés comme source du droit coutumier*, in-8, 1864, p. 72-73. Pardessus, *Loi salique*, *op. cit.*, 12e dissertation, p. 655-656. Guérard, *Cartulaire de l'Église Notre-Dame de Paris*, in-4, 1850, t. Ier, p. XXVI et suiv. Saint Grégoire le Grand recommande à un évêque de tenir la main à l'exécution du droit d'asile (lib. X, epist., XXXVIII, *op. cit.*, t. II, p. 1067.) Le Concile de Reims (630 ?), can. VII, spécifie que si l'on exempte de la mort ou de la mutilation le réfugié, il ne sera délivré qu'en promettant d'accomplir la pénitence canonique que mérite son crime (Mansi, X, p. 595).

62. *Concil. Aurelianum*, IV (ann. 541), can. XXX ; *Matisconense* I (ann. 581), can. XV et XVI ; *Toletanum*. III (ann. 589), can. XIV ; *Rhemense* (630 ?), can. XV ; *Liptinense* (ann. 743), can. III (Mansi, IX, p. 118, 935-996 ; X, p. 596 ; XII, p. 371).

63. *Concil. Cabilonense* (650 ?), can. IX (Mansi, X, p. 1191). « On sait qu'à cette époque il y avait dans les Gaules des gens, et principalement des marchands juifs, qui faisaient une espèce de traite et vendaient des esclaves chrétiens aux nations étrangères (Yanoski, *op. cit.*, p. 49).

Le mariage contracté contre la volonté du maître continue à demeurer nul, il est vrai, mais les clercs sont tenus de protéger les esclaves dont l'union est régulièrement contractée. Saint Grégoire le Grand qualifie de crime énorme, *tantum nefas*, l'acte d'un vassal du diocèse de Messine, qui ne craint pas d'enlever et de vendre la jeune femme d'un serf. Le Pape menace de la vindicte canonique, l'évêque qui laisserait impunis de tels attentats [64].

L'observation du repos dominical, trêve aux labeurs de l'esclave, est prescrite par de nombreux conciles d'Occident [65].

Les affranchis de l'Église restent toujours sous sa sauvegarde [66], et les documents constatent que ses esclaves sont traités plus charitablement que ceux appartenant à des particuliers : « Familiæ Dei leviore quam privatorum servi opere teneantur. » Défense aux agents du fisc de les charger outre mesure [67].

Ces principes, que favorisent des reines comme Bathilde, vendue elle-même dans sa jeunesse, conquièrent peu à peu droit de cité et se trouvent pleinement confirmés dès le VIIIe siècle [68].

En outre, les conseils évangéliques poussent les fidèles à racheter les captifs, d'autant plus qu'en Occident les guerres ont souvent lieu entre nations chrétiennes.

Les vies des saints sont remplies de détails à ce sujet. *Rédempteur des captifs* est un titre que les hagiographes aiment à employer. Lorsque cela est nécessaire, on brise les vases sacrés pour en consacrer le prix à ces œuvres charitables [69].

64. Paul Allard, *Esclaves, serfs et mainmortables*, in-12, 1884, chap. XI, p. 193.

65. *Concil. Antissodorense* (ann. 578), can. XVI : *Concil. Britannicum* (ann. 692 ?), can. III ; *Concil. Rhemense* (ann. 813), can. XXXV (Mansi, IX, p. 913 ; XII, p. 57 ; XIV, p. 80). *Leges Bariuwariorum*, XXXI ; *de operibus in die dominica*, edid. G. H. Pertz, Hannoveræ, 1863, p. 351.

66. *Concil. Toletanum* IV (ann. 633 ?), can. LXVII-LXXII (Mansi, X, p. 635.)

67. E. Vacandard, *Vie de saint Ouen*, in-8, 1902, chap. V, p. 114 ; *Concil. Toletanum* III (589), can. XXI (Mansi, IX, p. 997) ; *Corp. Jur. can. Decret.*, II, pars, causa XII, quæst. LXIX. Guérard, *Cart. de N.-Dame de Paris, op. cit.*, p. XLIII. Paul Allard, *Esclaves serfs et mainmor.*, *op. cit.*, p. 200 et suivantes. G. Kurth, *Les orig. de la civil.*, *op. cit.*, t. II, p. 150.

68. Les capitulaires continuent à se montrer très sévères à l'égard des esclaves fugitifs. Voir aussi *Lex Wisigoth.*, IX, 1-2. Zeumer, *op. cit.*, p. 352.

69. Saint Hilaire n'a plus que des vases de verre pour offrir le saint sacrifice (Le Blant, *Inscrip. chrét.*, *op. cit.*, n° 543, t. II, p. 293). — S. Greg. Magn., Epist. lib. VII, epist., XIII, XXXVIII, *op. cit.*, t. II, p. 859 et 886. — *Hludovici Pii capitula. Capitul. Eccles.* (ann. 818-819), § 13. — Boretius, *op. cit.*, n° 138, t. I, p. 277. — *Concil. Rhemense* (ann. 630 ?), can. XXII (Mansi, X, p. 597).

Saint Remy écrivant au fils de Clovis lui recommande d'employer à ce pieux usage les richesses paternelles [70].

Saint Epiphane, évêque de Pavie, saint Césaire d'Arles, saint Germain de Paris, les papes Grégoire Ier, Jean IV et Jean VI se signalent par leur zèle à secourir les infortunés arrachés à leur patrie [71].

La reine Bathilde fait chercher partout les jeunes captives irlandaises, les rachète, leur demandant pour toute récompense de prier pour ses fils et son royaume.

Il en est de même des affranchissements, dus bien souvent à une pensée religieuse : « Pro remedium animæ nostræ. Mercedem in futurum nobis ad hoc retribuere confidimus », disent les formules. Il ne faut pas retenir dans les chaînes ceux que le Christ rend libres par le baptême, il n'y a nulle différence de condition à ses yeux [72].

Cette déclaration échappée des lèvres du magistrat Chromatius, lors des persécutions, nous la retrouvons, quelques siècles plus tard, sous la plume du pape Grégoire Ier, ou sortie de la bouche de nombreux chrétiens appartenant aux nations conquérantes de la Gaule.

Habituellement, les affranchissements se font au temple en présence du prêtre ; l'affranchi peut perdre la liberté pour cause d'ingratitude [73].

Ici encore, l'Église procède avec lenteur ; elle ne veut pas bouleverser la société. Le Concile de Reims (ann. 630 ?, can. XIII) défend de vendre ou d'aliéner, par testament, les esclaves et les autres biens ecclésiastiques, parce que ces propriétés fournissent la subsistance des pauvres : « Ut episcopus mancipia, vel res ad

70. G. Kurth, *Clovis*, in-8, 1901, t. I, p. 225.

71. *Act. sanct. Bolland.*, XL, p. 50 et seqq. — De Pétigny, *Etud. sur l'hist., les lois et les inst. de l'époque mérovingienne*, in-8, t. II, 2e part., p. 519. — Yanoski, *op. cit.*, p. 40. — Guérard, *Cart. de N.-Dame de Paris*, t. I, p. XLI. — S. Greg. Mag., lib. III, epist., XVI ; lib. IV, epist., XVII ; lib. VI, epist., XXXV ; lib. VII, epist., XXVI ; lib. IX, epist., XVII ; *op. cit.*, t. II, p. 636, 696, 820, 872, 943. *Liber Pontificalis*, *op. cit.*, n°s LXXIV-LXXXVII, t. I, p. 330-383.

72. *Formulæ* : *Andecavenses* 23 : *Arvernenses* 3 et 4 ; *Marculf.*, lib. II, 32-34 ; *op. cit.*, p. 11, 30, 95-96 ; S. Greg. Magn., *Opera*, lib. VI, epist., XII ; *op. cit.*, t. II, p. 799.

73. *Concil. Hispalense* II (ann. 619), can. VIII (Mansi, X, p. 557).

jus ecclesiæ pertinentes, neque vendere neque per quoscunque contractus, unde pauperes vivunt, post mortem alienare præsumat » (Mansi, X, p. 596). Ces mesures transitoires n'autorisent nullement à conclure que, sous le rapport des affranchissements, « l'action de l'Église est à cette époque plus défavorable que bienfaisante » (Marcel Fournier, *Essai sur les formes de l'affranch. dans le droit gallo-franc.*, in-8, 1885, Introduct., p. 6).

Il ne faut pas oublier que dans le cas visé par le Concile de Rouen, étant donnés surtout la condition privilégiée des serviteurs vivant sous la *crosse*, et le milieu social du VIIe siècle, des ventes irréfléchies sont de nature à aggraver alors le sort de ces esclaves.

En prenant pour base la généralité des faits, on peut affirmer qu'en présence de ce débordement de violences, amené par les invasions, l'épiscopat d'Occident travaille, avec succès, à rétablir la société en faisant prédominer, autant que cela lui est possible, des idées de liberté, de justice et d'humanité.

CHAPITRE II

LE DÉVELOPPEMENT DE LA BIENFAISANCE EN OCCIDENT

I

LES PAUVRES

§ 1er. — *La protection des faibles.*

La loi salique punit plus sévèrement le vol de bestiaux ou de ruches d'abeilles fait à un pauvre qui n'en possède point d'autres que le vol analogue accompli au détriment d'un riche propriétaire. « C'est, remarque Thonissen, une sollicitude hautement louable qu'on ne s'attend pas à rencontrer chez un législateur barbare du ve siècle [1]. »

« Comment, ajoute Pardessus, se décider à traiter dédaigneusement la loi qui, dans un crime de même nature, trouve un caractère plus grave lorsqu'il est commis envers des femmes, des enfants que lorsqu'il atteint des hommes? (*op. cit.*, p. 508). »

Ces principes sont développés par les conciles et les législations des siècles suivants:

Que les comtes, les évêques soient les défenseurs des églises, des veuves, des orphelins, des pauvres, de tous ceux qui ont besoin de justice et de protection.

Qu'une fois assis sur leur tribunal, ils fassent passer avant toutes les autres les causes intéressant les petits [2].

1. *La loi salique*, premier texte. II, III, VIII : Pardessus, *op. cit.*, p. 4 à 7 : Thonissen, *op. cit.*, liv. Ier, section III, chap. Ier, § 4. p. 148.
2. *Concil. Vernense* (ann. 755), can. XXIII (Mansi, XII, p. 583), *Capit. Mantua-*

Défense d'avoir des boisseaux et des setiers de différentes dimensions; les grands pour recevoir, les moindres pour donner ou vendre [3].

Défense aux puissants d'acheter sans contrôle et au rabais les biens des pauvres.

Défense : de prêter à usure ; de forcer les laboureurs, les vignerons à livrer leurs récoltes au-dessous de leur valeur, afin que les gens riches puissent profiter de la différence avec le prix réel [4].

Invitation à faire quatre aumônes par an, non de force mais volontairement, car l'offrande libre est seule agréable à Dieu [5].

Quant à l'évêque, qu'il fournisse, autant qu'il le peut, la nourriture et le vêtement aux indigents, aux infirmes incapables de gagner leur vie : « Qui debilitate faciente, non possunt suis manibus laborare. » Mêmes recommandations aux monastères [6].

La demeure des ministres du culte doit être d'un accès facile ; défense aux évêques, aux prêtres, d'élever, pour la chasse, des oiseaux de proie, des chiens, qui pourraient blesser les hôtes [7].

num (ann. 781?), § 1 ; Pippini, *Capit. Italic.* (ann. 801-810), § 4 ; Hludovici Pii, *Capit. leg. add.* (ann. 818-819), § 3 ; Hludovici Pii, *Admonitio ad omnes regni ordin.* (ann. 823-825), § 8 (*Capitularia*, edid. Boretius, *op. cit.*, t. I, p. 190-209-281-304) ; Marculfi, *Formulæ*, lib. I, n° 8. *Carta de Ducato*... « Viduis et pupillis maximus defensor appareas, latronum et malefactorum scelera a te severissimæ repremantur, ut populi bene viventes sub tuo regimine gaudentes debeant consistere quieti » (*Form.*, edidit. Zeumer, *op. cit.*, p. 47.)

3. *Concil. Parisiense* VI (ann. 829), can. LI (Mansi, XIV, p. 569).

4. Ghaerbaldi Leodiensis episcop., capitula (ann. 802-810), § 14 (Boretius, *op. cit.*, t. I, p. 244). Hludovici, *Capitula e conciliis excerpta* (ann. 826-827), *op. cit.*, p. 311. *Concil. moguntinum* (ann. 847), can. XVII-XVIII (Mansi, XIV, p. 908). Recommandation aux grands, aux évêques, lorsqu'ils voyagent, de ne pas pressurer le pauvre peuple (*Concil. Ticinense* (ann. 876), can. XVII (Mansi, XVII, p. 328).

5. *Statuta Rhispacensia*... (ann. 799-800), *op. cit.*, t. I, n° 112, p. 226. Que les riches consacrent chaque jour un sou en aumônes ; les moins fortunés six deniers ; les pauvres ce qu'ils pourront (Rihcolfi, *Archiep. ad Eginonem epist.* (ann. 810), Boretius, *op. cit.*, t. I, n° 127, p. 249).

6. *Concil. Aurelianense* I (ann. 511), can. XVI ; *Concil. Arausicanum* II (ann. 529), can. XVII (Mansi, VII, p. 354 et 715). *Capit. per episcop. et comit. nota facienda* (ann. 805-808). Boretius, *op. cit.*, t. I, n° 54, p. 141. Le Concile de Chalon-sur-Saône (Cabilonense II, ann. 813) condamne de nouveau ceux qui croient obtenir, grâce à l'aumône, la facilité de pécher impunément (can. XXXVI, Mansi, XIV, p. 101).

7. *Concil. Epaonense* (ann. 517), can. IV ; *Concil. Wormatiense* (ann. 868), can. XVII (Mansi, VIII, p. 559 ; XV, p. 872).

Jonas, évêque d'Orléans, rappelle aux possesseurs de la fortune, que le Seigneur leur a donné pour frères ces indigents dont ils sont trop enclins à mépriser les mains calleuses et les haillons [8].

Tous les textes de cette époque rappellent la dignité du pauvre, et l'évêque *Quintianus*, entendant crier un malheureux, a pour habitude de dire : « Secourez, je vous prie, secourez cet infortuné et donnez-lui toutes choses nécessaires, car vous ne savez point, ô indifférents ! si ce n'est pas Celui-là même qui ordonne dans son Évangile de prendre soin de Lui en la personne du moindre d'entre ceux qui ont besoin d'assistance [9]. »

Les revenus des églises d'Occident consistent en dîmes [10], propriétés foncières, concessions royales ; oblations des fidèles ; dons et legs. Le clergé est tenu de ne pas accepter les oblations faites au détriment d'enfants ou de parents sans ressources [11].

Selon les époques, ces dîmes ou revenus sont partagés en trois ou quatre parts attribuées respectivement à l'évêque ; aux clercs ; aux nécessiteux et aux églises : « Mos autem apostolicæ sedis est ordinatis Episcopis præceptum tradere, ut de omni stipendio quod accedit, quatuor fierit debeant portiones. Una videlicet, Episcopo et familiæ ejus propter hospitalitatem, et susceptionem ; alia clero ; tertia vero, pauperibus ; quarta, ecclesiis reparandis [12]. »

Certains dons sont, si l'église est riche, attribués pour les deux tiers aux œuvres de bienfaisance ; dans le cas contraire, le partage se fait par moitié [13].

« Ainsi partout la part du pauvre est réservée dans les reve-

8. Le même évêque reprenait énergiquement les seigneurs francs si impitoyables quand un vilain se permettait de toucher aux bêtes de leurs chasses (Ozanam, *Étud. germ.*, t. II ; *La civ. chrét. chez les Francs*, in-12, chap. VIII, p. 402).

9. S. Greg. Turon., *Vitæ patrum*, cap. IV, § 4, *De sancto Quintiano episcopo* (Migne, LXXI, p. 1025).

10. L'établissement des dîmes en faveur des prêtres, des pauvres et des captifs à racheter remonte au Concile de Mâcon (581). Charlemagne donne à cette institution la sanction de l'autorité civile par ses capitulaires de 779 et 800 (H. Beaune, *op. cit.*, liv. II, chap. II, § 4, p. 168).

11. *Capit. ecclesiasticum* (ann. 818-819), § 7. Boretius, *op. cit.*, t. I, p. 277.

12. S. Greg., Epist. lib. XI ; epist., LXIV. *ad Augustinum*, *op. cit.*, t. II, p. 1150 ; *Concil. Bracarense*, II (ann. 563) (Mansi, IX, p. 774). *Capit. a sacerd. propos.* (ann. 802), § 7. Boretius, *op. cit.*, t. I, n° 36, p. 106.

13. *Concil. Aquisgranense* (ann. 817) (Héfélé, *Hist. des Conciles*, t. V. p. 220, 221).

nus ecclésiastiques, et lorsqu'elle ne suffit pas, elle doit être accrue des autres fonds dont le clergé a la disposition. Nourrir tous les indigents et secourir tous les malheureux, telle est la mission de l'Église, qui, pour la remplir, doit quelquefois se dépouiller de ses biens et mettre en gage jusqu'aux objets les plus précieux du culte [14]. »

C'est en raison de cette destination sacrée que ces propriétés revêtent un caractère particulier, et que les peines canoniques les plus graves atteignent les spoliateurs qui affectent à des usages séculiers les oblations faites à l'Église et aux pauvres. Ces spoliateurs, devenus indirectement homicides de ceux qui meurent faute de secours, n'échappent point à la colère divine : « Videmus enim iram Dei nobis et vobis imminere cum pro rapinis et immanibus aliis sceleribus, tum etiam maxime, quod ecclesiæ facultates, quas reges et reliqui christiani Deo voverunt ad alimentum servorum Dei et pauperum, ad exceptionem hospitum, redemptionem captivorum atque templorum Dei instaurationem, nunc in usu sæcularium detinentur [15]. »

Ces anathèmes n'arrêtent pas toujours les chefs de l'État qui, comme Chilpéric et Charles Martel, abritent leurs actes derrière des prétextes politiques [16].

Il est naturellement interdit aux administrateurs de détourner ces biens de quelque manière que ce soit, saint Grégoire le Grand ne cesse de recommander aux évêques la plus extrême vigilance à ce sujet [17].

Ces spolations et détournements sont d'autant plus regrettables que l'occasion d'assister les pauvres ne manque point à ces époques

14. Guérard, *Cartulaire de Notre-Dame de Paris*, *op. cit.*, Préface, p. XL.

15. *Concil. Vernense* II (ann. 844), can. XII. Boretius, *op. cit.*, t. II, p. 385. Voir aussi : *Concil. Aurelianense* V (ann. 549); *Concil. Rhemense* (ann. 630 ?); *Concil. Cabilonense* (ann. 650 ?); *Concil. Moguntinum* (ann. 888), can. XI (Mansi, IX, p. 113, 594, 1190 ; XVIII, p. 67).

16. S. Greg. Turon., *Hist. Franc.*, lib. VI, cap. XLVI (*in fine*). G. Kurth, *Les orig. de la civilisation. op. cit.*, chap. XII, p. 177-178.

17. S. Greg., Epist. lib. V ; epist., XXVIII, *op. cit.*, t. II, p. 755. *Concil. Arelatense*, V (ann. 554). *Concil. Toletanum* VI (ann. 636). *Concil. Parisiense* VI, (vel VII) (ann. 829), can. XVII (Mansi, IX, p. 702 ; X, p. 653 ; XIV, p. 551). Défense de confisquer les legs pieux, sous le prétexte de l'omission de vaines formalités (*Concil. Lugdunense* II (ann. 567), can. II (Mansi, IX, p. 787).

troublées, où, aux guerres incessantes, s'ajoutent les calamités les plus cruelles.

Il suffit, pour en trouver des exemples, de feuilleter le grand livre de l'histoire.

Durant l'épiscopat de Sidoine Apollinaire, une famine affreuse dévaste l'Est; un de ses parents, le sénateur Ecdicius, assiste jusqu'à 4.000 pauvres [18]. Le pape Gélase (492-496) préserve la ville de Rome d'un pareil fléau [19].

Sous le pontificat de Sylvère (536-537), disette universelle; en Ligurie, des mères se repaissent, dit-on, du cadavre de leurs enfants [20].

En 539, Benoît fait distribuer aux habitants de la Campanie, mourant de faim, les dernières réserves du monastère du mont Cassin [21].

L'année 548 se signale par ses neiges; la rigueur anormale de son hiver; les fleuves gèlent, les oiseaux périssent [22].

Le règne de Chilpéric est troublé par des pestes terribles, accompagnées de famines; peu après sa mort, recrudescence de ces calamités. Beaucoup de personnes, écrit Grégoire de Tours (VII, chap. XLVI), mêlent de la farine à des pépins de raisins, ou à des racines de fougères séchées, et essayent de faire du pain à l'aide de ce mélange. D'autres cueillent diverses herbes, les mangent, deviennent enflés et meurent. Les marchands rançonnent le peuple. Les pauvres se mettent en servitude, afin d'obtenir une parcelle d'aliments.

Saint Grégoire le Grand parle de désastres semblables [23]. Vers l'an 651, nouvelles et désolantes disettes dans les Gaules [24]. Inu-

18. S. Greg. Turon., *Hist. Franc.*, II, XXIV (Migne, LXXI, p. 220).

19. *Liber Pontif.*, *op. cit.*, t. I, n° LI, p. 255. Sainte Geneviève sauve également les Parisiens d'une famine qui semblait inévitable (*Act. sanct. Bolland.*, alia vita a veteribus m. s. s., VII, n° 29, t. I, p. 146).

20. *Lib. Pontif.*, *op. cit.*, t. I, n° LX, p. 291.

21. Montalembert, *Les moines d'Occident*, *op. cit.*, liv. IV, chap. Ier, t. II, p. 26.

22. S. Greg. Turon., *Hist. Franc.*, III, XXXVII (Migne, LXXI, p. 268).

23. S. Greg., lib. IX, epist., CXXIII : « In clero vero hujus Urbis et populo tanti febrium languores irruerunt, ut pene nullus liber, nullus servus remanserit qui esse idoneus ad aliquod officium possit. De vicinis autem urbibus, strages quotidie mortalitatis nuntiatur » (*Op. cit.*, t. II, p. 1032).

24. Dom Pitra, *Hist. de saint Léger*, *op. cit.*, chap. VI, p. 93. Les Annales de saint Bertin et de saint Vaast mentionnent, pour les années 843 et 845, des

tile d'allonger ces douloureuses éphémérides qui montrent l'étendue et la fréquence des causes venant accroître la misère publique, et à cette époque, si la moisson est abondante, les ouvriers apostoliques sont encore peu nombreux, car le vieux levain du paganisme est loin de disparaître entièrement.

Les chrétiens occidentaux demeurent néanmoins fidèles aux prescriptions relatives à tout ce qui touche au soulagement des voyageurs et des pèlerins. Les lois et les conciles en font un ordre formel. Ce devoir est imposé spécialement aux évêques; ils sont tenus de donner l'exemple ; celui qui ne pratique pas l'hospitalité est indigne de l'épiscopat : « Hospitalitatem nesciens non fiat episcopus[25]. »

Les couvents se signalent aussi sous ce rapport. La règle de saint Benoît, si répandue, prescrit (chapitre XXXI) au cellérier de veiller sur les infirmes, les enfants, les hôtes. On doit accueillir (chap. LIII) « avec un soin, une sollicitude particulière, les pauvres et les voyageurs étrangers, parce que c'est principalement en leur personne qu'on reçoit le Christ[26]. »

Quant aux enfants abandonnés, la législation de Constantin, amendée au Ve siècle (Concile de Vaison, etc.), est suivie chez les peuples qui nous occupent [27]. La loi des Wisigoths emprunte en partie ses dispositions au *Code Théodosien*, avec certains adoucissements. Ainsi lès parents ne peuvent ni vendre leurs enfants, ni les donner en gage ; quiconque les achète perd le prix versé par lui.

Celui qui recueille et élève un nouveau-né abandonné, de naissance ingénue, a droit à un esclave que les parents doivent lui remettre en échange du petit être qu'ils réclament.

famines où l'on mange de la terre mêlée de farine. Des milliers d'hommes meurent (*Ann. Bertiniani*, édit. de la Société de l'hist. de France, in-8, p. 54 et 61.)

25. *Burgundionum leges*, cap. XXXVIII (edid. Pertz, *Legum* III, Hannoveræ, 1863, p. 547-548) ; *Concil. Matisconense* (ann. 585); *Admonitio generalis* (ann. 789), § 75 ; *Synod. Franconofurtensis* (ann. 794), § 35; *Capitulare missorum Aquisgranense alterum* (ann. 809), § 10 (Boretius, *op. cit.*, t. I, p. 60, 77, 152). *Episcop. ad Hludovicum imp. relatio* (ann. 829), cap. IV; *Capit. Missorum suessionense* (ann. 853), § 1 ; *Capit. in synodo acta* (apud Meldensem urbem.), ann. 845, § 25 (Boretius, *op. cit.*, t. II, p. 31-267-404).

26. *La règle du B. Père saint Benoit traduite en français*, par le R. P. D. Guéranger, in-8, 1868, p. 96 et 147.

27. Guérard, *Polyptique d'Irminon, prolégomènes*, § 145, t. I, p. 288.

Si les parents ne se font pas connaître, mais qu'on parvienne à les découvrir, le juge les force à payer et les condamne à un exil perpétuel. S'ils n'ont pas de quoi rembourser cette dette, l'auteur de l'abandon devient esclave à la place de l'enfant exposé : « Si vero non habuerint, unde filium redimere possint, *pro infantulo* deserviat qui projecit, et in libertate maneat propria, quem servabit pietas aliena [28]. »

Si un, une esclave, expose son enfant à l'insu du maître, la personne qui en prend soin n'a droit qu'au tiers du prix établi ci-dessus, et encore faut-il que le maître déclare par serment qu'il ignorait le fait. Dans le cas contraire, l'enfant appartient au père nourricier : « Si vero consciis dominis infans probatur fuisse jactatus, in ejus, qui nutribit, potestate permaneat » (*Lex Visigoth.*, IV, IV, 2).

S'agit-il de la mise en nourrice d'un enfant, moyennant salaire, les parents doivent payer un sol par an jusqu'à dix ans ; le pupille est, après cet âge, supposé gagner l'équivalent de sa nourriture : « Usque ad decem annos per singulos annos singulos solidos pretii pro nutrito infante percipiat. »

Le non-versement de la pension entraîne pour le nourrisson la perte de la liberté : « Quod si hanc summam qui repetit dare noluerit, mancipium in nutrientis potestate permaneat » (*Lex Visigoth.*, IV, IV, 3).

Les lois anglo-saxonnes contiennent des passages se rapportant aux enfants exposés ; ils ne nous sont point parvenus avec une netteté suffisante pour qu'on puisse en tirer un texte précis. Ainsi dans une loi d'Ina, les frais de nourriture d'un abandonné paraissent être la première année de 6 schillings ; la seconde de 12 ; la troisième de 30 [29]. On est autorisé également à déduire d'une loi d'Alfred, que si un enfant placé en garde meurt, celui qui l'élève est tenu de se disculper de toute faute à cet égard.

Les abandons ont lieu fréquemment à la porte des églises ; une

28. *Lex Visigothorum*, lib. IV, tit. IV, § 1 (*Leges Visigoth.*, edid. Zeumer, in-4, Lipsiæ, 1902, p. 193).

29. En ce qui concerne la valeur, fort peu connue d'ailleurs, des monnaies anglo-saxonnes, voir les dissertations de Davoud-Oghlou, *Hist. de la législ. des anciens Germains*, 2 vol. in-8, Berlin, 1845, t. II, section B, p. 287 et suivantes.

vie de saint nous parle d'une coquille de marbre placée à Trèves dans ce but [30]. Les *Formulæ andecavenses* et *turonenses* nous font assister à la levée d'un petit délaissé : à la recherche de ses parents et à sa vente sous la surveillance du clergé. Voici le résumé de ce drame :

Des pauvres inscrits sur les registres de la basilique de saint Martin (matricularii) et autorisés à demander l'aumône près du temple, recueillent le matin un enfant exposé, nouveau-né (infantulo sanguinolento) ; en danger de mort ; enveloppé de haillons (panis involutum).

Ils prennent pendant trois jours des informations en vue de découvrir les auteurs de l'abandon ; leurs recherches n'aboutissent pas ; alors ils font baptiser ce nouveau-né, et, assistés du prêtre gardien (marterarius), entrent en pourparlers avec un homme disposé à acheter cet infortuné (ad nutriendum dedimus). Un prix est fixé, payé, les vendeurs se le partagent [31].

Il n'y a point, en effet, alors d'asiles spéciaux destinés à recevoir les délaissés ; lorsque les capitulaires parlent de *Brephotrophia*, il s'agit de termes empruntés par les rédacteurs aux lois romaines ; ces termes, ainsi que ceux de *nosocomia*, etc., ne correspondent, en réalité, à aucun établissement d'Occident.

La première mention certaine d'une maison ouverte en faveur des exposés de ces contrées, date de la fin du VIIIe siècle (795 ?). C'est une fondation faite à Milan par un prêtre du nom de Datheus [32]. Les enfants recueillis sont confiés jusqu'à sept ans à

30. *Vita S. Goaris* (+ 647 vel 649), cap. II, *Act. sanct. Bolland.*, XXIX, p. 335 : « Portans in brachio suo infantem, tres noctes habentem, qui fuit conjactatus in illa concha marmorea ante ostium ecclesiæ ; sicuti est consuetudo Treverorum..... »

31. *Formulæ Andecavenses*, n° 49 : « *Incipit carta de sanguinolento quem de matricola suscipi.* Le prix est d'un tiers de sou (treanto) ; *Formulæ turonenses* n° 11, *Epistola collectionis* (Zeumer, *op. cit.*, p. 21 et 141). Voir aussi *Formulæ turonenses*, n° 24, p. 148, l'attribution d'une tutelle : « Et si, Deo propitio, in perfectam venerit ætatem, omnia ei secundum legis ordinem, cum integritate servata, reddantur. »

32. Muratori, *Ant. Ital. mæd. æri*, t. III, p. 537 ; Morichini, *Degli istituti di carita in Roma*, in-8, 1870, lib. secondo, cap. II, p. 426. A noter que le concile de Francfort-sur-le-Mein (ann. 794) recommande par son canon 40e aux évêques et aux prêtres de faire élever les *filles orphelines* par des femmes pieuses (*Dict. des Conciles* edit., Migne, t. I, p. 932).

des nourrices, et ensuite formés à l'apprentissage d'un métier. Une fois capables de se suffire par le travail, ils demeurent libres.

§ 2.— *De l'assistance des pauvres.*

Les pauvres abondent ; certains, inscrits sur un registre (matricula)[33], sont autorisés à mendier autour des églises. A Saint-Martin de Tours, nous venons de les voir recueillant un enfant trouvé ; leur nombre est assez grand pour qu'un jour ils puissent assaillir une troupe de meurtriers qui ensanglante le sanctuaire pour satisfaire une vengeance privée[34].

Ces pauvres forment des associations susceptibles de recevoir valablement des legs. Peut-être, si la localité est importante, passent-ils la nuit dans un même refuge[35].

Saint Grégoire de Tours cite un fait touchant, relatif à un de ces quémandeurs qui encombrent les avenues conduisant au tombeau du saint. Cet indigent, sourd-muet, reste trois ans à solliciter une guérison enfin obtenue ; pendant ce temps, dès qu'il reçoit une aumône il s'empresse de la partager avec ses compagnons. De telle sorte, dit le pieux auteur, que celui qui demande, par signes, sa vie aux passants, distribue à son tour la nourriture à d'autres malheureux. « Et stipem ab aliis nutu postulans, stipendia indigentibus porrigebat[36]. »

L'instruction religieuse de ces *matricularii* n'est pas négligée ; la règle des chanoines, rédigée vers 760 par Chrodogand, évêque de Metz[37], ordonne à ces pauvres de se rendre un samedi sur

33. « Index pauperum, qui ab ecclesia pascebantur, *matricula* nominabatur, unde et ipsi pauperes *matricularii* » (*Formulæ*, Zeumer, *op. cit.*, note 4 de la page 21).

34. S. Greg. Turon., *Hist. Franc.*, VII, XXIX. Cet auteur distingue nettement les *matricularii* des autres pauvres qui viennent leur prêter main forte : « Nonnulli etiam matriculariorum et reliquorum pauperum. » (Migne, LXXI, p. 434).

35. Vacandard, *Vie de saint Ouen*, *op. cit.*, chap. VII, p. 111.

36. S. Greg. Turon., *De miraculis sancti Martini*, I, cap. VII (Migne, LXXI, p. 921).

37. Mansi, XIV, p. 313 et seqq.

deux, le matin, dans l'église pour y être instruits. Un *primicerius* détermine les rations de pain, de vin et d'autres aliments qu'ils doivent recevoir à des époques fixées[38].

Cette institution est étendue aux paroisses rurales. L'administration des corporations de pauvres immatriculés appartient alors au curé, sous le haut patronage de l'archidiacre et de l'évêque. Il ne peut admettre que des habitants de la paroisse, sans pain, débiles, ou trop âgés pour travailler. Interdiction aux prêtres de mettre leurs parents sur cette liste, sauf le cas d'une misère notoire[39].

En dehors des sommes tirées de la caisse de l'Église et affectées aux déshérités de ce monde[40], de saints personnages : papes, rois, évêques, laïques, soit de leur vivant, soit par des dispositions testamentaires, rivalisent de zèle en leur faveur.

Saint Remi n'oublie pas, en rédigeant ses dernières volontés, les quarante veuves assistées par l'église de Reims[41].

La charité de sainte Radegonde prend après son mariage avec Clotaire une extension nouvelle ; elle entretient de ses deniers de nombreux pauvres auxquels elle fournit vivres et vêtements[42].

Gontran, roi de Bourgogne, fait fleurir la paix, bannit les exactions ; ses aumônes sont immenses et continuelles : « Thesauros dat pauperibus et ecclesis[43]. »

Le pape saint Grégoire le Grand, si prompt à réprimer toute

38. Ces *matricularii* se trouvent divisés en trois classes : *a*) ceux : *qui in domo sunt*, c'est-à-dire dans la maison épiscopale : *b*) ceux : *qui per cæteras ecclesias infra civitatem matriculas habent* ; *c*) ceux qui sont dans les *villæ*. Ils doivent venir tous les quinze jours à la cathédrale, « ecclesia in domo » : elle est située près de cet ensemble de bâtiments qui, sans compter la maison de l'évêque, contient aussi le canonicat et le claustrum (Héfélé, *Hist. des conciles*, t. V, p. 212-217).

39. Imbart de la Tour, *Les paroisses rurales, du IVe au XIe siècle*, in-8, 1900, 2e partie, chap. II, § 3, p. 161-162.

40. *Concil. Turonense* III (ann. 813), can. XI (Mansi, XIV, p. 85). Des pénitences imposées comportent parfois l'obligation de nourrir des pauvres : trois par exemple pendant un an (*Concil. Triburiense* (ann. 895), can. LVI, Mansi, XVIII, p. 157).

41. « Viduis XL in porticu ecclesiæ alimoniam prestolantibus. » (*Passiones, vitæ que sanct. ævi, Merov.*, edid. Krusch., Hannoveræ, 1896. *Vita Remigi*, t. III, p. 343).

42. *Petits Bolland.*, *op. cit.*, t. IX.

43. *Act. sanct. Bolland.*, IV, p. 715 et sqq.

négligence dans le service de la bienfaisance[44], distribue du pain, du vin. A la suite des ravages des Lombards il donne chaque jour leur subsistance à 3.000 religieuses, et 15 livres d'or pour les repas publics dont elles ont le soin. Chaque jour aussi des voitures parcourent les divers quartiers de Rome pour porter des secours aux malades et aux pauvres honteux. Deux siècles après sa mort on conserve encore le volumineux catalogue des personnes qui participent à ses libéralités[45].

Saint Didier, évêque de Cahors (630-655), se souvient des infortunés qu'il assiste, il ne veut pas que sa mort leur porte préjudice, et les recommande à sa chère Église, son héritière[46].

Le nombre des solliciteurs assiégeant la demeure de saint Éloy est toujours si considérable que l'on n'a pas besoin d'autre enseigne pour la reconnaître[47].

Ansoald, évêque de Poitiers, fait, la dernière année du règne de Dagobert, une fondation dont doivent profiter les XII pauvres autorisés à se tenir à la porte de l'abbaye de Noirmoutiers[48].

Avant sa captivité et son supplice, saint Léger, assiégé dans Autun, répand ses bienfaits sur tous ceux qui en ont besoin; il n'y a pas une veuve ou une pauvre orpheline qui soit oubliée[49].

Le pape Zacharie (741-752) établit des secours alimentaires distribués aux miséreux de chaque quartier[50].

Saint Gomer (ou Gumar), riche propriétaire, rend sur ses terres d'innombrables services à ceux qui manquent du nécessaire; il est le père commun de tous[51].

Le pape Hadrien (772-795) fait répartir journellement du pain,

44. Lib. I, epist., XXXIX, *op. cit.*, t. II, p. 528.

45. Montalembert, *Les moines d'Occident*, *op. cit.*, t. II, chap. VII, p. 196-197 : Dom Pitra, *Vie de s. Léger*, *op. cit.*, introd., note de la p. XXXI.

46. René Poupardin, *La vie de saint Didier*, in-8, Paris, 1900, chap. XI, p. 42; « Pauperes autem tuos, quos ego semper pervigili cura ac sollicito studio enutrivi, tibi commendo, precorque ut tua sanctitate et advocati tui sollicitudine alantur et pie semper gubernentur, sic quoque ut me absentem esse non sentiant, nec se doleant pastorem mutasse. »

47. *Petits Bollandistes*, 1er décembre, t. XIV, p. 6 et 7.

48. *Bibliothèque École des Chartes*, LIX (ann. 1898), p. 243, article de M. Léon Maître.

49. Dom Pitra, *Vie de saint Léger*, *op. cit.*, chap. XIX, p. 324.

50. *Lib. Pontif.*, *op. cit.*, t. I, n° XCIII, p. 435.

51. *Act. sanct. Bolland.*, *S. Gummarus confessor*. Liræ in Brabantia, LIII, p. 682.

du vin, de la soupe à plus de cent pauvres réunis sous le portique du Latran[52].

Le pape Nicolas (858-867), organise un système ingénieux de distributions ; chacun des participants, sans savoir lire, reconnaît à des nœuds le jour de la semaine où il doit se présenter[53].

Les largesses de Charlemagne méritent d'occuper une place à part. Toujours prêt à secourir ceux qui sont privés des choses indispensables, ce n'est pas seulement dans son royaume qu'il répand « ses libéralités gratuites que les Grecs appellent *aumônes* ; quam græci eleemosynam vocant », écrit Eginhard, mais au delà des mers, en Syrie, en Egypte, en Afrique, à Jérusalem, à Alexandrie, partout où il sait que des chrétiens pâtissent il aime à leur envoyer de l'argent[54].

A ces nombreuses sources d'assistance, joignons les monastères auxquels sont souvent accordées des immunités afin qu'ils puissent faire le bien plus abondamment : « Et quidquid de rebus præfati monasterii fiscus sperare poterat, totum nos pro æterna remuneratione prædicto monasterio concedimus, ut perennis temporibus in *alimonia pauperum* et stipendia monachorum ibidem Deo famulantium proficiat in augmentum[55]. »

Charlemagne établit que les évêques, les abbés, les abbesses jouissant de revenus importants ont à donner une livre d'argent en secours pour les indigents ; ceux qui possèdent des ressources moindres, une demi-livre ; les plus pauvres, cinq sous. Ils sont tenus de nourrir également quelques besoigneux[56].

52. *Lib. Pontif.*, *op. cit.*, t. I, p. 502, et note 53, page 518.

53. *Lib. Pontif.*, *op. cit.*, t. II, n° CVII, p. 161 : « Hic etenim Christi amicus omnium nomina claudorum cecorum, atque ex toto debilium in urbe Roma consistentium scripta apud se retinens, cotidianum illos victum ministrare studiose curabat.... Ut vicissim eos pasceret sapienter repperit modum, scilicet bullas suo nomine titulatas fieri jussit et has eis dari præcepit... In illis quidem bullis quæ eis datæ sunt, qui prima feria refeci debebant fecit per singulas duos nodos et sic per omnes usque in sabbatum ut quota feria esset, tot essent nodi... »

54. Einhardi. *Omnia quæ existant opera*, 2 vol. in-8, Paris, 1840-1843 ; *Vita Karoli*, XXVII, t. I, p. 85.

55. *Formulæ Imperiales*, edidit Zeumer, *op. cit.*, p. 290, n° 4. *Inmunitas monasterii*.

56. *Capit. Episcop.*, (ann. 780 ?) : « Et unusquisque episcopus, aut abbas, aut abbatissa, qui hoc facere potest, libram de argento in elemosinam donet ; mediocres vero mediam libram ; minores solidos quinque » (Boretius, *op. cit.*, t. I, p. 52).

Ces prescriptions ne font d'ailleurs que régulariser des coutumes hospitalières générales, et on rencontre fréquemment des monastères où les affamés affluent comme les abeilles à leur ruche : « Multitudo pauperum velut apes ad alvearium confluebant ad eum[57]. »

Toutefois, on ne saurait se le dissimuler, ces libéralités nécessitées par les malheurs des temps, favorisent la paresse ; aux personnes méritantes se mêlent des esclaves, des clercs fugitifs, des débauchés, des hommes ennemis du travail. Afin d'opérer, autant que possible, une sorte de sélection, il est conseillé d'exiger, des inconnus, une lettre de recommandation[58] ; le Concile de Tours (ann. 567 ?), tente de remédier à ces nombreux abus en décidant, par son canon V, que chaque commune est obligée de secourir ses habitants en vue d'empêcher la mendicité et le vagabondage :

« Ut unaquæque civitas pauperes et egenos incolas alimentis congruentibus pascat, secundum vires tam vicani presbyteri (prêtres de la localité) quam cives omnes suum pauperem pascant : quo fiet ut ipsi pauperes per civitates alias non vagentur » (Mansi, IX, p. 589).

C'est pour correspondre à cet ordre d'idées que s'organisent les assistances paroissiales dont nous venons de parler. Elles restent encore insuffisantes, et des hommes sans aveu parcourent le territoire ; l'empereur Charles cherche à réagir contre cet abus sur lequel il appelle l'attention des comtes et des *missi dominici*.

Son capitulaire de l'an 806 interdit de faire l'aumône à quiconque mendie sans vouloir travailler[59]. Défense excellente en elle-même, mais d'une application bien difficile.

57. Monastère fondé par Aredius en Limousin, règne de Théodebert (Montalembert, *Hist. des moines d'Occident*, *op. cit.*, liv. VII, chap. V, t. II, p. 325).

58. *Capit. Missorum item speciale* (ann. 802 ?), § 2 : « Ut fugitivi clerici et peregrini a nullo recipiantur sine commendatiis litteris » (Boretius, *op. cit.*, t. I, p. 102). Voir de nombreux modèles de lettres de recommandations dans les *Formulæ* (Zeumer, *op. cit.*).

59. *Capit. Missorum Niumagæ datum* : « De mendicis qui per patrias discurrunt volumus, ut unusquisque fidelium nostrorum suum pauperem de beneficio aut de propria familia nutriat, et non permittat aliubi ire mendicando ; et ubi tales inventi fuerint, nisi manibus laborent, nullus eis quicquam tribuere præsumat » (Boretius, *op. cit.*, t. I, p. 132).

Ces prescriptions sont renouvelées en 820 : « Ut super mendicos et pauperes magistri constituantur qui de eis magnam curam et providentiam habeant, ut... et simulatores inter eos se celare non possint[60]. »

Inutile d'ajouter que ce capitulaire n'obtient pas plus de résultats que les précédents, En effet, de même que, selon une parole aussi juste que célèbre, pour faire de bonnes finances il faut faire de bonne politique ; en ce qui concerne la diminution du paupérisme, la situation sociale des peuples joue un rôle prépondérant. Or, le IXe siècle s'achève au milieu des guerres intestines, des incursions normandes ; la charité chrétienne, débordée, ne peut apporter que des palliatifs à un tel état de choses.

60. *Capit. de disciplina* (ann. 820 ?). Il existe une lacune dans le manuscrit avant les mots : *et simulatores* (Boretius, *op. cit.*, t. I, p. 298).

CHAPITRE III

LE DÉVELOPPEMENT DE LA BIENFAISANCE EN OCCIDENT

II

LE SOIN DES MALADES

§ 1er. — *La médecine.*

Il y a des médecins dans les Gaules; les rois mérovingiens ont leurs archiâtres dont le rôle n'est pas toujours exempt de danger en cas de mort de leurs patients. Ainsi, la femme de Gontran, Austrechilde, sur le point de mourir, fait promettre à son mari, raconte Grégoire de Tours, d'enlever la vie aux praticiens dont les potions ne la guérissent point [1].

Charlemagne, au dire d'Eginhard, se contente de supporter impatiemment ses médecins qui veulent dans sa vieillesse lui prescrire un régime contraire à ses habitudes (*Vita Karoli*, XXII). Louis le Débonnaire, fort contusionné un jour, écoute docilement les hommes de l'art attachés à sa personne et se remet rapidement.

La saignée est alors d'un usage courant. Les statuts d'Aix-la-Chapelle (ann. 817) décident qu'il n'y a pas de temps déterminé pour soumettre les moines à cette opération et que l'on doit agir selon les nécessités [2].

1. S. Greg. Turon., *Hist. Francor.*, III, XXXVI ; V, XIV-XXXVI ; VII, XXII-XXV ; VIII, XXXI ; Tardif, *Études sur les inst., période mérovingienne*, in-8, 1881, chap. II, § III, p. 61-62.
2. *Capit. monasticum*, § XI : « Ut certum flebotomiæ tempus non observent,

Les *formules* contiennent des modèles de lettres destinées à demander un médecin ou à remercier de l'envoi d'un homme habile à guérir les malades[3].

Néanmoins, à cette époque, l'exercice rationnel de la médecine cède trop souvent le pas à la magie, aux sortilèges; des devins murmurent des incantations, jettent des sorts, suspendent des colliers au cou de ceux qui souffrent, fournissent des talismans, des ligaments, des herbes enchantées[4]: « Extant et alia perniciosissima mala, quæ ex ritu gentilium remansisse non dubium est, ut sunt magi, arioli, sortilegi, venefici, divini, incantatores somniatorum conjectores, quos divina lex inretractibiliter puniri jubet. »

Il est difficile de vaincre ces superstitions, la lutte dure plusieurs siècles, est-elle même terminée à l'heure actuelle?

Et cependant les Pères des Conciles, les législateurs multiplient injonctions, défenses[5]. Il ne faut pas confondre avec ces restes du paganisme ce mouvement de foi qui porte infirmes et malades à venir prier aux tombeaux des saints. Grégoire de Tours donne mille détails sur ces veilles, ces séjours prolongés, ces jeûnes, ces extases; la poussière du tombeau remise aux fidèles; les guérisons obtenues.

Des auteurs veulent voir là de simples réminiscences du culte

sed uniquique secundum quod necessitas expostulat concedatur et specialis in cibo et in potu tunc consolatio præbeatur » (Boretius, *op. cit.*, t. I, n° 170, p. 344). « On ne laisse pas dans les calendriers monastiques de marquer un jour chaque mois pour la saignée; ce jour est appelé *dies æger* ou *dies minutionis* (*Dict. des Conciles* (édit. Migne), t. I, p. 55).

3. *Formulæ salzburgences*, n° 59, *op. cit.*, p. 452... *Familiares epist. augiences*-collec. C, n° 10, *op. cit.*, p. 369 : « Ill, medicum nobis transmisistis, qui tando stu, dio et affectu infirmitatis nostris conpassus est, ut obtime sentiremus, quod a vestra benevolentia nobis destinatus est. »

4. S. Greg. Turon., *De miraculis S. Juliani*, cap. XLV; *de virtutibus S. Martini*, I, XXVI; *Episcop. ad Hludovicum imp.*, *relatio*, § 54 (XX) (Boretius, *op. cit.*, n° 196, t. II, p. 44).

5. *Concil. Narbonense* (ann. 589), can. XIV (Mansi, IX, p. 1017). *Lex Visigoth.*, VI, II, 2-4 (Zeumer, *op. cit.*, p. 259). Karlmanni princip., *Capitulare* (ann. 742, § 5) (Boretius, *op. cit.*, t. I, n° 10, p. 25). *Lex salica emendata* (ann. 768 ?), cap. XXI, *de maleficiis* (Pardessus, *op. cit.*, p. 290). Karoli Magni, *Cap. primum* (ann. 769 ?), § 7 (Boretius, *op. cit.*, t. I, n° 19, p. 45), *Admonitio generalis* (ann. 789), § 18 (Boretius, *op. cit.*, t. I, n° 22, p. 55). *Capit.*, *missorum generale* (ann. 802), § 25 (Boretius, *op. cit.*, t. I, p. 33, p. 96). *Capit. de examin. ecclesiis* (ann. 802), § 15 (Boretius, *op. cit.*, t. I, n° 38, p. 110). *Capit. e can. excerpta* (ann. 813), § 17 (Boretius, *op. cit.*, t. I, n° 78, p. 174).

d'Esculape[6]. La différence est fondamentale. Il n'existe aucune pensée d'idolâtrie chez ces foules qui se précipitent vers les sanctuaires vénérés ; elles n'invoquent les saints que comme des intercesseurs entre la créature souffrante et le Dieu Tout-Puissant, souverain maître de la vie et de la mort. Cette intercession constitue un des dogmes les plus consolants du catholicisme. Les manifestations universelles signalées par les historiens n'en sont que la conséquence naturelle.

§ 2. — *Les Xenodochia.*

Au premier rang des malheureux pour lesquels les chrétiens montrent une prédilection toute particulière figurent les lépreux, beaucoup plus nombreux alors que l'on n'est porté à le croire généralement. L'aspect de ces malheureux est horrible : « Ita ut jam pilis cadentibus cutis intumesceret atque increscentem saniem occultare non posset[7]. »

Saint Romain, fondateur du monastère du mont Jura, guérit deux lépreux dans la cabane desquels il reçoit l'hospitalité[8]. Saint Arège, évêque de Gap (mort en 604), recueille ces infortunés, les soigne de ses propres mains, lave leurs plaies. Dieu, en récompense de ce généreux dévouement, lui accorde fréquemment la guérison de ses hôtes[9].

Un autre saint du nom de Romain (moine de Luxeuil, mort en 653) établit une léproserie où il prend soin des hommes atteints de cette cruelle affection[10].

Un jour, un lépreux se présente à la porte du couvent de Hohenbourg, il répand une odeur affreuse. Odile, informée de ce

6. A. Gauthier, *Recherches sur l'exercice de la médecine dans les temples*, in-12, 1844 ; Albert Marignan, *La médecine dans l'Église au VIe siècle*, in-8, 20 p., Paris, 1887.

7. S. Greg., *Dialog.*, lib. II, cap. XXVI, *op. cit.*, t. II, p. 257.

8. S. Romani, *Vita*, cap. 1er, *Act. sanct. Bolland.*, VI, p. 750-751. En ce qui concerne toutes ces guérisons, qualifiées de miraculeuses, nous déclarons d'une manière générale reproduire simplement les textes, laissant à l'Église le soin de se prononcer sur le caractère naturel ou surnaturel des faits rapportés.

9. *Petits Bollandistes*, IX, p. 604.

10. *Petits Bollandistes*, t. XIV, p. 135.

fait, vient pour lui donner à manger. Malgré son courage habituel elle recule à l'aspect de ce misérable. La sainte surmonte ce premier mouvement de la nature, et embrasse le mendiant! Levant les yeux au ciel elle prie le Seigneur de rendre la santé à ce malheureux ou au moins de lui inspirer la patience. Cet homme quitte le couvent délivré de son horrible mal[11].

Les Pères du VIe concile d'Orléans chargent les évêques du soulagement des pauvres contaminés par la lèpre[12], ils doivent se trouver nourris et entretenus aux dépens de l'Église[13].

Par mesure d'hygiène on les sépare des autres habitants[14].

Ils peuvent toutefois être admis à la communion, mais à l'écart des fidèles[15].

De ce que les lépreux reçoivent certains secours s'ensuit-il que les établissements hospitaliers de l'Occident sont des *nosocomia* où l'on traite les malades? Il n'en est rien, la forme ordinaire est celle du *Xenodochium*, affecté aux pèlerins et aux pauvres, par extension aux vieillards. Cependant, si les malades ne sont pas admis dans des asiles distincts cela ne veut point dire qu'ils se

11. Sainte Odile, morte en 690 (*Petits Bollandistes*, t. XIV, p. 259). Saint Martin guérit également un lépreux en l'embrassant: « Eo quod ibi lepram maculosi hominis osculo depulisset » (S. Greg. Turon., VIII, XXIII, Migne, LXXI, p. 473). Bertuffe, disciple de Colomban, rend la santé à un infortuné atteint de ce mal: « Quidam leprosus valida lepra perfusus » (*Scrip. rerum Merovingic.*, t. II, Hannoveræ, 1888, n° 23, p. 147). Sainte Radegonde s'occupe aussi de ces malheureux. L'abbé Riquier, aux temps de Dagobert, agit de même : « Nec leprosos vel elephantiacos exhorruit » (Montalembert, *op. cit.*, t. II, p. 609).

12. *Concil. Aurelianum* V (ann. 549), can. XXI (Mansi, IX, p. 134).

13. *Concil. Lugdunense* III (ann. 583), can. VI: « Placuit etiam universo concilio, ut unius cujus que civitatis leprosi, qui intra territorium civitatis ipsius aut nascentur, aut videntur consistere, ab episcopo ecclesiæ ipsius sufficientia alimenta et necesseria vestimenta accipiant, ut illis per alios civitates vagandi licentia denegetur » (Mansi, IX, p. 943).

14. *Dup. legat, edictum* (ann. 789), § 36, *De leprosis : ut se non intermisceant alio populo* (Boretius, *op. cit.*, t. I, n° 23, p. 64). — *Concil. Wormatiense* (ann. 868), can. XXXI (Mansi, XV, p. 875). Le pape Zacharie (VIIIe siècle), consulté à ce sujet, distingue entre les lépreux de naissance et ceux auxquels la maladie est arrivée par accident : « Si autem contigerit, magnum vel parvum non nativitate sed superveniente egritudine vexari, non est proiciendus, sed, si possibile, est curandus » (*Epist. Meroving., et Karoli ævi*, t. I, Berolini, 1892, n° 87, p. 370-371).

15. Le *decretum compendiense* (ann. 757), § 19, permet au conjoint d'un lépreux de se marier avec le consentement de celui-ci : « Si quis leprosus mulierem habeat sanam, si vult ei donare comiatum ut accipiat virum, ipsa femina, si vult, accipiat Similiter et vir » (Boretius, *op. cit.*, n° 15, p. 39).

trouvent exclus des maisons charitables ; jusqu'au IXe siècle environ elles abritent plus ou moins toutes les misères [16].

A Rome, le pape Symmaque (ann. 498-514) organise de petites habitations affectées aux indigents [17]; Bélisaire, sous le pontificat de Virgile (ann. 537-555), fonde un Xenodochium dans la *via lata* [18].

Le pape Pélage II (ann. 578-590) transforme sa demeure en une *ptochium* (maison des pauvres âgés) [19].

Étienne II (ann. 752-757) restaure les Xenodochia existants et en construit trois autres, dont l'un peut renfermer cent administrés [20].

En 728, Ina, roi des Saxons occidentaux, établit, dans cette même ville de Rome, un refuge pour les pèlerins de sa nation [21].

Le cinquième Concile d'Orléans (ann. 549), can. XV, nous fait connaître le Xenodochium ouvert à Lyon « sous l'inspiration divine, par le très pieux roi Childebert et son épouse Ultrogothe. » Nous confirmons à leur demande (petentibus ipsis), disent les Pères, les statuts de cet asile et l'affectation des ressources : « Cujus institutionis ordinem vel expensæ rationem manuum nostrarum suscriptione firmavimus. »

Que jamais aucun prélat de l'Église de Lyon ne retienne par devers lui, ou transfère à sa propre église, les dons provenant de l'offrande des souverains susnommés et de la charité des fidèles. Que les Pontifes appelés à se succéder n'enlèvent rien aux possessions, aux coutumes et aux constitutions de ce Xenodochium, mais au contraire qu'ils fassent en sorte que cette fondation ne souffre, dans son maintien, ni détriment, ni diminution : « In

16. Dans les capitulaires, on trouve constamment ces mots similaires : senodochium ; senedochium ; sinodochium ; synodochium ; xenodochium ; exenodochium ; cenodochium et, par une exception rare, le mot nosocomium, et encore figure-t-il au nombre de ces énumérations vagues empruntées à la législation romaine.

17. *Lib. Pontif.*, *op. cit.*, t. I, n° LIII, p. 263.

18. *Lib. Pontif.*, *op. cit.*, n° LXI, t. I, p. 296. *Gest. Pontif.*, *Roman.*, vol. I, edid. Mommsen, Berolini, 1898, n° LXI, p. 149.

19. *Gest. Pontif.*, *op. cit.*, n° LXV, p. 160 : « Hic domum suam fecit *Ptochium* pauperum senum. »

20. « Mox vero restauravit et quattuor in hac Romana Urbe sita, antiquitus Xenodochia, quæ a diuturnis et longinquis temporibus destituta manebant et inordinata » (*Lib. Pontif.*, *op. cit.*, t. I, n° XCIV, p. 440 ; notes 4, p. 456, et 81, p. 520.)

21. Morichini, *Istituti di carità in Roma*, *op. cit.*, p. 98.

nullam partem detrimentum aut diminutionem aliquem patiatur. » Veillant, en prévision de la récompense éternelle (intuitu retributionis æternæ), à ce que, selon le but de la fondation, le soin et le nombre des malades, la réception des pèlerins y subsistent perpétuellement sans aucune atteinte : « Et cura ægrotantium ac numerus, vel exceptio peregrinorum, secundum inditam institutionem, inviolabili semper stabilitate permaneat. »

Que si jamais quelqu'un essaye de contrevenir à notre présente constitution ou retranche quoi que ce soit aux usages ou aux biens dudit Xenodochium, de telle sorte qu'il cesse d'exister, qu'il se trouve frappé comme meurtrier des pauvres d'un irrévocable anathème[22].

Cet établissement affecté aux malades et aux étrangers est bien le type de ces asiles occidentaux.

Sur la fin du sixième siècle, Brunehaut, réfugiée près de son petit-fils Thierry II, roi de Bourgogne, institue des fondations charitables, et fonde à Autun, une maison hospitalière (Xenodochium), sous le vocable de saint Andoche. Elle affecte aussi, à Avallon, des biens à une œuvre de distribution journalière d'aumônes. Cette dernière donation subsiste jusqu'à la réforme protestante[23].

Citons encore :

L'asile créé à Athis, près Paris, par sainte Radegonde (Montalembert, *op. cit.*, t. II, p. 339-342).

Le Xenodochium et les autres œuvres de saint Denis, dus à

22. On a cru longtemps que cette fondation avait donné naissance au grand Hôtel-Dieu de Lyon ; M. Guigue a démontré dans un savant mémoire qu'il était fort probable, sinon certain, que le petit asile Saint-Eloy, détruit à la fin du xve siècle, occupait l'emplacement même du Xenodochium de Childebert sur la rive droite de la Saône (*Mém. Société arch.*, de Lyon, années 1874-1875, in-8, p. 183 à 328).

23. Dom Pitra, *Vie de saint Léger*, *op. cit.*, chap. IX, p. 162 ; Baudouin, *Maison-Dieu et maladière d'Avallon*, in-8, 1890, chap. Ier, § 2, p. 15 à 17 : « Il est certain qu'entre l'établissement central de charité établi à Saint-Andoche et la matricule de saint Nazaire il y avait quatre petits établissements hospitaliers ou *diaconies*, situés aux quatre portes principales de la ville » (Dom Pitra, note de la page 194). Les œuvres du pape saint Grégoire (liv. XIII, epist., VI et VIII), *op. cit.*, t. II, p. 1222-1223, renferment des lettres confirmatives du Xenodochium d'Autun, mais, selon certains auteurs, elles sont fausses ; nous n'en ferons donc pas état. Nous aurons d'ailleurs l'occasion fréquente, dans le troisième volume de cette histoire, de citer des bulles pontificales authentiques concernant des Maisons-Dieu.

Dagobert I (*Gesta*, § 29, *scrip. rerum meroving.*, *op. cit.*, t. III, p. 411).

La maison que la tradition attribue à saint Sulpice, archevêque de Bourges, ce pontife si aimé des pauvres. qui, à sa mort, en 637? font éclater leur immense douleur[24].

L'asile ouvert par saint Lanfrey, diacre d'Évreux (*Act. sanct. Bolland.*, XXV, p. 96).

L'hospice auquel Hincmar, évêque de Reims, assigne des ressources importantes, que confirment les évêques de la Province et Charles le Chauve (Thomassin, *op. cit.*, t. II, p. 454).

Les nombreux établissements qu'ouvre saint Auschaire (VIIIe siècle) : « Ad curam autem pauperum et susceptionem peregrinorum. » Il y en a un à Brême où il aime à recueillir et soigner les infirmes[25].

N'oublions pas le refuge du Mont-Cenis construit, suivant l'opinion commune, par les ordres de Charlemagne, à la place d'un ancien temple de Jupiter.

Le Concile de Meaux (ann. 845) s'occupe des asiles fondés sur le continent par les Scoths (hospitalia scothorum) et tombés en ruine, il demande leur relèvement[26].

Tous ces établissements sont unis à des monastères et placés alors le long des routes[27], ou situés dans le voisinage immédiat des églises[28].

24. « Illotus in sepulchrum, pauperes illi non sustinebant absentiam Pastoris, jacebant ut cadavera in ecclesiâ tanta multitudo, ut nec ministri ecclesiæ libere possunt officium suum implere » (*Acta sanct. Bolland.*, II, p. 539).

25. « Unum vel præcipium habuisse Bremæ quo veniens quotidie infirmis non erubuit ministrare, plurimos verbo vel tactu sanavit » (*Act. sanct. Bolland.*, IV, p. 409).

26. Même recommandation dans une lettre d'Hincmar, datée de l'an 858 (Boretius, *op. cit.*, t. II, p. 408). Voir aussi dans Boretius divers capitulaires qui s'occupent d'une manière générale de la restauration des Xenodochia, t. I, p. 191-195-210. « Plusieurs lieux en Galles portent le nom de *Spytty* ou *Yspytty*, dont le premier terme vient de hospitium, ces hospices étaient des espèces d'hôtels tenus habituellement par des moines, et placés dans les lieux écartés des villes à l'intention des voyageurs » (*Cours de littérature celtique*, t. IV. *Les Mabinogion*, par J. Loth, note de la page 42).

27. « On raconte qu'un soir saint Aile, après avoir reçu des hôtes de marque, fit, selon sa coutume, sa visite au Xenodochium, qui était situé sur le bord de la route » (Vacandard, *Vie de saint Ouen*, in-8, 1902, p. 68).

28. « Aux Églises cathédrales étaient joints de grands bâtiments, de vastes cloîtres, où demeuraient avec l'Évêque tous les clercs attachés à sa personne et à

Le règlement adopté au Concile d'Aix-la-Chapelle (ann. 816), et concernant les chanoinesses parle, chapitre XXVIII, d'un lieu consacré aux passants, « ad portam monasterii » ; d'un local intérieur où l'on doit entretenir des veuves et des femmes tout à fait indigentes, « ubi viduæ et pauperculæ tantummodo recipiantur » ; enfin d'un asile joignant la chapelle, « juxta ecclesiam in quo presbyteri cum ministris suis divinum explent officium, sit hospitale pauperum[29]. »

Telle est l'origine, à des époques indéterminées, de nombreux hôpitaux actuels, notamment de l'Hôtel-Dieu de Paris. Il en est fait mention pour la première fois en 829 à l'occasion d'une dîme : « Ad illud hospitale pauperum, quod est apud memoriam beati Christofori, ubi fratres, tempore statuto, pedes pauperum lavandi gratia confluant[30]. »

Les conciles prononcent, comme celui d'Orléans, l'anathème contre les usurpateurs de ces maisons hospitalières[31]. Les rois

son service : où des écoles s'ouvraient pour la jeunesse ; des asiles où l'on nourrissait les indigents, les veuves, les orphelins inscrits sur les matricules de l'Église ; des magasins renfermés dans la même enceinte et remplis au moyen de revenus en nature que produisaient les biens ecclésiastiques fournissaient la nourriture à toute cette population pieuse » (De Pétigny, *Étude sur l'hist., les lois et les inst. de l'époque méroving.*, in-8, t. II, note de la page 519).

29. Thomassin, *Anc. et nouv. discip. de l'Église*, *op. cit.*, t. II, p. 154. Le concile tenu également à Aix-la-Chapelle en 838 (?), canon 3e, recommande aux évêques d'exercer l'hospitalité partout où ils se trouveront (Mansi, XIV, p. 674). Quant au recueil compilé vers 827 par Anségise il renferme les prescriptions suivantes : « *De susceptione hospitum.* Venerabile enim videtur, ut hospites et peregrini, et pauperes susceptiones regulares et canonici per loca diversa habeant, quia ipse Dominus dicturus erit in remuneratione magni diei ; hospes eram et suscepistis me.... » (Ansegisi, *Capitularium*, n° 70. Boretius, *op. cit.*, t. I, p. 403).

30. Guérard, *Cart. de N.-Dame de Paris*, *op. cit.*, Préface, p. CLXXVII. « Les hôpitaux du Moyen Age, écrit Coyecque, peuvent, au point de vue de leur origine, être groupés en deux classes : l'une, la plus nombreuse, comprend les établissements fondés à une date précise, soit par quelque riche personnage, prince, seigneur ou bourgeois, dont le nom nous est connu, soit par une corporation d'artisans ou une congrégation pieuse... Il est au contraire un groupe d'établissements hospitaliers que leurs caractères particuliers ne permettent pas de confondre avec les précédents. Dans les cités épiscopales, ils s'élèvent toujours dans le voisinage immédiat de la cathédrale. Dans les villes de moindre importance, on les trouve bâtis aux portes de l'église principale. Le mot Hôtel-Dieu, accompagné du nom de la ville, est l'appellation presque exclusivement adoptée. Quant à l'origine de ces hôpitaux on la regarde comme incertaine et ignorée. L'Hôtel-Dieu de Paris fait partie de ce dernier groupe » (Coyecque, *L'Hôtel-Dieu de Paris au Moyen Age*, 2 vol. in-8, t. I, p. 20).

31. *Concil. Romanum* (ann. 502), can. V (Mansi, VIII, p. 267) ; *Concil. Avernense* (ann. 535) (Mansi, VIII, p. 862).

les prennent sous leur protection [32]. Charles II en exempte quelques-unes des droits dus au fisc [33]. Elles se trouvent naturellement sous la direction supérieure du clergé ou des religieux. Dans une lettre à l'évêque de Cagliari, saint Grégoire le Grand lui ordonne d'établir pour administrateurs des personnes de bonne vie, clercs, hors de la juridiction séculière, afin que les magistrats ne puissent les molester ni piller le bien des pauvres : « Atque tales in eis qui præsint ordinentur, qui vita, moribus, atque industria inveniantur esse dignissini : religiosi dumtaxat, quos vexandi judices non habeant potestatem ; ne si tales personæ fuerint, quas in suum possint evocare judicium, vastandarum rerum debilium qui illic rejacent, præbeatur occasio [34]. »

Ces administrateurs doivent agir sous l'œil de Dieu et selon les règles anciennes, sans violence [35]. Ils ne peuvent aliéner les propriétés immobilières [36]. Les comptes sont rendus aux évêques en conformité des prescriptions ordinaires de l'Église [37].

Les faits qui précèdent prouvent que si, en Orient, les villes riches et populeuses : Constantinople, Alexandrie, Antioche et nombre d'autres offrent des ressources abondantes permettant d'établir, dès la fin du IVe siècle, des établissements séparés pour les différents genres d'infortune, cette floraison est retardée en Occident, par les invasions et les guerres.

Là, autour de la maison épiscopale ou du monastère, viennent se grouper les pauvres, les malades, les lépreux, les pèlerins, les voyageurs. Là, dans des asiles, modestes au début, s'exercent les fonctions multiples de la charité chrétienne.

32. *Capit. miss. generale* (ann. 802) ; *Capit. miss. suess.* (ann. 853), Boretius, *op. cit.*, t. I, p. 94, t. II, p. 267.
33. Baudouin, *op. cit.*, p. 18 et 19.
34. Liber Epist. IV, epist., XXVII — XIV, epist., II, *op. cit.*, t. II, p. 706 et 1259.
35. *Concil. Ticinense*, II (ann. 889), can. V : « Sancimus etiam ut neque in episcopatibus neque in abbatiis, vel Xenodochiis, aut ullis Deo sacratis locis ulla violentia, aut novæ conditionis gravamina imponantur, sed secundum antiquam consuetudinem omnes in suo statu suo que privilegio perpetuo maneantur » (Mansi, XVIII, p. 92). Boretius, même texte, sous le titre de : « *Widonis capitulatio electionis*, ann. 889 », *op. cit.*, t. II, n° 222, p. 105.
36. Hludovici, *Capit. e lege romana excerpta* (ann. 826 ?) ; Boretius, *op. cit.*, n° 153, t. I, p. 310.
37. Saint Grégoire le Grand, lettre citée à l'évêque de Cagliari, t. II, p. 706.

Le *Xenodochium* reste longtemps la forme usuelle de la plupart de ces humbles fondations.

Mais, on peut l'affirmer, d'un côté comme de l'autre, le zèle des fidèles demeure égal, car il se trouve puisé à une source qui ne doit plus tarir.

CHAPITRE IV

CONCLUSIONS DU TOME SECOND

Universalité, unité, tels sont les traits caractéristiques de la charité depuis le jour où le Sauveur est venu prononcer, sur la *montagne*, ces paroles si nouvelles pour l'ancien monde : BEATI MISERICORDES. Qu'il s'agisse de la période des persécutions ; du règne des empereurs d'Orient; des monarchies barbares ; du grand empire de Charles, partout, les disciples du Christ prêchent l'amour du prochain, s'efforcent de reconstituer le foyer familial, de protéger l'enfant, l'esclave, le captif et de créer des œuvres en faveur de ceux qui souffrent.

La femme est émancipée, non pour le désordre, à la manière des matrones romaines de la décadence, car la loi de l'Évangile qui brise le despotisme domestique relie les membres d'une même famille par des obligations mutuelles. La sainteté du mariage entraîne son indissolubilité.

L'enfant est sauvegardé avant sa naissance ; l'abandon se trouve condamné; les mesures compatibles avec l'état de la civilisation sont adoptées en vue d'entraver la vente des nouveau-nés et d'assurer l'avenir des orphelins. L'autorité paternelle se transforme en un devoir d'affection et de dévouement.

L'esclavage est atteint dans sa source. Grâce à la prédication de l'Évangile l'esclave rentre dans la grande famille humaine et cette condition pénible devient un état accidentel sans influence sur la valeur morale de l'individu. La chaîne se détend peu à peu si elle ne peut être rompue d'un seul coup.

On ne saurait brusquer les transformations profondes, et il est utile de les préparer par des améliorations partielles et successives ; agir autrement serait s'exposer aux plus cruels mécomptes.

Dire dès l'origine aux esclaves : « Vous êtes libres, secouez le joug qui pèse sur vous. » Quel déchaînement ! Pour aboutir, selon les hasards de la lutte, à d'épouvantables représailles ou à une terrible répression. Crise funeste laissant l'Église vis-à-vis d'hommes ivres de leur triomphe, incapables de supporter la Vérité ; ou en face de maîtres exaspérés ne pouvant pardonner à la religion la révolte sanglante due à ses doctrines.

Il faut donc agir avec prudence et ne point compromettre l'avenir par une précipitation irréfléchie, sans se lasser cependant de couper une à une les racines de l'arbre maudit. C'est ainsi que procèdent les Apôtres et leurs successeurs.

Tandis que les testaments des riches païens ordonnent souvent de faire couler le sang de malheureux exposés aux combats de l'amphithéâtre, il est prescrit aux martyrs d'affranchir ces *frères* privés de liberté, tout en leur assurant avant de mourir de futurs moyens d'existence.

Comme l'écrit Renan, du moment que l'esclave a la même religion que son maître, prie dans le même temple, l'esclavage est bien près de finir, et l'on peut établir, avec Yanoski, qu'au déclin du IXe siècle, en raison des bienfaits du christianisme, l'ancienne exploitation de l'homme par l'homme est abolie.

D'un autre côté, les peuples souffrent des excès du fisc, des guerres intestines, des invasions. Troplong compare l'empire romain à une mer que secouent les tempêtes et qui roule ses flots orageux autour d'un navire fracassé.

Les évêques deviennent alors les protecteurs des faibles ; ils luttent contre les oppresseurs, quel que soit leur rang, et les foules courent au-devant de la juridiction ecclésiastique plus douce, plus équitable. Les Conciles secondent ce mouvement, extirpent les vices, redressent les idées, suscitent des institutions autrefois inconnues. Leur influence pacifique est considérable ; ils ne cessent d'accroître le fonds social de l'humanité.

Au moment où l'empire d'Occident disparaît sous l'effort continu de vingt nations, les moines, les missionnaires viennent sur ces terres désolées apprendre aux vainqueurs et aux vaincus, devenus disciples d'une même Foi, à s'aimer les uns les autres. Un vaste champ s'ouvre au zèle de ces prédicateurs de la bonne nouvelle et la religion chrétienne prouve encore qu'elle suffit à toutes les nécessités.

C'est aussi l'Évangile qui trace aux possesseurs de la richesse leurs impérieux devoirs, sans reconnaître aux pauvres de prétendus droits susceptibles d'amener mille abus. L'aumône n'est pas une dette exigible, dont chaque indigent peut s'attribuer une part en recourant à la violence. Les pauvres se voient exhortés à la patience, à la résignation, grandis en même temps à leurs propres yeux ; ne sont-ils pas, de préférence en quelque sorte aux puissants du siècle, les enfants de Dieu, les héritiers du Ciel?

L'orgueil païen reproche aux chrétiens de s'occuper des pécheurs, des humbles. Mais c'est là un titre de gloire; les fidèles en secourant les indigents savent les honorer, les relever. A l'appel de la Charité toutes les faiblesses que la société ancienne écrase sous son dédain deviennent sacrées. Cette Charité inépuisable découvre autant de remèdes qu'il y a de maux et invente un vocabulaire pour désigner les asiles de bienfaisance dont elle couvre le sol.

En vue d'atteindre ce but si désirable : l'adoucissement de la misère, les évêques ne s'appuient point sur l'État-Providence, ils recourent à la liberté, à l'obligation morale, à la conscience.

De plus, leur assistance ne connaît aucune frontière; il y a pour eux un autre lien que la Cité; ennemis, persécuteurs, tous reçoivent aide et soulagement lorsque cela est nécessaire. L'Église ne se décourage pas au milieu des plus violentes secousses : « Gardez-vous, s'écrie saint Augustin, de vous laisser abattre et épouvanter par l'ébranlement du monde. Vous ne devez point diminuer vos œuvres de miséricorde; il faut en faire plus que de coutume. »

Les chapitres précédents nous montrent les premiers chrétiens atteignant par la seule impulsion de leur cœur aux pratiques les meilleures de la charité. Ils n'oublient aucune infortune et accomplissent tous les actes compatibles avec la situation précaire dans laquelle ils vivent. L'évêque, les diacres, secondés par des prêtres, des femmes vertueuses, prennent soin de tous les nécessiteux. Les fidèles apportent spontanément des offrandes.

Des listes sont dressées; chacun reçoit ce qui lui est indispensable. Veuves, infirmes, malades, ne peuvent-ils se rendre aux distributions, des visites à domicile permettent de les assister. Rien ne rebute les propagateurs de l'idée charitable.

Les secours ne sont aucunement délivrés au hasard; une enquête minutieuse les précède. L'âme des malheureux est l'objet de la plus tendre sollicitude, et l'indigent, en recevant du pain, des vêtements, quelques pièces de monnaie, a l'intuition qu'il est aimé de celui qui lui donne.

Plus tard quand la paix règne, ces actes ont lieu au grand jour; le nombre des personnes secourues s'accroît, des établissements distincts les abritent; il n'y a pas ici une forme de l'assistance supérieure ou inférieure à celle usitée pendant les persécutions; il s'agit uniquement d'un mode approprié à des besoins nouveaux.

L'Église possède alors des propriétés formant le domaine des pauvres, elle doit fonder ce domaine avec modération, en respectant les intérêts légitimes des familles; les Conciles rappellent ces sages prescriptions. Il est vrai qu'elles se trouvent parfois enfreintes; l'amour du gain, l'esprit de convoitise, s'emparent d'évêques, de prêtres, de moines. Le pouvoir civil est forcé d'édicter contre ces tendances des mesures législatives. Mais il convient de le reconnaître, ceux qui agissent ainsi le font en opposition formelle avec leurs croyances; ils violent les règles tracées par leurs chefs spirituels. La Religion considérée en elle-même reste étrangère à des crimes, des fautes, des erreurs qu'elle condamne.

Dans le culte païen, au contraire, on voit des faits scandaleux pleinement autorisés. Fondé sur le principe constant de la déification des sens, le paganisme suscite les attentats les plus graves à la morale et les élève au rang d'actes religieux; les jeux du cirque n'ont point d'autre origine. L'évêque d'Hippone stigmatise les turpitudes, les cruautés qui se pratiquent dans les fêtes de ces infâmes divinités : Vénus, Cybèle, Flore, tant d'autres. « Et quidquid aliud vel crudele, vel turpe, vel turpiter crudele, vel crudeliter turpe, in sacris talium deorum celebrari solet. » L'amour des pauvres s'accorde mal, on le conçoit, avec de telles pratiques.

L'Église une fois libre, élève, nous venons de le voir, de nombreux refuges au malheur ; ils fleurissent d'abord en Orient ; leur développement est plus tardif dans les contrées occidentales si ravagées. Mais les premiers de ces asiles disparaissent ensuite sous les attaques répétées des sectateurs de Mahomet, tandis que les seconds croissent comme ces chênes des forêts du Nord, un moment chétifs arbrisseaux, abritant plus tard des espaces immenses sous leur verte ramure.

Cet épanouissement de la charité chrétienne du xe au xvie siècle forme le sujet de notre troisième volume. Nous constaterons à la lumière des faits que l'éternelle fécondité du Catholicisme n'attend pas les doctrines modernes « *de la solidarité humaine* » pour enfanter, au Moyen Age, des merveilles de dévouement et d'abnégation.

TABLE DES MATIÈRES

Pages

PREMIÈRE PARTIE

DE TIBÈRE A CONSTANTIN

CHAPITRE PREMIER

CHAPITRE II

DEUXIÈME PARTIE

LES EMPEREURS D'OCCIDENT ET D'ORIENT DE CONSTANTIN A JUSTINIEN

CHAPITRE PREMIER

Pages

CHAPITRE II

Les questions sociales sous les Empereurs.

II

CHAPITRE III

CHAPITRE IV

CHAPITRE V

CHAPITRE VI

TROISIÈME PARTIE

LES PEUPLES QUI, EN OCCIDENT, REMPLACENT L'EMPIRE ROMAIN (Ve-IXe SIÈCLES)

CHAPITRE PREMIER

MACON, PROTAT FRÈRES, IMPRIMEURS.

PRINCIPAUX OUVRAGES

DE

M. LÉON LALLEMAND

Correspondant de l'Institut de France :
Associé de l'Académie Royale de Belgique;
Membre-correspondant de l'Académie Royale des sciences morales et politiques d'Espagne;
de l'Académie Royale des sciences de Portugal: de l'Institut Grand-Ducal de Luxembourg.

I. *Une visite à l'hôpital maritime de Berck-sur-Mer* (Pas-de-Calais) (extrait du *Messager de la semaine*, 15-22 novembre 1873), in-8, 10 p. Paris, Jules Le Clère, 1873.

II. *Des quêtes à domicile* (extrait de la *Revue du Monde catholique*, 15 novembre 1873), in-8, 16 p. Paris, Bureau du Comité catholique, 1873.

III. *Étude sur la nomination des commissions administratives des établissements de bienfaisance*, in-8, 61 p. Paris, aux Bureaux du Contemporain, avril 1877.

IV. *Histoire de la charité à Rome*, in-8, VIII-584 p. Paris, Poussielgue, 1878. (*Épuisé.*)

V. *La question des enfants abandonnés et délaissés au XIXe siècle* (extrait d'un Mémoire couronné par l'Académie des sciences morales et politiques); in-8, VI-236 p. A. Picard, Guillaumin, 1885.

VI. *Histoire des enfants abandonnés et délaissés*. Études sur la protection de l'enfance aux diverses époques de la civilisation (ouvrage couronné par l'Académie des sciences morales et politiques), in-8, VII-791 p. Paris, A. Picard, Guillaumin, 1885. (*Épuisé.*)

VII. *Un chapitre de l'histoire des enfants trouvés*. La maison de la Couche à Paris (XVIIe et XVIIIe siècles), in-8, 148 p. Paris, Champion, 1885 (extrait de l'ouvrage précédent).

VIII. *De l'organisation du travail dans les prisons cellulaires belges*. Lecture faite à l'Académie des sciences morales et politiques (Institut de France) le 25 août 1888, in-8, 18 p. Paris, A. Picard, 1889 (extrait des *Comptes rendus de l'Académie*).

IX. *De l'assistance des classes rurales au XIXe siècle*, in-8, II-162 p. Paris, A. Picard, Guillaumin, 1889 (conclusions d'un Mémoire couronné par l'Académie des sciences morales et politiques).

X. *Les grands problèmes sociaux à l'Académie Royale des sciences morales et politiques d'Espagne.* Lecture faite à l'Académie des sciences morales et politiques (Institut de France), le 22 juin 1889, in-8, 32 p. Paris, A. Picard, 1889 (extrait des *Comptes rendus de l'Académie*).

XI. *Loi du 24 juillet 1889 sur la protection des enfants maltraités et moralement abandonnés.* Notice et note, in-8, 20 p. Paris, 1890 (extrait de l'*Annuaire français de la Société de législation comparée*).

XII. *Un péril social. L'introduction de la charité légale en France* (Communication faite, le 10 novembre 1890, à la Société d'Économie sociale), in-8, 30 p. Paris, 1891 (extrait de *la Réforme sociale*).

XIII. *L'office central des institutions charitables* (Communication faite le 14 mars 1891 au groupe bordelais des Unions de la paix sociale), in-8, 20 p. Paris, Bureau de l'office central des œuvres charitables, 1891 (extrait de la *Revue catholique de Bordeaux*).

XIV. *La liberté de la charité.* Rapport présenté au Congrès catholique de 1892, in-18, 14 p. Besançon, Jacquin, 1892 (extrait des *Comptes rendus du Congrès*).

XV. *De l'organisation de la bienfaisance publique et privée dans les campagnes au XVIIIe siècle*, in-8, 52 p. Châlons-sur-Marne, Thouille, 1895 (extrait des *Mémoires de l'Académie, agriculture, commerce, sciences et arts de la Marne*, année 1894).

XVI. *Les Congrès nationaux d'assistance aux États-Unis.* Lecture faite à l'Académie des sciences morales et politiques (Institut de France), le 23 février 1895, in-8, 22 p. Paris, Picard, 1895 (extrait des *Comptes rendus de l'Académie*).

XVII. *L'assistance médicale au XVIIIe siècle*, in-8, 22 p. Paris, Imprimerie nationale, 1895 (extrait du *Bulletin des sciences économiques et sociales du Comité des travaux historiques et scientifiques*).

XVIII. *Les associations charitables dans la province de Québec* (Canada). Lecture faite à l'Académie des sciences morales et politiques (Institut de France), le 7 mars 1896, in-8, 13 p. Paris, A. Picard, 1896 (extrait des *Comptes rendus de l'Académie*).

XIX. *Études sur la législation charitable en Hollande.* Lecture faite à l'Académie des sciences morales et politiques (Institut de France), le 27 juin 1896, in-8, 32 p. Paris, A. Picard, 1896 (extrait des *Comptes rendus de l'Académie*).

XX. *Le développement de la charité légale en France.* Discours prononcé à la séance de clôture du Congrès national catholique de Reims, le 25 octobre 1896 (p. 24 à 45 du fascicule VI, *Comptes rendus du Congrès*, Lille, 1897).

XXI. *La Révolution de 1789 et les pauvres*, in-8, 398 p. Paris, A. Picard et fils, 1898 (*ouvrage tiré à 500 exemplaires numérotés et presque épuisé*).

XXII. *Le prétendu monopole des Bureaux de bienfaisance devant la loi et devant l'histoire.* Étude critique, in-8, 55 p. Paris, Maison de la bonne presse, 1899.

XXIII. *Les visiteurs des pauvres dans l'ancienne France.* Rapport lu à l'assemblée des conférences de Saint-Vincent-de-Paul de Paris, le 21 avril 1901; *Bulletin de la Société*, n° 6, 31 juillet 1901, p. 169 à 179.

XXIV. *Histoire de la Charité*, t. Ier. L'Antiquité. — Les civilisations disparues, in-8, x-191 p. Paris, A. Picard et fils, 1902.

XXV. *Histoire de la Charité*, t. II. Les neuf premiers siècles de l'ère chrétienne, in-8, 199 p. Paris, A. Picard et fils, 1903.

POUR PARAITRE SUCCESSIVEMENT

Chaque volume formant un tout complet.

Histoire de la Charité :

Tome III. *Le Moyen Age. De la dissolution de l'empire de Charlemagne jusqu'au XVIe siècle.*

Tome IV. *Les temps modernes. Du XVIe au XIXe siècle.*

Tome V. *Le mouvement charitable durant le XIXe siècle.*

MACON, PROTAT FRÈRES, IMPRIMEURS.

www.ingramcontent.com/pod-product-compliance
Ingram Content Group UK Ltd.
Pitfield, Milton Keynes, MK11 3LW, UK
UKHW031842260826
14628UKWH00002B/534

9 782013 597852